法学与法治建设研究文丛

孟庆瑜 主编

RESEARCH ON JURISPRUDENCE AND RULE OF LAW

2

河北省高等学校人文社会科学重点研究基地经费资助

人文主义法学研究

Study on Humanist Legal Science

刘国利 著

法律出版社 LAW PRESS·CHINA

《法学与法治建设研究文丛》

编　委　会

总　　序

"完善和发展中国特色社会主义制度,推进国家治理体系和治理能力现代化"是党的十八届三中全会确立的全面深化改革的总目标。在实现这一总目标的过程中,法治发挥着至关重要的作用。《中共中央关于全面推进依法治国若干重大问题的决定》进一步深刻指出,"依法治国,是坚持和发展中国特色社会主义的本质要求和重要保障,是实现国家治理体系和治理能力现代化的必然要求"。因此,如何将国家治理的现代化目标与全面推进依法治国的战略布局相结合,实现国家治理的法治化,不仅是党和政府需要全面推进的重大改革任务,而且是广大社会公众,特别是广大法律、法学工作者必须积极参与的重大系统工程。正是在这样一个特定的时代背景下,河北大学国家治理法治化研究中心适时成立和运行,并成功获批为河北省高等学校人文社会科学重点研究基地。

河北大学国家治理法治化研究中心是依托河北大学人大制度与地方立法研究中心、河北省政府法治研究中心等学术机构,整合法学、政治学、经济学、社会学等多方面的科研力量创建的,与河北省人大常委会法制工作委员会、河北省人民政府法制办公室、河北省人民检察院和河北省高级人民法院等国家机关和法律实务部门之间已建立交流与合作长效机制。中心拥有一支政治素质高、业务能力强、富有团队协作和创新精神的专兼职相结合的学术队伍,主要围绕人大制度与地方立法、政府法治与政府执行力、社会治理与法治创新、京津冀协同发展与地方法治等方向开展科学研究、人才培养和社会服务等工作。迄今为止，中心在课题研究方面，承担国家社会科学基金项目近10项，其中，中心负责人孟庆瑜教授主持承担的国家社会科学基金重点项目《京津冀区域生态环境协同治理政策法律问题研究》实现了河北省在该领域的突破；在决策咨询与服务方面，接受省人大法制工作委员会、省政府法制办公室、省人民检察院等部门委托，承担委托起草、专家论证、立法后评估、检察公信力测评等工作40余项；在学术交流方面，承办或协办第三届海峡两岸能源经济与能源法学术交流会、第六届中国农村法治论坛、第九届中国财税法前沿高端论坛、中国经济法学研究会2015年年会等多次全国性学术会议。

《法学与法治建设研究文丛》是河北大学国家治理法治化研究中心创设的，由法律出版社负责出版的研究成果转化平台，着力对法学研究和法治建设方面的原创性或实用性成果予以资助出版，以期能为推进国家治理体系和治理能力现代化这一总目标的实现提供必要的理论支撑和决策参考。

河北大学国家治理法治化研究中心
《法学与法治建设研究文丛》编辑委员会
2015年12月

导　读

我国“以人为本”科学发展观的提出具有思想解放和理论创新的意义。人应当是社会主义民主和法治建设的出发点和最终归宿。“以人为本”的法哲学是马克思主义法理学中的一个生长点。

关于“以人为本”的法哲学研究具有重大的理论意义。关于“以人为本”的法哲学研究有利于促进法学吸收哲学,特别是人学的思想和方法,推动法学理论的创新;有利于提高法律人的人文素养;有利于培养服务社会、服务大众的法律人才。

关于“以人为本”的法哲学研究具有重大的实践意义。关于“以人为本”的法哲学研究有利于为人权保障和社会公平事业的发展营造思想文化环境;有利于在法律实践中防止资本和权力的异化对人的压迫,为人的生存和发展创造宽松和谐的法律环境。

武汉大学李龙教授的《人本法律观》一书,提出了“人本法律观”的概念。吉林大学杜宴林教授的《法律的人文主义解释》一书,实现了西方的人文主义与中国的以人为本两大理论传统的对接。北京大学陈兴良教授的《刑法的人性基础》试图将人的研究引入刑法学。厦门大学徐国栋教授的《人性论与市民法》试图将人的研究引入民法学。

西方在文艺复兴时代曾经出现过人文主义法学派。中国人民大学学者侯健的《人文主义法学思潮》系统地介绍了该学派。该学派开创的对法与人的关系研究对后世产生了深远影响。哈特的《法律的概念》、富勒的《法律的道德性》都主张法律不宜对人提出过高的道德要求,这是法的人文精神的一个具体体现。

英语的"humanism"可以译为人文主义、人本主义、人道主义。"人文主义对法学的影响"是一个具有生命力的论题。法学界关于该论题有多种称谓:"法的人文精神""以人为本的法理学""以人为本的法哲学""人文法律观"等。使用历史上曾经出现的"人文主义法学"这一词汇有利于引起学界对这些名词的共同精神的认识。

人文主义法学主张对各种法学观点持包容态度。人文主义法学与综合法学派都试图建立一个容纳各学派法学思想的开放的法理学体系。人文主义法学试图在保持包容性优点的前提下,强调"以人为本"的特色。

人文主义法学至少包括如下组成部分:

1. 基础理论部分。基础理论部分至少包括如下理论单元:人文主义法学的概念、方法、体系,人文主义法学的历史,人文主义法学的指导思想、基本原则,人与自然的和谐等。这些内容都是人文主义哲学与法学的连接点。这些连接点构成了人文主义法学的核心内容。

2. 专题研究部分。专题研究部分试图用人文主义法学的视角去考察与实践密切相关的法理学热点问题。具体包括权利冲突、民间法、权利与权力的关系、权力的异化与克服等问题。人文主义法学专题研究应当追求以下目标:第一,要和"以人为本""和谐社会""科学发展观"等高层次的理论体系对接。这一要求可以形象地称为"顶天"。第二,要和立法、守法、执法、司法等法律实践活动中的案例研究和规则研究对接,提出解决问题的系统化方案和具体对策。这一要求可以形象地称为"立地"。第三,尽可能回应学术界关于本专题研究的主要观点。这一要求可以形象地称为"枝繁叶茂"。

由于作者水平有限,本书的错误在所难免,诚挚希望读者批评指正。作者将根据您的批评作出调整。您的批评将有利于本书思路的完善。

刘国利

目录

上编　基础理论

上编　基 础 理 论

第一章　人文主义法学释义

第一节　人文主义法学理论背景

一、人文主义类型

(一) 西方的"将人作为目的"

古希腊智者派的普罗泰戈拉认为:"人是世间万物的尺度。"[1]这一命题有如下含义:人是评价事物是非善恶、有用与无用、美与丑的标准。这一论断是一个价值论判断,而不是一个认识论判断。普罗泰戈拉的这一论断使他成为人文主义思想的先驱者。

文艺复兴时期的思想领域至少具有如下特征:第一,将人作为学术研究的中心。在这一时期,人们开始努力从宗教神学的精神束缚和制度禁锢下解放出来,学术研究的兴趣逐步从神的世界转移到人的世界,人成了人类活动的中心。在这一时期,人文主义作为一种与基督教神学相对的系统化的思想体系正式产生了,这标志着人的地位得到了极大提高。人文主义法学思潮是人文主义思潮的组成部分。有学者对人文主义法学思潮的历史作用做了如下评价:"人把他自己,而不是其他事物,放在法律制度的中心。这个转变如

---

[1] 周辅成编:《西方伦理学名著选辑》(上卷),商务印书馆 1996 年版,第 27 页。

果不是由于人文主义法律思潮而确立的,也至少是由这一思潮所促成的。"[1]第二,关注人的幸福。人们开始认识到了追求需要的满足对生命的意义。快乐主义取代禁欲主义占据主导地位。彼得拉克说:"我自己是凡人,我只要求凡人的幸福。""人的尊严""人的自由意志""人的个性"受到了重视。西方学者伯克哈特认为,文艺复兴的一个重要成就就是人的发现。随着认识水平的提高,人的自我意识得到了发展。人们更加清晰地认识到了自己与环境的不同,认识到了人对物(包括自然物和人造物)顶礼膜拜的荒谬。

康德明确地提出了"将人作为目的"的思想。康德认为:"人,总之一切理性动物,是作为目的本身而存在的,并不是仅仅作为手段给某个意志任意使用的。"[2]人造物是指人创造的物质文明和精神文明成果,具体包括财富、法律、道德、风俗习惯、宗教、权力、国家、团体、思想体系等。人是目的,人造物是为人服务的手段。目的高于手段。一切人造物都应当为人这一最高目的服务。在人类历史早期,人们对人与人造物之间的关系缺乏科学认识,人们在人造物面前充满自卑、惶恐,对人造物顶礼膜拜。在人文主义兴盛以后,人的地位空前的提高。人文主义的一个重要目的在于帮助人们认识到自身的价值,帮助人们树立信心,以便提高人的地位、增进人的幸福。人的地位高于人造物。在人的幸福面前,人造物(包括法律、权力、道德、宗教等)都不是绝对的,都可以予以变通。

神学自然法学派代表人物马里旦提出了工具主义国家观。他认为:(国家)"不过是一个为人服务的工具。使人为这一工具服务,是政治上的败坏现象。"[3]工具主义国家观与专制主义国家观念相对立。他还说:"人民高于国家,人民不是为国家服务的,国家是为人民服务的。"[4]该观点类似于孟子的"民贵君轻"思想。与工具主义国家观相对立的是绝对主义国家观。绝对主义国家观将国家作为终极目的,将公民作为可以任意牺牲的对象,这一现

---

〔1〕 侯健、林燕梅:《人文主义法学思潮》,法律出版社2007年版,第187页。

〔2〕 北京大学哲学系外国哲学史教研室编译:《西方哲学原著选读》(下卷),商务印书馆1982年版,第317页。

〔3〕 [法]马里旦:《人与国家》,沈宗灵译,商务印书馆1964年版,第15页。

〔4〕 同上书,第27页。

象助长了国家的异化。提高人的地位有助于将人从国家的压迫下解放出来，使国家为人服务。

“人是目的”是西方人文主义的中心思想。“人是目的”的完整表述是“人是人造物(包括法律)的目的”。其含义是，人的地位高于人造物。将人作为目的有利于增进人的幸福。

(二)中国的“以人为本”

《管子·霸业》提出：“夫霸王之始也，以人为本。本治则国固，本乱则国危。”在人与国家的关系上，应当以人为根本。人民安居乐业、幸福安康、上下同心同德，人心就会朝向国家，国家就会稳固。人民流离失所、贫乏困顿、上下离心离德，人心就会背离国家，国家就会危险。人心向背，决定国家的兴衰。这正是通常所说的“民安则国安”。

孔子的“仁者爱人”思想认识到了众人的力量，统治者只有爱护众人，实行开明统治，赢得众人的拥护，才能实现长治久安。

“以民为本”是“以人为本”的重要内容。“民惟邦本，本固邦宁。”[1]该观点将老百姓作为国家的根本。

孟子认为：“民为贵，社稷次之，君为轻。”[2]孟子的“民贵君轻”说包含爱民思想和克制权力滥用的思想。

唐太宗总结隋朝灭亡的历史经验提出了“水能载舟，亦能覆舟”的思想，认识到“得民心者得天下”的道理。

刘备面临曹操追兵，不忍抛弃百姓，说道：“夫济大事必以人为本。今人归吾，吾何忍弃去。”[3]古代的政治家认识到，只有得到百姓的支持才能成就大业。

中国的人本、民本思想对具体的法律制度也产生了影响。例如，中国法律传统规定“亲亲相隐”制度，其中包含对亲属之间相互容隐行为的宽容和对人伦秩序的尊重。再如，中国法律传统规定“三复奏”“五复奏”制度，其中

〔1〕《尚书·五子之歌》。
〔2〕《孟子·尽心》(下)。
〔3〕《三国志·先主传》。

包含爱惜民命的思想。又如,中国法律传统强调法不外乎情,强调“天理、国法、人情”的统一,其中包含法律应尊重民情民意的思想。

(三)马克思主义的“法律为人而存在”

马克思提出了法律为人而存在的思想。他指出:“在民主制度中,不是人为法律而存在,而是法律为人而存在。”[1]人是目的,法律是为人服务的手段。人民是国家的创立者,人民是法律的主体,是法律运行的操控者。这一思想也有利于克服国家的异化。

2012年11月17日习近平总书记指出:“必须坚持以经济建设为中心,以科学发展为主题,实现以人为本、全面协调可持续的科学发展。”[2]“以人为本”是指以所有的人为本,将所有的人作为目的。“以人为本”要求尊重一切人的正当合法权益。既要尊重作为个人的官员、富人的正当合法权益,也要尊重弱势群体的正当合法权益。“以人为本”反对以权力和财富为本。

2013年11月12日党的十八届三中全会通过的《中共中央关于全面深化改革若干重大问题的决定》提出:“坚持以人为本,尊重人民主体地位,发挥群众首创精神,紧紧依靠人民推动改革,促进人的全面发展。”

2014年10月23日党的十八届四中全会通过的《中共中央关于全面推进依法治国若干重大问题的决定》提出:“坚持人民主体地位”,“必须坚持法治建设为了人民、依靠人民、造福人民、保护人民,以保障人民根本权益为出发点和落脚点”。“民”的含义是大众,俗称“老百姓”,着重指权力、财富等资源贫乏的大众。“民”是“人”的一部分。“以民为本”,是指以大众为本,强调保护大众的正当合法权益,特别是保护弱势群体的正当合法权益。以民为本反对仅以官员和富人(权贵)为本。“以民为本”隶属于“以人为本”的思想范畴,是“以人为本”的主要内容。

刘国光教授、汝信教授认为,社会主义者应当是最进步的人道主义者、最

---

〔1〕[德]马克思:《黑格尔法哲学批判》,载[德]马克思、恩格斯:《马克思恩格斯全集》(第1卷),人民出版社1956年版,第281页。

〔2〕习近平:《紧紧围绕坚持和发展中国特色社会主义学习宣传贯彻党的十八大精神》,载《习近平谈治国理政》,外文出版社2014年版,第13页。

彻底的人权主义者。有学者在引述此观点的同时，又进一步认为，“社会主义者还应当是最坚定的人本主义者”。[1]

古代的“以人为本”思想的缺陷是站在统治者长治久安的立场上谈爱护人，爱君主重于爱人民。现代的“以人为本”既继承了中国古代人本、民本思想的优良传统，又吸收了西方的人文主义、马克思主义的思想成果，克服了传统的“以人为本”的思想缺陷。

有学者指出：“人是哲学、社会科学的起点，同样，人也必然是法律的逻辑起点……人本法律观贯穿了这样一个基本原则：人的尊严和价值始终处于法律活动的中心。”[2]不体现“以人为本”的法律将会给人带来痛苦，给社会带来纷乱；体现“以人为本”的法律将会为人的生存和发展创造良好的条件，进而增进人的幸福。

在法学领域，“以人为本”要求我们梳理哪些法律思想和法律制度体现了“以人为本”，对其应当予以坚持；梳理哪些法律思想和法律制度未能体现“以人为本”，对其应当予以改革。人本法的对立面是物本法，应当逐渐增强法律中的人本法倾向，逐步克服法律中的物本法倾向。

二、寻找法治哲学基础的过程

（一）从性恶论到善恶二元论

长期以来，法学界一直在努力探寻法治理论的哲学基础。有学者认为，性恶论是法治理论的哲学基础。该观点的合理性在于揭示了性恶论有利于加强掌权者对法律的重视，但缺陷在于没有认识到如果没有人文主义的思想背景，单纯的性恶论只能导致掌权者将恶法作为治民的工具，即导致恶法之治，而不可能产生民众是治国主体思想、良法思想、统治者也必须受到法律约束的彻底的法律权威思想，不可能导致现代的法治。因此，性恶论不可能成为现代法治理论的哲学基础。

---

〔1〕 李步云：《法的人本主义》，载《法学家》2010 年第 1 期。

〔2〕 李龙主编：《人本法律观研究》，中国社会科学出版社 2006 年版，第 3 页。

有学者进一步认为,人性善恶二元论是法治理论的哲学基础。该观点使法治理论的哲学基础有所拓宽,但仍然存在缺陷。第一,人性善恶二元论未能全面概括人的多种属性。人的善性与恶性只是人性中的一对矛盾属性,而人性中还有其他许多属性。第二,人性善恶二元论未能全面包容以人为本的价值论,未能充分体现对人的尊重。相对于性恶论,人性善恶二元论中包含朴素的仁爱思想,但还没有达到将人作为目的、崇尚人的自由和尊严的高度。人性善恶二元论不可能成为现代法治理论的哲学基础,因此,有必要为法治理论寻找更为广泛的哲学基础。

(二)人文主义是法治的哲学基础

我国哲学界认为,在现代社会,人文主义已经不仅仅是一种社会思潮,而且已经发展成为一门科学——人学。人学是关于完整的人的哲学研究,与自然观、认识论、历史观相并列。有学者指出:"人学必须把完整的个人及其与群体、类的关系作为研究对象。"[1]作为人学的研究对象的人是完整的、参与社会生活的个体,而不是个体的内部结构,个体的内部结构是生理学和医学的研究对象。人学是研究完整的人的共性、价值和发展规律的科学。

将人文主义作为法治理论的哲学基础比性恶论和人性善恶二元论更合适。第一,笔者根据人文主义的精神提出的人性复合论和人性塑造论对人性的认识比性恶论和人性善恶二元论更全面。第二,人文主义的核心地带至上包括如下理论单元:人性论、目的论、解放论、人与自然和谐论,其理论视野比性恶论和人性善恶二元论更开阔。将法治理论建立在人文主义的基础上,可以避免有规则无文化的弊端,避免见法不见人的弊端。

在西方的人文主义的启发、中国的"以人为本"的影响、法治的哲学基础探索的大背景下,人文主义法学的提出就成为大势所趋、呼之欲出了。

英语的"humanism"可以译为人文主义、人本主义、人道主义。在中国人的知识背景下,三种译法引起的联想不同,因而造成三者在含义上的区别。"人文主义",与西方文艺复兴运动相联系,其含义强调与神学文化相对立的

---

〔1〕 韩庆祥:《人学是时代的声音》,载《中国社会科学》1998 年第 1 期。

世俗文化。“人本主义”，与中国传统的“以人为本”相联系，其含义强调将人作为根本，关心人、爱护人。“人道主义”，与“人性”概念相联系，其含义强调尊重人的本性，同情作为同类的人类其他个体，爱护生命，维护人的基本生存条件。以上三种译法的含义是相互渗透的。如果不严格区分，也可以认为，三种译法的含义基本等同。本书着重采用“人文主义”这一译法，也不排斥另外两种译法。人文主义泛指一切尊重人的本性、追求人的幸福的思想体系。

“人文主义对法学的影响”是一个具有生命力的论题。法学界关于该论题有多种称谓，如“以人为本法理学”“以人为本法哲学”“法的人文精神”等。笔者认为，该论题还可以采用以下三个称谓。

1. “人文主义法学”

“人文主义法学”的称谓受到了西方文艺复兴时代人文主义法学派(Legal Humanism)的启示。该学派受到了人文主义思想的影响，主张恢复罗马法的本来面目，并将研究成果应用于现实的法律。[1] 虽然人文主义法学派后来被自然法学派吸收，但是，法学领域对人性和人文主义的研究始终是非常重视的。人文主义法学是在人文主义的影响下形成的，泛指一切尊重人的本性、追求人的幸福的法学观点或法学思想体系。

2. “人本主义法学”

“人本主义法学”的称谓受到了中国传统的“以人为本”思想和我国当前倡导的“以人为本的科学发展观”的启示，具有如下两个优点：第一，与中国的“以人为本”较为贴近，可以借助丰富的本土资源，因而具有强大的号召力。第二，与已被社会接受的“人本主义经济学”“人本主义心理学”等称谓相呼应，共同推进“以人为本”在哲学、社会科学研究领域的贯彻。

3. “人道主义法学”

“人道主义法学”的称谓来源于国际人道主义法的启示。国际人道主义

---

〔1〕 参见［英］戴维·沃克主编：《牛津法律大词典》，北京社会与科技发展研究所译，光明日报出版社1988年版，第428页。

法是武装冲突的双方应当遵守的规则，其目的在于保护平民、战俘、伤病员的人权，尽可能减少冲突给人造成的痛苦。总而言之，不仅武装冲突，而且一切利益冲突都应当遵守最大限度地减少人的痛苦的规则。

为赢得学界的关注、批评、支持，本书着重采用文艺复兴时代就已经出现的“人文主义法学”这一称谓。一方面，现代人文主义法学是文艺复兴时代人文主义法学传统的延续；另一方面，现代人文主义法学也注入了社会主义元素、中国文化元素，致力于解决中国法治建设面临的各种问题。

“他山之石可以攻玉。”在法学史上，法学吸收其他学科的成果而形成一个新的研究方向的先例是很多的，例如，法学吸收社会学的成果形成了社会学法学，法学吸收制度经济学的成果形成了经济分析法学。法学吸收人文主义的思想和方法将形成法学的一个重要研究方向——人文主义法学。人文主义法学是“以人为本”在法学研究中的体现，是马克思主义法理学的一个生长点。

第二节　人文主义法学研究方法

人文主义法学试图对法作跨学科的综合研究，因此，必须借鉴各学科的观点和方法。

一、还原论方法

（一）还原论方法释义

还原论方法，是指用低级运动形式的规律解释高级运动形式的方法。恩格斯在《自然辩证法》一书中，将物质运动形式分为 5 种，由低级到高级分别为机械运动、物理运动、化学运动、生命运动、社会运动，并且指出：“研究运动的形式，当然应当从这种运动的最低级、最简单的形式开始，先理解了这些最低级的最简单的形式，然后才能对更高级的和更复杂的形式有所阐明。”[1]

---

〔1〕［德］恩格斯：《自然辩证法》，载［德］马克思、恩格斯：《马克思恩格斯选集》（第 3 卷），人民出版社 1972 年版，第 491 页。

还原论方法在人文主义法学研究中的应用主要表现为用生命运动的规律解释社会运动，即利用生物学的规律研究人性规律。可以用还原论方法研究人与社会的理由在于：人具有动物性的一面，人与动物具有共性。人是动物的一种，人是从动物进化而来的。人的动物性，是指人与动物相同的属性。在生物分类学上，人属于动物，人与动物必然存在共性。人的动物性是相对恒定的，法律可以约束调整但不可能去除。例如，人类社会的规则可以约束人的求利行为与竞争行为，但无法消灭人的求利本性与竞争本性。恩格斯指出："人来源于动物界这一事实已经决定人永远不能完全摆脱兽性，所以问题永远只能在于摆脱的多些或少些。"[1]教化与制度虽然具有使人性远离动物性的作用，但不可能根除人的动物性。动物性是人类固有的弱点，教化与制度应当予以适度的宽容。否认人与动物存在共性、忽视人的动物性或对人的动物性彻底不宽容不仅是不科学的，而且是不人道的。

生物学（如生物分类学、进化论、遗传学、分子生物学、动物行为学等）对研究人性具有重大的启示作用。在一般情况下，人类行为也遵循动物行为学的规律。从无脊椎动物到脊椎动物，再到灵长类动物，在进化过程中与人类的亲缘关系越近，与人类行为就越接近，对人性研究的启示作用就越大。

心理学家经常将动物作为研究对象，将所获得的动物行为的规律移植到人类的心理活动。这种方法也属于还原论方法。因为人是动物的一种，人与动物具有许多相似性，所以，可以将从动物研究中得出的结论推广到人类行为中去。例如，心理学家以动物为实验对象的剥夺实验得出了一个结论：剥夺动物的低级需要比剥夺人的高级需要引起的反应要激烈。这一结论对人也成立，在一般情况下，人实现生存权的愿望比实现自由权的愿望更强烈。将动物作为研究对象的优点在于：选择研究对象较为容易，而且研究手段的使用也较少受到道德的制约。

行为科学是用经验方法研究动物和人的行为规律的相关学科的总和。

---

〔1〕［德］恩格斯：《反杜林论》，载［德］马克思、恩格斯：《马克思恩格斯选集》（第3卷），人民出版社1972年版，第140页。

行为科学的源头是动物行为学和心理学对行为的研究。

行为主义法学采用了行为科学的研究方法,研究法律生活中的主体(个人、利益集团、官员)的行为的外在表现中的规律,取得了许多重要的研究成果,例如,社会分层对法律的影响、人际关系距离对法律的影响、组织性对法律的影响、边缘人的法律地位、法官的行为等。这些研究成果都可以为人文主义法学所借鉴。行为主义法学也存在以下理论缺陷:第一,行为主义法学忽视了主体行为起因(内在成因和外在成因。外在成因包括经济、政治、法律、文化、宗教等)的研究。人的行为的成因是复杂的,多种内因和外因都对人的行为产生影响。第二,行为主义法学忽视了法的价值研究,与古典分析法学派具有一致性。笔者认为,“人文主义法学”的理论框架比行为主义法学的理论框架更宏大,可以容纳其思想和方法。

(二)还原论方法的优点

还原论方法属于实证方法、科学研究方法的范畴。人性研究不仅需要借助于哲学,而且需要借助于经验科学。现代经验科学(生物学、心理学、社会学与人类学等)对人性的研究建立在观察与实验的基础上,有利于排除利益因素和文化因素对研究过程的干扰,从而获得关于人性的更客观的认识。所得出的关于人性规律的认识可以接受经验的检验。现代经验科学促进了人性研究的深化。人文主义法学研究定位虽处于较高的理论层次,但也重视经验方法的运用,其许多理论观点来源于经验,能够解释常识,并且高于常识。如果说人文主义法学具有理想主义特征,那么它也是具有科学性、可行性的理想。

运用还原论方法可以认识权利意识、义务与责任意识的生物学基础(条件)。首先,权利意识的生物学基础是个体利益意识明晰化,即个体意识到自己在群体中的独立利益、独立地位。无脊椎动物(如昆虫)的中枢神经系统不发达是其无明显的个体意识的原因。脊椎动物的中枢神经系统较发达,因此,脊椎动物的个体意识得到了长足的进化。大群体中的小群体也有利益意识,群体中的个体也有利益意识。人类不仅中枢神经系统更为发达,而且人类的思维进一步促进了个体意识的发育。人维护既得利益和争取应得利益的行为是权利观念和权利保护制度形成的生物学基础。其次,义务与责任意识的生物学基础是群体意识的明晰化。人类是群居动物,个体的生存和发展需要他人的帮助,个体应当对他人与社会尽义务。随着文明的发展,不仅权利意识将不断进化,而且义务与责任意识也将不断进化。

(三)还原论方法也存在局限性

因为人类理性的发展和社会文化的影响,人类社会比群居动物社会复杂得多,人类的行为也比动物行为复杂得多,所以,还原论方法不足以认识人性的全貌,不能代替其他方法对人性的研究。社会达尔文主义使用了还原论的认识方法,将动物界存在的生存竞争、优胜劣汰的法则照搬到人类社会上。社会达尔文主义并没有揭示人类社会竞争与合作的全部奥秘。还原论方法的局限性可以通过文化人类学的田野调查方法和比较方法加以弥补与矫正。

人也存在非动物性,即与动物不同的属性。人作为进化史上出现的最高级的动物,是万物之灵长,必然存在一般动物所不具备的特点:人有自由意志、尊严意识、正义感。人有理性,能够认识事物的规律,能够识别是非善恶;人懂得只有克制自己的本能,遵守社会规范,服从权威,才能使自己适应社会;人懂得只有尊重他人的自由权利,与他人共享利益,才会有更高水平的合作,才会有更大范围的联合;人有理想、有制度创新的能力;人类的竞争受到规则的约束,竞争的失败者受到法律的保护,人类能够通过妥协实现共赢。亚里士多德认为:“人类在本性上,也正是一个政治动物。”[1]

法学与伦理学人性研究的侧重点不同。法学侧重于强调人与动物的共性,强调法律应当适度尊重人的动物性。而伦理学则侧重于强调人与动物的区别,引导人们远离动物性。法学与伦理学的侧重点存在各自的合理性。

中西人性学说的侧重点不同。西方更重视科学精神,使用还原论方法,强调人与动物的共性,强调顺应人的自然本性。传统中国更重视人伦精神,强调人与动物(禽兽)的不同,强调克制人的自然本性。中西文化的侧重点存在各自的合理性。与动物相比,人具有可塑性。良好的教化与制度可以引

〔1〕[古希腊]亚里士多德:《政治学》,吴寿彭译,商务印书馆1996年版,第7页。

导人们向善,不良的教化与制度可以引导人们作恶。

二、分析与综合方法

力学将物体从环境中分离出来,只考虑物体的主要受力因素,建立了物体运动规律的理论模型。在现实世界中,影响物体的受力因素繁多,如果都予以考虑,就无法提出力学的三定律。万有引力定律这一数学模型的提出就是将两个星体从宇宙空间分离出来,这是针对两个星体提出的,从而忽略了无穷多星体的引力。正是因为理论模型仅考虑了事物的有限因素,理论模型才具有一般适用性。如果考虑决定事物的所有因素,就不可能提出简捷的理论模型。无穷多的星体之间都存在万有引力,如果都予以考虑,就不可能提出万有引力定律。借助于理论模型来认识事物是人类认识能力有限前提下的无奈之举。决定事物规律的因素是无穷多的。人们无法针对无穷多的因素提出简捷的理论模型,只能针对事物的一个或多个或有限数量的因素提出简捷的理论模型。

虽然通过分析方法建立的理论模型(由概念、原理组成的理论体系)存在表达真理的局限性,但不能因此而否认理论模型的积极作用。科学的理论模型虽然仅是对事物规律的简化描述,但它也是人类认识事物的一个环节,是人类攀登真理高峰的一个阶梯。否定理论模型的积极作用不利于思想的创新、表述、交流、传播,将会妨碍科学认识的发展。

当然,物体运动规律的数学模型是在舍弃许多因素的理想状态下提出的,因而必然是有局限的,运用数学模型研究具体运动过程所得的结果也必然是有局限的,因此,有必要考虑多种因素对结果加以修正。在解决具体问题时,既要适用一般性的理论模型,又需要考虑具体情况对理论模型的局限性加以修正。例如,在研究两个星体的相互运动规律时,既要运用万有引力定律这一既有的知识,又需要考虑其他因素(如其他星体的扰动作用,空气阻力、风力、风向对自由落体的影响)。力学的分析方法(隔离法)与综合方法对研究人性具有启示作用。

（一）分析方法在人性研究中的运用

分析方法要求将人从环境（包括自然环境和社会环境）中分离出来。每个人所处的环境是千差万别的，如果不将人从环境中分离出来，就无法获得关于人的共性的认识。人性与环境和历史存在千丝万缕的联系，只有采用分析方法，抓主要方面，才能获得关于人性的规律性的认识。例如，人文主义法学的原则体系就是在把握人需要的共性、舍弃无数个体的个性的前提下建立起来的。如果考虑无数个体的个性，就不可能提出这个原则体系。

（二）综合方法在人性研究中的运用

人与环境和历史是不可分割的，人与环境和历史相分离的状态只是一种理想状态。现实的人受环境因素和历史因素的影响。采用分析方法对人性的认识孤立、静止的局限。运用分析方法得到的人性观点与现实的人性是有差距的。在将人放在环境中加入认识有利于克服分析方法的局限性。

马克思主义的人性塑造论的形成就属于综合方法的运用。马克思主义重视研究现实的人，重视研究社会对人性的影响。马克思指出："人的本质并不是单个人所固有的抽象物，在其现实性上，它是一切社会关系的总和。"[1]现实中的人所处的环境是千差万别的，在不同环境的影响下，人性呈现出丰富多彩的个性特征。恩格斯认为："要从费尔巴哈的抽象的人转到现实的、活生生的人，就必须把这些人当做在历史中行动的人去研究。"[2]马克思主义着重强调环境对人的塑造作用。具体内容如下：第一，将主体（指具体的人，包括个体与团体）放在其所处的环境中，研究环境因素与主体自身因素的相互作用及其对主体的影响。第二，考察主体的历史（包括个体的生活史和团体的历史），从动态的角度研究主体遇到的特殊环境与主体的相互作用及其对主体的影响。

在处理具体案件过程中，既要考虑到法律原则，也要考虑案件当事人的

---

〔1〕［德］马克思：《关于费尔巴哈的提纲》，载［德］马克思、恩格斯：《马克思恩格斯选集》（第1卷），人民出版社1972年版，第18页。

〔2〕［德］恩格斯：《路德维希·费尔巴哈和德国古典哲学的终结》，载［德］马克思、恩格斯：《马克思恩格斯选集》（第4卷），人民出版社1972年版，第236～237页。

自身情况和案件所处环境提出处理意见,以体现个案公正文化人类学对人的文化属性的研究属于综合方法的运用。在文化人类学背景下产生的文化多样性法哲学,要求将人放在文化背景中加以认识、将法律放在文化生态的背景下加以认识。

科学认识的过程是曲折的,只有全面运用分析方法与综合方法,发挥人性复合论与人性塑造论两种范式的互补作用,才能深化对人性的科学认识,为法学研究乃至全部社会科学研究开辟道路。

三、案例研究方法

案例研究方法隶属于实证研究方法的范畴。人文主义法学深受实证主义哲学、实证科学的影响,重视经验方法的运用。人文主义法学也深受人类学与社会学重视社会调查方法的做法的影响。案例研究方法是对实验方法、社会调查方法、历史研究方法、比较方法的综合运用。人文主义法学的理论论证是围绕案例研究展开的。

例如,心理学家马斯洛通过剥夺实验得出结论——动物(包括人)追求基本需要的愿望比追求非基本需要的愿望强烈。这一结论可以成为权利位阶论的经验基础(参见《解决权利冲突的原则体系》一章)。再如,可以观察到熟人社会(如传统社区)的商家的信誉比陌生人社会(如流动人口较多的地区)的商家信誉好。这一结论支撑了在现代社会(接近陌生人社会),建立严密的制约监督机制的必要(参见《人文主义法学的原则体系》)。

案例研究也与法的规范研究和法的形而上学研究存在密切的联系。从案例研究中可以归纳出有价值的理论概念、原理、纠纷解决方案、改进规则和制度的建议、顶层设计方案。人文主义法学虽然在法学知识体系中处于较高的层次,但也并不是脱离实际的象牙塔、空中楼阁。

可以从以下四个方面寻找案例。

1. 我国当前法律实践中的热点案例

关注这类案例可以与学界和公众形成互动,在认真听取百家之言的前提下提出自己对实践问题的解决方案。运用人文主义法学的观点分析这些案例，提出解决问题的方案，可以为人文主义法学研究提供丰富的素材，有利于理论的发展，而且有利于“以人为本”在法律实践中的贯彻。

2. 通过田野调查收集的案例

法社会学家和法人类学家收集这些案例使用了社会调查方法（人类学称为“田野调查”），具体包括观察方法、访谈方法、问卷方法、统计方法等。

有学者认为，处于原始状态的社会中的人性中既有和谐性特征，也有非和谐性特征。和谐性特征包括合作（共同劳动等）、互助、好客、协商（通过协商决定公共事务）。非和谐性包括偷盗，行贿，为争夺财产、地位、女人而殴斗、杀戮，为减轻负担而杀死老人、婴儿、病人，村寨之间的集体械斗，等级制度，奴隶制度，家长制度、多妻制度。该学者认为：“原始人是个人主义与群体主义的统一体。”[1]原始人既不绝对地利己，也不绝对地利他，而是利己与利他的统一。

研究文明社会中的局部的、短暂的无政府状态，对人性研究具有巨大的启示作用。国外发生的在一些交通警察罢工的情况下，交通违法行为显著增多。在唐山地震后短暂的无政府状态下，既有大量的救助、帮助等积极行为，也有大量的偷盗、抢劫等不良行为。在这些无政府状态下，人性中光明的一面和阴暗的一面都得到了真实地表露。人性既具有稳定的一面，也具有易变的一面。在有政府、有法律的状态下，人性中阴暗的一面也不会消失，它将处于半隐蔽的状态，并将以曲折的方式表达出来。

3. 外国法律史上的经典案例

外国法律史上有许多经久不衰的经典案例。特别是在英美法系，由于存在判例法传统，许多判例成为法律史上的里程碑。这些案例之所以为人们津津乐道，就是因为它们有利于增进人的幸福，具有丰厚的人文底蕴。这些案例及其包含的法律思想若能为人本法理学吸收，必将为之增添色彩。

---

〔1〕 潘云华：《论初民社会人性观念的复杂结构——法律制度设计的标杆定位》，载公丕祥主编：《法制现代化研究》（第 11 卷），南京师范大学出版社 2007 年版，第 433 页。

4. 文学中的案例

文学(包括神话传说、小说、戏剧、电影等形式)是对现实生活的一种反映。文学中包含许多与法律有关的案例,其中包含法律文化的信息和法律的智慧。例如,古希腊神话中包含民主思想。再如,莎士比亚的《威尼斯商人》中包含法律权威思想、合同必须遵守思想、公共利益至上思想。文学是民众喜闻乐见的文化形式,在民众中具有广泛影响。可以选择典型文学作品中的典型案例,使之成为讨论法律问题的平台,成为从民众中汲取法律智慧的渠道。

案例研究方法包括两个相反的思维过程。第一,从案例到理论的思维过程。遇到具体案例,应当收集同类案例,然后寻找解决此案例的法理理论,这是一个从具体到抽象、从事实到理论的思维过程,是一个归纳推理的过程,是一个理论提升的过程。法理理论形成的过程也就是寻找此类案例解决方案的过程。"就事论事"式的案例分析难以提高法理思维的水平。第二,从理论到案例的思维过程。遇到某一法理理论,应当寻找能够支持该理论的具体案例,这是一个从抽象到具体、从理论到事实的思维过程,是一个演绎推理的过程,是一个理论下行的过程。将案例与法理密切联系起来的方法可以称为"案例方法论"。

四、公理方法

公理方法来源于数学。古希腊欧几里得创立的几何学就是从5条公理出发推导出整个理论体系的。数学化程度较高的物理学也采用公理方法表达理论体系。牛顿力学就是以牛顿三定律和万有引力定律为公理的理论体系。

公理化的理论体系的结构包括如下三个层次:第一,最高层次——公理,相对于数学中的公理(如欧几里得几何学的公理)和物理学中的定律(如牛顿力学的三定律和万有引力定律)。公理、定律在理论的金字塔体系中居于塔尖的地位。第二,中间层次——定理和命题。第三,最低层次——案例,相当于数学和物理学中的例题。一方面,进行案例研究有利于结合具体情况,将公理运用到解决纠纷的活动中去,使公众了解公理的有用性,使公理为大众所接受。另一方面,进行案例研究有利于不断丰富公理的内容。

公理体系中的公理必须具备三个必要条件:第一,简单性。这要求公理的数量尽可能少,每一个公理要具有较高的抽象性、概括性,包含丰富的信息,追求微言大义。第二,完备性。这要求若干公理对表达全部理论是够用的。第三,无矛盾性(一致性)。这要求公理之间无矛盾。就一篇文章而言,各部分的大标题就是公理。各部分大标题以下的次级标题分别是定理与命题。

有学者认为,法律原则、法典的体系、许多法学家的理论体系,特别是自然法理论体系都受到了数学的公理方法的启示。[1] 笔者试图尝试在人文主义法学体系建构中运用公理方法,并取得了一定的进展。例如,人文主义法学的4项基本原则就是人文主义法学的公理、定律(参见《人文主义法学的原则体系》一章)。再如,解决权利冲突的5项原则就是权利冲突理论的5个公理、定律(参见《解决权利冲突的原则体系》一章)。未能建成公理体系的篇目也受到了公理方法的影响,所使用的各级标题尽量概括本部分主要观点,期待以后时机成熟的时候建成公理体系。

公理方法作用。第一,有利于作者表达思想。采用公理方法可以使概念、命题更加确切,避免不必要的重复,避免纠缠于他人观点,避免使自己的观点淹没在大量的材料中,用尽可能少的篇幅表达尽可能多的思想。第二,有利于读者理解作者的思想。读者通过各级标题就可以了解作者的大致思想。采用公理方法整理理论体系便于思想的形成、表达、传播、接受、争鸣、借鉴、发展。第三,可以将不同观点,甚至是相互对立的观点整合在一个理论体系中,有利促进对立观点的交流、互动和妥协。现实中的许多对立观点只是成立的条件不同,并不存在截然地对立,可以整合到同一理论体系内部,并不违反公理体系的无矛盾性要求。例如,在《人文主义法学的原则体系》一章

---

〔1〕 参见何柏生:《法律与作为西方理性精神核心的数学理性》,载中国人民大学书报资料中心《复印报刊资料》(法理学、法史学)2003年第11期。

中,“尊重人的需要和利益原则”与“克制人的需要和利益”可以并存。在《解决权利冲突的原则体系》一章中,权利克制原则倾向于克制权利,其他原则倾向于主张权利,这些原则适用的条件不同,并不存在实质性的对立,将这些原则整合到同一理论体系内部也不违反公理体系的无矛盾性要求。运用公理方法可以进一步彰显人文主义法学的包容性。第四,有利于达成理论共识。人们可能在具体问题上存在不同观点,但却可能接受共同的理论原则。共同的理论原则的指引有利于促进人们在具体问题上通过讨论达成共识。

第三节　人文主义法学范式

一、人文主义法学的理论体系

有学者认为,法哲学研究有三种可供选择的途径:法哲学整体构建研究、部门法哲学研究、法哲学专题研究。[1] 人文主义法学的理论体系的构建可以借鉴这一观点。笔者将人文主义法学的理论体系分为基础理论研究、专题研究、部门法的人文精神研究3部分。

(一)基础理论研究

基础理论部分至少包括如下理论单元:人文主义法学的概念、方法、体系,人文主义法学的历史,人文主义法学的范畴(幸福、人性、人权、人情等),人文主义法学的原则体系、法与人的塑造、人与自然的和谐等。基础理论部分是人文主义法学的核心内容,是人文主义哲学与法学的连接点。

人文主义法学基础理论部分具有如下特点:第一,各学科的界限被打开。人文主义法学纵深地带的探索成了对法作跨越哲学、法学、政治学、社会学、人类学、生物学、心理学、历史学等学科的综合研究。人文主义法学为法学研究提供了一个广阔的知识背景。第二,具有浓厚的哲学色彩。原因在于:人文主义法学是在人文主义哲学的影响下形成的,它的思想基础就是人学。法哲学研究至少具有如下特点:重视抽象思维、重视批判精神、重视前瞻性研

---

[1] 参见文正邦:《当代法哲学研究与探索》,法律出版社1999年版,第19~20页。

究、重视体系建构。人文主义法学也可以称为“人文主义法哲学”。人文主义法哲学与一般人文主义哲学的区别在于面向法律实践与法学研究的需要，具有理论针对性。基础理论部分是人文主义法学思想的核心和辐射源。

（二）专题研究

专题研究试图用人文主义法学的视角去考察法理学中的具体问题。列入本书的选题既要考虑与“以人为本”的相关性，也要考虑面向现实中的理论热点与实践热点。本书选取的具体论题包括解决权利冲突的原则、民间法也是法、法律与道德的关系、文化多样性对民生法治的启示、法律异化的克服等。人文主义法学专题研究应当追求以下目标：第一，要和“以人为本”“和谐社会”“科学发展观”等高层次理论对接。如果将相关的目标体系比作一棵大树，这一要求可以形象地称为“顶天”。第二，要和立法、守法、执法、司法等法律实践活动中的案例研究对接，提出解决实践中具体问题的宏观思路和具体对策。这一要求可以形象地称为“立地”。第三，尽可能回应学术界关于本专题研究的主要观点。这一要求可以形象地被称为“枝繁叶茂”。虽然由于笔者的水平有限，距离目标相差很远，但是笔者将不会放弃追求。

开展人文主义法学专题研究具有以下重要意义：第一，专题研究是连接人文主义法学基础理论与部门法的人文精神研究的桥梁和纽带。专题研究既可为基础理论提供实践材料，以避免空洞；又可为部门法的人文精神研究指明方向，以避免盲目。第二，专题研究比基础理论研究距离法律实践近，对法律实践的指导作用强，开展专题研究，有利于吸引大众对以人为本的法理学的关注，增强人文主义法学的实践能力。

人文主义法学基础与人文主义法学专题研究共同构成人文主义法理学，在人文主义法学体系中居于理论基础的地位。

（三）部门法的人文精神

法律部门的人文精神与法学的学科分类相对应，包括宪法的人文精神、行政法的人文精神、民商法的人文精神、经济法的人文精神、刑法的人文精神、诉讼法的人文精神、国际法的人文精神等。每一个部门法中体现人文精神的内容都是非常丰富的，无法一一穷尽。可以在每一主要部门法中选择少数体现人文精神的制度作典型研究。例如,民法中的所有权问题,刑法中的期待可能性理论、死刑存废问题,刑事诉讼法中的刑事和解制度等。部门法的人文精神研究将由部门法学者担任主力。部门法学者的参与有利于人文主义法学学术共同体的形成。

二、人文主义法学的性质

美国科学哲学家托马斯·库恩提出了“范式”的概念。范式是指理论体系的基本框架(基本概念、基本原理、基本方法等),理论体系的信念、情感,学术共同体等的总和。人文主义法学已经成为法学的一种新范式。人文主义法学范式的性质包括如下四个方面。

(一)法哲学倾向

研究人文主义法学的理论地位必然要涉及法理学与法哲学的关系问题。从词源上看,法理学与法哲学存在着很大的差异。“法理学”(Jurisprudence)是法学家使用的。在法学家心目中,法理学是法学的理论基础,是法学的一个分支学科。“法哲学”(Philosophy of Law 或 Legal Philosophy)最初是由哲学家提出的。在哲学家心目中,法哲学是采用哲学的思想和方法对法律进行反思而形成的一门科学;法哲学是哲学的一个分支学科。从词源上看,法理学与法哲学分属两个不同的大学科。

从词的流变上看,随着法理学与法哲学的相互借鉴,二者在研究范围、研究方法等方面不断趋同融合,已没有明确界限。但是,受词源的影响,二者的倾向性是始终存在的。大陆法系的主流观点坚持法理学与法哲学的词源含义,认为法理学与法哲学在研究范围、研究方法上存在差异,分属不同学科。英美法系的主流观点坚持法理学与法哲学的流变含义,认为二者的含义可以基本等同。

笔者持折中观点,认为一方面,随着法哲学的法学化和法理学的哲学化,二者在研究范围、研究方法等方面已具有一致性;另一方面,由于历史的原因,二者在研究范围、研究方法、理论层次等方面又存在许多不同的侧重点。

人文主义法学在性质上更接近词源含义上的法哲学。人文主义法学在研究范围上更为关注法的价值、人类的命运；在思维方法上更多地采用抽象思维方法、重视理论体系构建；在人类的知识体系中更接近哲学，具有较高的理论层次。这些特征都属于词源意义上的法哲学的特征。相对于法理学，法哲学更富于批判精神。马克思指出："辩证法在对现存事物的肯定的理解中同时包含对现存事物的否定的理解……辩证法不崇拜任何东西，按其本质来说，它是批判的和革命的。"[1]法哲学认为人类创立的一切法律理想和法律制度（如权利、法治）都是不完善的，都只具有部分合理性。法哲学偏重追求良法，关注制度设计。人文主义法学的思想之源在于人文主义哲学，具有浓厚的哲学色彩，也可以称为"人文主义法哲学"。人文主义法学是现实法的建设性批判者，是推动法律进化的精神动力，其存在有利于推进法律的完善。人文主义法学是政府的谏言者，其存在有利于促进政府工作的改善。法理学偏重对现实法的研究，如果不重视法哲学，法理学有可能成为为现实法作辩护的工具。

法哲学是介于法学领域与哲学领域之间的边缘地带，既是哲学的组成部分，也是法学的理论基础。法哲学研究的一个困难是战线过长，难以在整体上做出突破。如果选择一个好的突破口，集中学术资源，或许能够取得一定的进展。人文主义法学就是法哲学领域的一个可供选择的突破口，沿着这一突破口持续努力，有可能取得一些专门性的研究成果。

德国刑法学家李斯特认为：最好的刑事政策就是最好的社会政策。许多具有深厚人文情怀的学者在探索一种能够解决冲突的系统化方案。人文主义法哲学的目标也在于这种探索解决冲突的系统化方案，即顶层设计、制度设计。

（二）包容性

古典分析法学、概念法学过于偏重实在法研究，过于孤立地看待法律，忽视法的价值研究，容易导致"见法不见人"的弊端，容易导致对恶法的放任。

---

〔1〕［德］马克思：《资本论》，载［德］马克思、恩格斯：《马克思恩格斯选集》（第2卷），人民出版社1995年版，第112页。

法学发展的一个趋势就是包容性。博登海默将法律比作大厦，将不同的法学派别比作架设在大厦周围不同角度的探照灯，并认为，用一盏探照灯照亮每一个房间、凹角和拐角是极其困难的。只有从多个角度研究法律，并将各种认识综合起来，才能获得关于法律的全面的认识。综合法学派试图建立一个容纳各派法学思想的开放的法理学体系。其代表人物博登海默认为，法理学包含“哲学成分”“社会成分”“历史成分”“分析成分”“价值法哲学”等多种成分。[1] 综合法学虽具有包容性的优点，但也具有缺乏特色的缺点，人文主义法学试图避免这一缺点。

人文主义法学吸收了综合法学的包容性，试图吸收其他研究方向的成果不断丰富自己。人文主义法学是一个开放体系，它可以容纳各种范式的积极因素，可以在借鉴其他范式的过程中实现自我完善。人文主义法学强调法的实然研究与应然研究的结合，强调法的分析研究与跨学科综合研究的结合，为法学研究提供了一个广阔的知识背景。人文主义法学范式的包容性使其能够在各种法学范式之间发挥综合协调作用。

人文主义法学范式认为，各种法学范式都没有掌握绝对真理，是相对的，而不是绝对的。在理论上，应当对各种法学范式采取宽容态度。在实践上，应当吸收各种范式隐含的行动方案的合理性。法律是一种复杂的社会现象，不同的法学范式侧重表述法律某一方面属性，并不存在截然的对立。除依照正当法律程序宣布非法的情况外，各种范式无正确与错误之分，只有合理性程度之分、有用性程度之分、理论层次高低之分、解释能力强弱之分、主流与非主流之分。根据文化宽容原理，法学范式之争将是永无休止的，应当强调各种法学范式的宽容。

（三）适应性

人文主义法学范式强调吸收百家之长。对于各种法学范式，应当首先想到他有哪些合理的因素值得学习、吸收。对各种法学观点，不宜轻易否定。

---

〔1〕 参见［美］E. 博登海默：《法理学——法律哲学与法律方法》，邓正来译，中国政法大学出版社1999年版，“1962年版前言”和“1974年修订版前言”。

人文主义法学作为一个开放体系，能够容纳新思想、新制度，因而能够与时俱进，不断提出解决社会问题的新方案。

（四）人本性

人文主义法学也是架设在法律大厦周围的一盏探照灯，它从人的角度研究法律，能够看到其他角度所不能看到的景象，形成本研究范式的特色。

人文主义法学处理各种法学思想争鸣的办法如下：第一，找到共有概念。共有概念能够为生活在各种文化背景下的人接受，或基本接受，如“以人为本”“幸福”。第二，解释共有概念。通过解释共有概念，将多种文化的合理因素吸收到该理论体系中来，将多种行动方案的合理因素吸收到理论体系中来，为主流社会的行动方案提供补充性参考意见。

开展人文主义法学研究，具有重大的理论意义和实践意义。有利于促进“以人为本的科学发展观”在法学研究中的贯彻，推动法学理论的创新；有利于培养服务社会、服务大众的法律人才，提高法律人的人文素质；有利于促进“以人为本的科学发展观”在法律实践中的贯彻，为人的生存和发展创造宽松和谐的法律环境。发展人文主义法学，弘扬法的人文精神是当今时代的呼唤。

第二章 人文主义法学的范畴

第一节 幸 福

一、幸福的理论渊源

幸福就是快乐、满意的心理状态。这是各种幸福观普遍接受的幸福定义。各种幸福观的区别主要在于对幸福的来源、实现幸福的途径存在分歧。有学者根据对幸福来源的看法不同，将幸福观分为感性幸福观与德性幸福观。[1]

(一)感性幸福观

感性幸福观认为，幸福来源于需要的满足和利益的实现。感性幸福的典型代表是古希腊的快乐主义和19世纪早期的功利主义。

西方的快乐主义传统着重揭示人追求快乐的本性。快乐主义传统可以追溯到古希腊的酒神崇拜。人们在酒神节期间的狂欢体现了人性具有非理性(欲望、需要、情感、信仰等)的一面。古希腊的伊壁鸠鲁认为："我们的一切取舍都从快乐出发；我们的最终目的乃是得到快乐……快乐是我们天生的最高的善。"[2]快乐就是在满足基本物质利益基础上的灵魂无纷扰，而不是

---

〔1〕 参见李蕾、占红沣：《幸福指数：评价权利与法律制度的新标准》，载《法学家》2009年第3期。

〔2〕 周辅成编：《西方伦理学名著选辑》(上卷)，商务印书馆1996年版，第103页。

主张追求无限度的物欲享乐。快乐主义包含了对人的求利本性的尊重。

在文艺复兴时代,在基督教的禁欲主义和苦修苦行占据绝对优势地位的情况下,人文主义思潮追求世俗享乐,具有推动思想解放的作用。人的解放的具体内容包括对人的需要和利益的承认、个体摆脱群体的束缚、人摆脱社会规则的束缚、个性的发展得到尊重。文艺复兴运动的一个重要成果就是发现了人自身。

19 世纪的功利主义隶属于快乐主义传统。早期功利主义早期代表人物边沁认为,幸福就是快乐,就是避苦求乐。功利主义揭示了幸福和痛苦的形成机理:幸福就是利益和愿望得到实现所引起快乐的感受;痛苦就是利益和愿望遭受挫折所引起的不良感受。只有最大限度地满足人的需要和利益,才能使人获得最大幸福。功利主义认为,法律的目的是实现最大多数人的最大幸福。边沁说:"一切法律所具有或通常应具有的一般目的,是增长社会幸福的总和,因而首先要尽可能排除每一种趋于减损这幸福的东西,亦即排除损害。"[1]早期功利主义与早期民主理论一样都关注最大多数人的最大利益的表达与实现。功利主义认为,"最大多数人的最大利益"是立法的出发点,最大多数人的最大幸福是衡量法律优劣的标准。

早期功利主义着重强调物质利益的实现带来的快乐,忽视精神利益的实现带来的快乐。这一倾向招致了德性主义的批评。德性主义者讽刺功利主义者的幸福观为"猪的哲学"。

后期功利主义者密尔为回应德性主义的批评,在承认物质快乐的同时,更为强调精神快乐。后期功利主义者密尔对功利主义的立场作出了调整:在承认物质利益的实现带来快乐的同时,更强调精神利益的实现带来的快乐。他说:"在一个有那么多东西让人充满兴趣、有那么多东西值得享受、有那么多东西值得改进的世界里,每一个具备一定道德修养和智力水平的人都可以过上一种令人羡慕的生活——除非这样的人被残暴的法律或他人的意志剥

---

〔1〕 [英]边沁:《政府片论》,时殷弘译,商务印书馆 1995 年版,第 216 页。

夺了自由,无法汲取他原本可获得的幸福源泉。"[1]后期功利主义也崇尚精神生活,承认价值目标的实现能够带来更高品质的快乐。人们通过高尚生活所获得的乐趣与幸福无论在量上,还是在质上,都远高于享乐带来的乐趣与幸福。在崇尚高尚生活方面,感性幸福观与德性幸福观已经达成了共识。

感性幸福观的合理内核在于:强调对合理需要的顺应,强调尊重个人的自由权利、强调世俗社会的幸福。感性幸福观有突破人造物的异化的作用,具有思想解放的意义。

(二)德性幸福观

德性幸福观认为,幸福来源于合乎善良道德的理想目标的实现。德性幸福观认为,过有道德的生活是幸福的重要来源。要过有道德的生活,就必须克制各种欲望(如财产占有欲、权力欲等)。过度追求欲望的满足只能给自己和社会带来痛苦。过度追求财富增长带来的种种消极影响可能会侵蚀他们的生活环境,降低他们的幸福感。

德性主义更强调多种多样的精神生活带来的幸福,主张发展容忍无害于社会的精神生活,为人们通过精神生活实现幸福创造条件。各种抱有改良社会的良好愿望的理想主义者都具有德性幸福观的倾向。因此,持有德性幸福观的人的来源具有多样性。

在西方,德性幸福观的早期代表是犬儒学派。犬儒学派的第欧根尼拒绝了向亚历山大大帝提出要求的机会,只是希望不要挡住自己的阳光。犬儒学派将世俗的财产、权力、地位、荣誉看得很轻,却珍视回归自然的生活方式。自由社会尊重生活方式的多样性,回归自然的生活方式也是一种可供选择的生活方式,应当予以尊重。

古罗马和中世纪的各种各样的禁奢法的出现体现了人们对奢侈消费的消极作用的认识和节制奢侈消费的努力。[2]禁奢法的历史贡献在于提出如下思想:节制贪欲、节约利用资源、减少生态损耗不仅是道德的使命,也是法

[1] [英]穆勒:《功利主义》,叶建新译,中国社会科学出版社2009年版,第24页。
[2] 参见李蕾:《幸福的法哲学研究》,华中科技大学出版社2010年版,第30~31页。

律的使命。

然而,也应当看到禁奢法的局限性。一方面,由于人类认识上和意志上的局限性,完全禁止奢侈消费是不可能的;另一方面,对新技术产品的消费和一般的奢侈消费没有明确界限,一味地禁止奢侈消费有可能妨碍新产品的销售和新技术的推广。以上两个方面的原因决定了禁奢法失败的命运。但是,禁奢法为未来对奢侈品的征税探索了道路,应当肯定禁奢法的历史功绩。理性的人类虽然做不到完全禁奢,但是,对于奢侈消费的节制还是可以做到的。现代社会对与奢侈消费征收奢侈税或在消费税中对奢侈消费征收消费税的做法就体现了法律对奢侈消费的节制。这种做法既避免了对奢侈消费完全禁止的一个极端,也避免了对奢侈消费彻底放任的另一个极端。

也应当承认,德性主义幸福观的极端化将导致禁欲主义,造成漠视正当的物质利益,忽视弱势群体享有基本民生权利的倾向。

(三)两种幸福观的区别

首先,上述幸福观的区别之一在于强调幸福来源的不同。快乐主义更强调物质利益所带来的快乐。快乐主义所包含的物质主义倾向是主要的。在单一文化的状况下,在快乐主义内部,无法克服物质主义的蔓延、扩张和走向极端,只有借助于德性主义幸福观的作用,才能有效地抑制物质主义的扩张。

根据马斯洛的人本主义心理学,人们在追求高级需要的过程中,为追求高级目标的实现可以克制低级目标。人类追求高级需要的行动与人追求高级需要满足和追求集体目标的实现常常联系在一起。人们在追求高级需要的过程中,个人目标与集体目标容易协调一致。通过马斯洛的人本主义心理学视角可以看到,功利主义幸福观和德性主义幸福观可以达成一致意见。

幸福的来源是多元的,利益目标的实现和价值目标的实现都可以带来幸福感。人的幸福观受文化的影响。功利主义幸福观走向极端将会导致享乐主义的盛行,而德性主义幸福观走向极端又会导致对物质利益(特别是基本物质利益)的忽视。在理性、多元、开放的社会,人们的幸福感更为真实、可靠。

其次,上述幸福观的区别在于强调幸福的主体不同。个体幸福与集体幸福相比较,快乐主义更强调个体的幸福。幸福是个人的主观感受,他人对自己的幸福缺乏切身的感受。因此,个人也应当是幸福的评价主体。而德性主义更强调集体目标的实现所带来的快乐。如果集体目标容纳个人目标,并为个人目标的实现创造条件,那么集体目标的实现就可以为个人幸福的增进创造条件,并引发个人的幸福感。[1]

(四)两种幸福观的联系

两种幸福观具有相反相成、互相促进的关系。二者的侧重点不同,并没有截然分明的界限。在德性幸福观的影响下,感性幸福观承认,符合道德的快乐才不会招致社会的干预。在感性幸福观的影响下,德性幸福观承认,价值目标实现的幸福建立在具有基本生存条件的基础上。

两种幸福观具有相互制衡的关系。没有德性幸福观,感性幸福观将会走向纵欲主义(包括物欲主义)的极端,其对法律的一个重要影响是导致自由权利的滥用;没有感性幸福观,德性幸福观将会走向禁欲主义的极端,其对法律的一个重要影响是导致对自由权利的漠视。二者的平衡对于保持文化生态的健康性和法律秩序的优良性是必要的。感性幸福观与德性幸福观的制约和公众的选择抑制了二者走向极端的倾向。

两种幸福观的平衡对权利制度的启示在于:只有权利的正当合法的行使才有利于增进幸福,而漠视权利的极端、权利的滥用和过度扩张的另一个极端都不利于增进幸福。

二、幸福在价值体系中的地位

(一)幸福是最高的价值目标

幸福是价值体系中的首要价值、终极价值。有学者指出:"幸福在诸多价值领域之中,是一项较高位阶的价值、一种多种价值的综合体。"[2]幸福不仅是一种法价值,而且在法价值体系中居于最高地位。理由在于如下几个方面。

第一,幸福具有目的意义,人类行为的终极目的是追求幸福,而其他价值

---

〔1〕 参见苗元江:《影响幸福感的诸因素》,载《社会》2004 年第 4 期。

〔2〕 李蕾:《幸福的法哲学研究》,华中科技大学出版社 2010 年版,第 1 页。

则具有手段意义。幸福价值具有包容性、超然性,能够包容其他价值,而又与其他价值和谐相处。

第二,幸福是把握其他价值的标准。从幸福的高度加以审视,自由、平等、秩序等单一价值虽都有增进幸福的作用,但在增进幸福上都有局限性。过于强调单一价值将会造成价值极端化、价值缺失、价值体系紊乱、文化生态失调,从而损害幸福。因此,不能将单一价值绝对化。价值的局限性体现了价值背后主体利益的个别性和理想目标的个别性。将任何一种价值绝对化的观点都只是个别主体的一孔之见。

第三,幸福是进行价值权衡的标准。人类社会存在许多相互冲突的价值,如自由与平等、效率与公平、自由与秩序等。幸福决定着这些相互冲突价值的配置方案。相互冲突价值的配置方案就是不同利益主体的利益妥协方案和价值互动方案。

法的价值是指法的理想和目标。通常认为,法的价值包括自由、人权、平等、正义、秩序、效率、秩序等。法的价值是一个开放体系,不是封闭体系。法的价值还可以包括幸福、理性、科学、便利、和谐、公共利益、文化多样性(文化宽容)等。在法的价值体系中,幸福是最高的价值,其他价值都是幸福实现的途径。除幸福之外,其他价值都具有次级目的的意义,有利于增进幸福的价值体系是各种价值的有机统一,任何单一价值都不具有绝对的意义。某一利益主体从自身利益出发提出的价值都是价值体系的组成部分,都具有合理性。在两个或多个目的发生冲突的情况下,立法者、执法者和法官应当在多个目的之间作出权衡。对各种目的应当予以兼顾,不应当有所偏废。但是,某些利益主体如果将体现自己利益的价值夸大为最高价值,还需要论证和检验。

(二)幸福是最高的评价标准

1. 国民幸福指数是评价经济社会发展水平和政府政绩的量化指标

1972年不丹国王旺楚克认为,人生基本的问题是如何在物质生活与精神生活之间保持平衡。旺楚克提出了“国民幸福指数”(National Happiness Index,NHI)的概念。该指数由经济增长、环境保护、文化发展、政府善治四方面的指标构成。[1] 不丹王国受印度文化圈的文化多样性观念的影响，崇尚多元主义幸福观。多元主义幸福观将物质幸福与精神幸福结合在一起，有利于避免功利主义幸福观走向极端，有利于避免物质主义的泛滥。国民幸福指数是体现多元主义幸福观的概念。按照国民幸福指数对世界各个国家进行排名会发现，一些经济落后的国家的幸福指数可能很高，如不丹。一些经济发达的国家的国民幸福指数却并一定高。不丹经验的启示在于，评价经济社会发展和政府政绩的主要指标应当是国民幸福指数，而不是 GDP。

"国民幸福指数"概念的提出对于建立多元幸福评价标准体系具有启示作用。过去的幸福评价标准倾向于单一的物质财富标准（如偏重经济增长、财产与收入的提高），具有物质主义的倾向。这种单一的评价标准引发了追逐财富的竞赛，加剧了生态危机、加剧了社会冲突。幸福评价标准应当是多元的。物质财富只是影响人的幸福的标准之一，而不是唯一标准，应当重视物质财富以外的其他幸福评价标准。

制定幸福指数应当考虑的价值包括富足、安全、自由、公平、民主、法治、善政等。[2] 计算国民幸福指数应当考虑这些价值。

影响人的幸福的因素包括如下方面：基本生存条件的保障程度、物质财富的丰富性、分配公平、就业充分、竞争压力适度、免费教育普及程度高、环境清洁、文化多样、闲暇时间丰富、公民参与程度、治安状况、有限而有效的政府等。计算国民幸福指数应当考虑这些因素。

国民幸福指数至少包括如下具体指标：社会保障覆盖率、人均财富的量、基尼系数、就业率、犯罪率。

2. 主观幸福感评价主体幸福程度的量化指标

幸福心理学继承了功利主义的一个观点，幸福是可以测量的。幸福心理学用"生活满意度"（个人的主观幸福感）作为测量幸福的量化指标。通过发放幸福感调查问卷可以调查一定人群幸福感的总体水平。生活满意度属于

---

〔1〕 参见李蕾：《幸福的法哲学研究》，华中科技大学出版社 2010 年版，第 8 页。

〔2〕 参见何士青：《论法治与公民幸福》，载《政法论丛》2012 年第 1 期。

主观评价体系,它与由客观指标构成的客观评价体系可以相互比照,使评价指标体系更为科学、合理。

3. 幸福评价主体的多元性

幸福的评价主体是多元的。传统的幸福评价主体是单一的官方主体,官方垄断了评价权,而官方并不一定全面了解大众的幸福感受。而现代的幸福评价主体是多元的。幸福是主体的自身感受,事物是否给主体带来幸福应当由主体自己评价。新的幸福评价体系尊重公民的评价权,重视发挥公民(以及由公民组成的大众)在幸福评价过程中的作用。公民不仅是决策主体、监督主体,而且是评价主体。公民是法律良恶优劣的判断者。

幸福的评价标准和幸福的评价主体构成了幸福的评价体系。

人文主义主张法律是实现人幸福的工具。应当在维护法律权威的同时,及时修改旧法,制定新法,并对法律作出合理的变通。"孙志刚案"反映了我国法律评价机制的缺失和法律废止机制的迟钝。孙志刚是湖北黄冈人,武汉科技学院艺术设计专业结业,在广州某服装公司打工。2003 年的一天,孙志刚因未携带证件被当地派出所送进广州市"三无"人员收容遣送中转站。因拒绝交纳罚款被殴打致死。"孙志刚案"暴露了我国收容遣送制度的弊端。"孙志刚案"推动了收容遣送制度被废除,推动了《城市生活无着的流浪乞讨人员救助管理办法》的出台。孙志刚付出了生命的代价方换来旧制度的废除和新制度的建立。

三、法律对需要的不同类型的态度

关于需要的不同类型,有两种学说。

第一种是人本主义心理学的需要层次说。美国心理学家马斯洛的需求层次说认为:人的需要是有层次的。按照道德上的崇高性做出排序,人的需要由低到高分别为生理需要、安全需要、爱与归属的需要、尊重的需要、自我实现的需要。

马斯洛还将人的需要大致分为基本需要与高级需要。基本需要是指在需求层次体系处于较低位置的需求,包括生命的需要、健康的需要、生存需要等。高级需要(非基本需要)是指在需求层次体系中居于较高位置的需要,如自由的需要、自尊需要、名誉荣誉的需要、信仰的需要、参与的需要、自我实现的需要、便利的需要、舒适的需要、享受闲暇生活的需要、回归自然的需要、审美的需要。[1] 要实现人的最大幸福就必须最大限度地满足人的各层次的需求。

第二种是幸福经济学的财富的幸福效应递减说。幸福经济学认为,单位财富产生的幸福的量是递减的。可将财富增长分为三个阶段加以分析:第一,在财富匮乏的社会,财富增长与幸福增长之间的关系接近正相关关系,财富增长是提高幸福感的最主要因素。第二,当物质财富能够保证人的基本需要后,单位财富产出的幸福的量有所降低,多元需求的满足(如清洁的环境、公民有序参与、最低生活保障等)、多向发展的实现对幸福感的贡献得到增强。第三,在财富丰富的社会,单位财富产出的幸福的量进一步降低。如果经济过度增长导致影响幸福的其他自然与人文指标的恶化(如资源枯竭、环境污染、社会冲突加剧),经济增长还会成为幸福感降低的原因。

法律对需要有不同类型的态度。

(一)法律对基本需要的保障

需要分类的二分法是根据紧迫性的不同,将需要分为基本需要和非基本需要。需要分类的二分法蕴含法律原则——保障基本需要原则。

根据马斯洛的需求层次说,基本需要(生理需要、安全需要)的恒定性较强。在一般情况下,人追求基本需要的愿望比追求高级需要的愿望更强烈,实现基本需要产生的幸福感也比实现高级需要产生的幸福感更强烈。基本需要相当于通常所说的生存需要、民生需要,包括基本住房、基本医疗、基本教育、基本养老等需要。

在资源稀缺的条件下,雪中送炭带来的幸福大于锦上添花带来的幸福。实现基本需要是实现高级需要的前提条件,在基本需要得到实现的前提下,人们的高级需要才会凸显出来。如果基本需要不能得到实现,高级需要就会

---

〔1〕 参见[美]马斯洛:《动机与人格》,许金声译,华夏出版社1987年版,第113页。

受到压抑。建立在尊重基本需要基础上的法律才能得到有效实施。人文主义法学主张在法律范围内尽量为人的基本需要的实现创造条件。从压制人的基本需要向为基本需要的实现创造条件意味着法律观念从义务本位向权利本位的转变，意味着治理模式从压制向疏导的转变。

法律可以调整实现基本需要的方式，却不可能消灭基本需要。过度强调去除私心、改造人性的观念忽视了人性的相对恒定性，在制度上对人提出过高的要求，将会造成名与实的矛盾、理想与现实的矛盾、造成了人性的压抑与扭曲。邓小平同志注意到了人的需要是人性中较为固定的部分，重视物质利益对行为的激励作用。他指出："不讲多劳多得，不重视物质利益，对少数先进分子可以，对广大群众不行，一段时间可以，长期不行。……革命是在物质利益的基础上产生的，如果只讲牺牲精神，不讲物质利益，那就是唯心论。"〔1〕尊重人的基本需要，不仅有利于激励人的创造精神，也有利于研究并建立有效的利益调控机制。

基本需要在幸福评价体系中应当占据基础的地位。非基本需要不能占用民生需要的资源。在资源匮乏的条件下，即使是文化需要也不能占用民生需要的资源。例如，南北朝时期北魏造云冈石窟消耗了大量的财政收入，南朝梁代的"南朝四百八十寺，多少楼台烟雨中"，存在文化需要占用民生需要资源的情况，对人民幸福和国家富强不利。只有在人的基本需要得到实现的情况下，人的高级需要才会活跃起来，所以应当尽可能地为基本需要的实现创造条件。

法律与道德在对待人的需要上存在分工：道德着重引导人们追求高级需要，而法律则重视满足人的正当低级需要。越是低级需要与动物的需要越接近，越是高级需要与动物的需要越不同。

法律对基本权利的优先保障原则是建立社会保障制度的重要理由。生存需要是人的最基本的需要，也是最正当的需要。最低生活保障制度是保障生存权的重要制度。人的生存需要具有共性，而人的生存权是平等的。因

〔1〕邓小平：《邓小平文选》（第2卷），人民出版社1994年版，第146页。

此,社会保障制度的指导思想就是平等地保障人的生存需要。在现代社会中,享受基本教育的权利属于人的基本需要,也可以归入生存权的范畴。生存权在人权的层次体系中居于基本人权的地位,相对于其他权利应该得到优先满足。生存权的实现不能建立在恩赐和施舍的基础上,必须为生存权的实现提供制度上的保障。现代社会承认公民享有物质帮助的权利,物质帮助权的设定有利于保障生存权的实现。为了保障生存权的实现,社会和代表社会的政府对个人负有物质帮助的义务。政府是社会保障事业的组织者和领导者,应当加大财政对社会保障事业的支持力度,加大财政对民生事业的支持力度。

建立社会保障制度有利于维护社会稳定。美国心理学家马斯洛以动物为实验对象作了剥夺实验,得出的结论是,剥夺动物的低级需要比剥夺动物的高级需要更会引起"疯狂的抵御和紧急的反应"。[1] 这一结论对人也基本成立,人与动物都遵循同样的规律。在一般情况下,人对于低级需要(基本需要)的愿望比高级需要更为强烈。在生物分类学上,人是动物的一种,与动物存在许多相似性,那种将人与动物完全分离开来的理想主义观点是错误的。建立社会保障制度有利于改善资源供给状况,有利于弱化人的攻击性,有利于人的善性的发挥。建立社会保障制度可使全社会的每一个人,特别是社会中低阶层、弱势群体拥有稳定的生活条件和平安的心理状态,有利于减少犯罪以及各种各样的社会冲突。

社会保障制度的内容包括社会保险(养老保险、失业保险、医疗保险等)、社会救济(救灾、扶贫等)、社会福利(政府对义务教育的拨款、养老院、儿童福利院、精神病院等)。社会保障是国民收入再分配的重要组成部分。计划经济时代沿袭下来的行业保障、单位保障已不适应新形势的需要。它的缺陷是,行业、单位内部的大锅饭;行业、单位之间的不均衡;受益范围狭窄。建立统一的社会保障制度应解决以下三个问题:第一,应建立社会保障事业的各项专门基金,如养老保险基金、医疗保险基金等。应当禁止挪用社会保

---

[1] [美]马斯洛:《动机与人格》,许金声译,华夏出版社1987年版,第114页。

障基金,并加大财政对各项基金的支持力度。单位和个人的合理分担、社会捐赠都是基金的重要来源。各项基金应当存入银行或投资于低风险的项目,确保其安全性。第二,社会保障的受益范围应当扩大到包括个体劳动者、农民在内的全体公民。第三,社会保障制度应当体现平等原则。建立社会保障制度的目的在于保障人的生存权和发展权,社会保障制度的资源是稀缺的,全体公民,或至少是一定地区的全体公民应当平等地享受社会保障的利益。

(二)法律对非必要需要的克制

需要分类的三分法将需要分为基本需要、一般需要、非必要需要。如果将二分法中的非基本需要再分为一般需要和非必要需要,二分法就过渡到了三分法。需要分类的三分法体系蕴含克制非必要需要原则。

非必要需要包括过度的需要、消费奢侈品的需要、占有的需要、炫耀的需要等。在所有需要中,非必要需要最应当予以克制。动物的需要很直接,其占有的需要和炫耀的需要不发达。在等级分化不严重、货币未出现的早期社会,人类占有的需要和炫耀的需要也不发达。等级分化的加剧和货币的出现激发了人的贪欲,使非必要需要不断膨胀,越来越多地占有了基本需要的资源,对人与人之间的和谐和人与自然之间的和谐构成了严重威胁。

克制非必要需要的意义在于:第一,克制人的非必要需要有利于保障满足基本需要的资源供应。在资源稀缺的条件下,基本需要与非基本需要争夺资源的情况不可避免。克制非基本需要有利于为保障基本需要的满足创造物质条件。社会主义包含使全体社会成员平等享受社会资源和优先满足人的基本需要的含义,有利于克制人的贪欲。第二,克制非必要需要有利于为高级需要的满足创造条件。贪欲不仅与人的基本需要争夺资源,妨碍人的基本需要的满足,而且与人的高级需要的实现争夺资源,妨碍人的高级需要的实现。因此,贪欲是人类的大敌,为了实现人的幸福,必须克制贪欲。

法律应当在克制非必要需要方面有所作为。例如,对过度消费、奢侈品消费征收消费税就是法律克制非必要需要的措施。

道德、纪律、宗教在克制贪欲方面的作用。道德、纪律、宗教中包含很多克制贪欲、克制不良嗜好的要求。与法律相比,道德、纪律、宗教具有明显的克制主义倾向。在文化宽容的社会中,道德、纪律、宗教作为多元文化的组成部分,在克制人的欲望的膨胀、克制人的非必要需要的膨胀方面具有积极作用。

(三)法律为德性需要的实现创造条件

马斯洛还将人的需要分为基本需要和特殊需要。基本需要是人类共同的需要,是由体质与遗传基因决定的。特殊需要是不同群体的特殊需要,由特殊的自然环境和文化条件决定。[1] "高级需要"和"特殊需要"两个概念具有较大的相关性。如果说基本需要具有更多的共性,那么高级需要则具有更多个性。德性需要,是指符合道德的高级需要,而不是指奢侈享乐的需要。动物的需要以基本需要为主,而人的需要则具有丰富性,人有追求德性需要的愿望。越是德性需要,人与动物的区别就越大。与精神世界贫乏的人相比,精神世界丰富的人的幸福感也具有更丰富的内容。例如,精神世界丰富的人能够体会到非功利愿望实现后的幸福感(如玄奘)。在自由思想的影响下,人对人身自由的需要比动物强烈得多。人也具有动物不具备的德性需要,如言论自由和信仰自由的需要、尊严的需要等。人类的德性需要随着社会的科技、经济的发展而不断发展。人不仅有物质需要,而且有精神需要;不能只将人看成经济动物,人还是文化动物。人类的低级需要与动物接近,但人类的德性需要却具有丰富多彩的内容。人类有为了追求德性需要而克制低级需要的行为。例如,裴多菲主张为追求自由的需要而克制生命需要和爱的需要,玄奘为信仰的需要而克制世俗生活的需要。

人类的德性需要具有强烈的个性,普通人更关心财富增长带来的幸福,公务员更关心事业成功带来的幸福,艺术家更关心艺术之美带来的幸福,隐士更关心安宁带来的幸福,修行者更关心信仰带来的幸福(玄奘)。由于不同主体(包括个人和社会集团)的素质、生存状态、道德境界、志趣等的差异,造成了事业和人生道路的差异,也造成了幸福观的差异。

在多元社会,人的高级需要被多元文化引向不同方向,这样有利于分化

---

[1] 参见[美]马斯洛:《马斯洛人本哲学》,成明编译,九州出版社2003年版,第24页。

竞争目标,缓和目标冲突,促进社会和谐。法律保障参与权(言论自由权、结社权、投票权等)有利于人的高级需要的实现创造条件。追求高级需要有利于将人们的兴趣从追求基本需要的实现引向追求需要,实现基本需要的自我克制;有利于借助于团体的监督克制个人的基本需要;有利于塑造具有理想人格的"自我实现的人";有利于推动社会的进步。

尊重人的德性需要具有重大意义。第一,有利于将人们的兴趣、时间、精力引导到实现德性需要的活动中去,克制人的低级需要、非必要的需要、不良需要。例如,中国的饮食文化丰富的另一面是严重的资源浪费,其部分原因在于,在中国,德性需要实现渠道不畅通(如参政需要、言论自由需要的实现途径不畅通),故人们将更多的时间、精力、资源用在饮食消费上。疏通德性需要实现的渠道,可以吸引人们关注德性需要的实现,有利于克制口腹感官方面的欲望。

第二,有利于发挥人的优点。马斯洛认为:"德性需要……的追求与满足具有有益于公众和社会的效果。"[1]同低级需要相比,德性需要与社会利益存在密切的相关性。尊重人的德性需要有利于公共利益的实现。例如,保障人权、制定良法、维护法律权威的活动就有利于公共利益的实现。人的许多德性需要(如自由的需要、参与的需要)本身就是人的潜能和创造性得以发挥的渠道。与低级需要相比,德性需要与人们的优点存在密切的相关性。德性需要实现途径畅通,人们不断追求德性需要的实现有利于发挥人的优点(理性、创造性、合作本性、积极性、主动性、责任感、公益心等优良品性),展示人性中光明的一面,有利于塑造现代公民,有利于建立公民社会。

法律应当尽可能尊重德性需要的个性差异,尊重个人的志向,为人的德性需要的实现创造条件。具体内容包括:第一,法律应当尊重人们选择职业和人生道路的自由。第二,法律应当尊重多元社会、多元文化。在多元社会、多元文化之下,人们选择职业和人生道路的自由才有实现的可能性。第三,法律应当承认人的多种多样的权利,如自由权、尊严权、名誉权、荣誉权、宗教

---

〔1〕［美］马斯洛:《动机与人格》,许金声译,华夏出版社 1987 年版,第 116 页。

信仰自由权、参政权等。第四,为解决不同的人在追求德性需要方面的冲突,法律应当确立文化宽容原则。实现人的德性需要,有利于增加全社会的幸福总量。

四、人造物的异化与克服

(一)异化的概念

生理学中使用"异化"概念。在生理学中,同化与异化是两个相反的过程。同化是指吸收环境中的物质,使之成为自己身体的一部分。异化是指产生与自己身体不同的物质,排放到环境中去。

马克思将异化概念作为批判资本主义的理论武器。他认为:在资本主义社会,商品、货币、机器、科学技术、资本等都成了压迫人的异化力量。资本主义造成了"异化的物对人的全面统治",即"物对个人、产品对生产者的普遍统治"。[1] 只有克服财产与权力的异化,才能使人获得解放。马克思、恩格斯指出:"必须推翻那些使人成为受屈辱、被奴役、被遗弃和被蔑视的东西的一切关系。"[2]

"异化"即人造物的异化,是指人造物(人创造的事物)成为压迫人的力量。人造物泛指人创造的一切文明成果,包括法律、道德、权力、财产、宗教、国家、团体、科学技术等。"异化"一词与"压迫""束缚""控制"含义基本一致,可以互换通用。每一种人造物都可以成为压迫人的力量。历史上出现的异化现象主要包括财产异化(包括资本异化)、权力异化、法律异化、道德异化、宗教异化、科学技术异化等。法律作为一种人造物,也必然存在异化的可能,应当加以防范。人造物压迫人的现象是人自己造成的,正如成语所说的"作茧自缚"。异化现象违背了人们对人造物的善良愿望,应该加以克服。"异化"概念为人们批判人造物对人的压迫提供了一个理论武器。

---

〔1〕 [德]马克思:《詹姆斯·穆勒〈政治经济学原理〉一书摘要》,载[德]马克思、恩格斯:《马克思恩格斯全集》(第42卷),第29~30页。

〔2〕 [德]马克思:《黑格尔法哲学批判导言》,载[德]马克思、恩格斯:《马克思恩格斯全集》(第1卷),第461页。

在人类起源时代,由于人类适应自然和改造自然的能力不足,自然物给人类带来的痛苦较显著。随着文明的发展,人造物的异化已经成为超过自然物,成为加剧人类痛苦的第一位原因。人造物异化的原因之一是人们将人造物当成了终极目的。

卢梭将人类历史分为两个阶段:自然状态与社会状态。社会状态意味着文明的出现。卢梭认为,文明不仅没有给人类带来幸福,反而加剧了人类的痛苦。卢梭认为,文明加剧了人类的不平等。卢梭将人类不平等分为两种:一种是"自然的或生理上的不平等",笔者将其称为"体质的不平等";另一种是"伦理的或政治上的不平等",笔者将其称为"社会的不平等"。[1] 在人类社会早期,人类不平等的主要原因是体质上的不平等,人类的不平等较轻微。随着文明的发展,社会原因越来越成为人类不平等的主要原因(如专制制度、所有权制度、继承制度、货币制度、教育制度加剧了不平等)。因此,如果不对人造物进行人性化的改造,人类的不平等将会不断加剧。卢梭揭示了文明有消极作用的一面。

卢梭认为,自然的是美好的,回归自然是一种可供选择的生活方式。他说:"我要问,社会状态的生活和自然状态的生活,哪一种最令人难以忍受……我要问,是否有人曾听说,一个自由的野蛮人想过要抱怨生活,想过自杀?"[2] 该观点的启示是,一切制度(包括道德、法律、教育)都应当顺应人的自然本性(天性),而不能违背人的自然本性;一切制度都应当尊重人的个性,而不能磨灭人的个性。卢梭有返璞归真、回归自然的思想倾向。这种倾向与西方的文化多样性思想、生态社会主义思想、中国的道家思想具有一致性。

后现代主义对现代社会压迫人的弊端进行了批判。后现代主义代表人物福柯认为:整个现代社会都是一所监狱,所有人都在接受规训,只不过程度上有所不同而已。[3] 现代社会强迫人们接受单一行为规范,将人们塑造成

---

〔1〕 参见[法]卢梭:《论人类不平等的起源和基础》,高煜译,广西师范大学出版社2009年版,第82页。

〔2〕 同上书,第109页。

〔3〕 参见陈弘毅:《从福柯的〈规训与惩罚〉看后现代思潮》,载朱景文主编:《当代西方后现代法学》,法律出版社2002年版,第205页。

标准而平庸的人。凡是符合单一标准的行为就被看成正常的,否则将会被看成异常的。现代社会剥夺了人们选择的权利,构成了对人的压迫。作为后现代主义组成部分的后现代法学否认法律的科学性、公正性,也包含部分真理。后现代主义对社会弊病的揭示是中肯的,其批判精神也是值得肯定的。后现代法学的启示是,要摆脱现代社会对人的压迫,就必须实现文化宽容,尊重人们选择文化的权利。但是,后现代主义具有否认科学真理的非理性倾向和否认公平正义的虚无主义倾向,这是笔者不赞同的。如果否认科学真理和公平正义,就无法评价社会改革方案的优劣。只有承认科学真理和公平正义,才能有选择地吸收各种社会改革方案的合理因素,制定较为完备的社会改革方案,推进社会进步。同理,只有承认法的科学价值与公正价值,才能对法律的良恶作出评价,也才能区分良法和恶法,引导法律朝向符合人的幸福方向发展。

在中国思想史上,也有对人造物压迫人的反思。孔子曾经批评苛政对人的压迫。老子的"法令滋张,盗贼多有"的观点包含对法律压迫人的批判;老子"绝圣弃智,民利百倍;绝仁弃义,民复孝慈"的观点就包含了对现实社会中的道德、制度、教育、科学技术对人的压迫的认识。

(二)人造物异化的成因在于将人造物作为终极目的

人造物具有两面性。首先,人造物有增进幸福的一面,实现人的幸福必须借助于人造物。人造物值得作为目的加以追求。其次,人造物是次级目的,不是只有人才是终极目的。将人造物作为终极目的将会造成人造物的异化。

根据动物行为学的观察,动物使用工具(手段)的能力非常微弱(但不能断言动物没有使用工具的能力)。因此,动物行为的目的指向性非常强,手段和目的的分化不明显。人类常常不直接追求某种目标,而是通过形成或完善人造物(法律、权力、道德、宗教等)而为实现这一目标准备条件。人类行为的间接性、目的和手段相分化是人类行为复杂性的具体表现。主张为了人的幸福而消灭人造物的观点属于矫枉过正。人类不可能也没有必要消灭人造物,人类所能做到的是形成有利于增进人的幸福的人造物,克服人造物的异化,使人类能够得其利益而避免遭受其祸害。

相对于人的幸福这一最高目的，人造物只是次级目的。为了人的幸福，完善人造物这一次级目的也应当加以追求，次级目的也具有相对独立的意义。

法律是一种人造物，法律是为人服务的工具。以人为本的法治观能够容纳法律权威、规则之治。

彻底消灭私有财产的观点、无政府主义关于消灭政府的思想在认识到私有财产和政府消极作用的同时，忽视了私有财产和政府也有造福于人的积极作用的一面。

（三）异化的克服

异化的克服就是消除人造物对人的压迫的过程。异化的克服与解放的含义接近。克服异化的过程就是将人从人造物的压迫下解放出来的过程。

异化的克服、人的解放意味着人的地位的提高。要将人从人造物的压迫下解放出来，就必须理顺人与人造物的关系，将人从手段的地位提升到目的的地位，将人造物从目的的地位降到手段的地位。马克思指出："任何一种解放都是把人的世界和人的关系还给人自己。"〔1〕人的解放意味着将颠倒的人与人造物的关系再颠倒回来。马克思主义的一个重要目的就是解放全人类。我国学者针对马克思主义包含的强烈的解放思想，给马克思主义下了一个定义："马克思主义是马克思、恩格斯创立的人的解放的科学。"〔2〕解放是指摆脱压迫，实现自由的过程。

克服人造物异化的根本办法保持人造物的平衡。因为人造物也具有造福人类的功能，所以，对于人造物，不能采取简单消灭的办法。借助于人造物的平衡机制和人的理性选择，使人造物的积极作用不断提高，使其消极作用不断受到抑制。

例如，财产与权力的平衡。首先，要克服财产异化就必须借助于国家的

---

〔1〕［德］马克思：《论犹太人问题》，载［德］马克思、恩格斯：《马克思恩格斯全集》（第1卷），第443页。

〔2〕高放：《马克思主义是人的解放学——对加强马克思主义整体研究的呼唤》，载《宁夏党校学报》2005年第2期。

宏观调控,因此,国家应当尊重国家的宏观调控权力,使国家拥有足够的宏观调控能力。如果没有权力的调控,任由市场的力量起作用,将会导致财富的两极分化,加剧社会冲突。自由资本主义时代剧烈的社会冲突说明了这一点。其次,克服权力异化必须借助于公民拥有财产,因此,应当保障公民的财产权利,使公民至少拥有维持生存和发展的最低限度的财产。如果公民没有充分的财产权,那么公民就缺乏制约政府的资源,就会导致权力支配社会。计划经济时代国家权力对公民命运的支配说明了这一点。财产与权力的竞争与制衡既有利于克服财产的异化,也有利于克服权力的异化。

又如,市民社会与政府的平衡。市民社会存在非科学性、分散性、冲突性等弊端,需要借助于政府的力量加以克服。政府存在的弊端也需要借助于市民社会的力量加以克服。市民社会与市场都有克服政府异化的积极作用。

五、法律与幸福

(一)幸福是法律的最高目标(终极目标)

柏拉图将人划分为三个阶级:统治阶级、武士阶级、劳动者阶级。每个阶级担负着不同的职责。统治阶级虽然具有管理国家的职责,却只能用手中的权力谋取公共利益,而不能谋求个人利益。柏拉图反对色拉叙马霍斯关于"正义就是强者的利益"的观点。他说:"我们建立这个国家的目标并不是为了某一个阶级的单独突出的幸福,而是为了全体公民的最大幸福。"[1]柏拉图认为,法律不应该只照顾强者、统治者的利益而不顾及弱者、老百姓的利益。只有体现全体公民利益的法律才是正义的。这一观点实际上是法律公意论的理论先驱。

西塞罗认为:"创造法律是为了公民的安全、国家的长存以及人们生活的安宁和幸福。"[2]自然法思想家认为,民族的安全、人民的幸福是最高的法律。成文法是有缺陷的,当成文法与民族的安全、人民的幸福发生冲突时,对

---

〔1〕[古希腊]柏拉图:《理想国》,郭斌、张竹明译,商务印书馆1996年版,第133页。
〔2〕[古罗马]西塞罗:《国家篇法律篇》,沈平等译,商务印书馆1999年版,第181页。

成文法应当作出变通。

阿奎那认为:法律“是对于种种有关公共幸福的事项的合理安排。”[1]在自然法思想家那里,法律不应仅仅体现少数统治者的幸福,而应当体现公共幸福。

边沁认为:“法律所具有的或通常应具有的一般目的,是增长社会的幸福的总和,因而首先要尽可能排除每一种趋于减损这幸福的东西,亦即排除损害。”惩罚本身具有排除损害的作用。“所有惩罚都是损害,所有惩罚本身都是恶。根据功利原理,如果它应当被允许,那只是因为它有可能排除某种更大的恶。”[2]为避免增加人的痛苦,应当排除不必要的惩罚。他还主张,如果有必要作出惩罚也应当考虑惩罚与罪过间的比例,以诱导人们犯较小的罪过。

耶林的利益法学、庞德的社会学法学(又称为法律功利主义)、波斯纳的经济分析法学(其核心概念“效率”是付出单位成本所获得的利益)都体现了人们对利益的尊重。

人类行为的目的居于层次性。人类行为的终极目的(最高目的)是实现最大幸福。而法律仅是增进幸福的手段,人民的幸福高于法律。法律也可以作为目的,但法律与人的幸福相比,法律仅是次级目的,终极目的优于次级目的,次级目的必须为终极目的服务。

法律的目的既包括增进个人的幸福,也包括增进公共幸福。要处理好个人幸福与公共幸福的关系。一方面,法律要增进公共幸福,个人幸福不得凌驾于公共幸福之上。另一方面,公共幸福必须容纳无数的个人幸福,遵守最小受益者的最大利益。漠视个人幸福的公共幸福是虚幻的。

(二)幸福是评价法律优劣的最高标准

幸福是区分良法和恶法的标准。凡能够增进幸福的法律就是良法,带来痛苦的法律就是恶法。良法通过普遍规则的制定和实施普遍地增进全社会

---

[1] [意]阿奎那:《阿奎那政治著作选》,马清槐译,商务印书馆 1997 年版,第 106 页。

[2] [英]边沁:《道德与立法原理导论》,时殷弘译,商务印书馆 2000 年版,第 217 页。

每个人的幸福。良法的利益衡量不遗漏每一个人。

制定幸福的评价标准要考虑幸福的质和量。因为幸福存在质与量的差异,所以,不仅要考察法律增进幸福的量,而且要考察法律增进幸福的质。幸福是评价法律优劣的标准。

幸福不仅是评价法律优劣的标准,也是评价一切人造物(道德等)优劣的标准。

法学的一个重要任务就是研究最大限度地实现人的各种需要的办法。人的幸福既是法律的出发点,也是法律的归宿。改良社会、改良法律可以为人的幸福的实现提供良好的外部条件。

(三)法律是实现幸福的手段

为了实现人的幸福,人类社会需要有法律而且守法律。法律必须是良法,法律必须有权威。良法是保障人的幸福的手段。为使法律更好地发挥促进人的幸福的作用,必须将法律作为目的,使之不断完善。在没有法律和政府的条件下,冲突频繁发生,人们并没有真正享受自由。良法为人们确定了权利义务的界限,确定了利益竞争的规则,从而减少了冲突,使人们真正享受到了自由。为了维护法律的权威,人们应当克制自己个别的不便,容忍法律对个别自由权利的限制。如非典时期对通行自由的适度限制,紧急状态下对通行自由、通信自由的限制。

法治(良法的权威)是实现幸福的条件。法治的核心含义是良法的权威,为了实现幸福,有必要制定良法,并崇尚良法的权威。法治要求将制定和实施良法作为实现幸福的主要手段,行政命令仅是实施良法的辅助手段。如果将行政命令作为实现幸福的主要手段则陷入了人治的泥潭。有学者指出:法治"不直接为公民提供幸福,而是以公民幸福为目的设计并实施良好制度从而为公民幸福创造条件。"[1]通过法治实现幸福体现了人类行为具有目的间接性的特点。

法律权威不是绝对的。理由在于:第一,幸福是人类行为的最高目标,法

---

〔1〕 何士青:《论法治与公民幸福》,载《政法论丛》2012 年第 1 期。

律只不过是人类实现幸福而创造的人造物,不应当将法律绝对化。当人的幸福目标与法律权威目标发生明显冲突时,法律权威目标应当作出适度让步。法律权威理论只具有相对的合理性,不能将法律的权威绝对化。将法律权威绝对化的观点在理论上的错误在于将法律这一次级目的当成了终极目的,在实践上的危害在于将导致法律的僵化,使法律成为束缚人的枷锁,使法律成为妨碍社会进步的力量。第二,人类具有局限性,有局限的人创造的法律不可避免地具有局限性。当法律出现僵化时,应当出于人的幸福目标而对法律作出合理变通。

(四)法律权威是值得追求的次级目标

法律是实现幸福的手段,完善这一手段也是有意义的。与人的幸福相比,法律权威是次级目的。为实现人的幸福,维护法律权威是有必要的。法治理论认为,良法比良好的治理者更能增进幸福,应当重视通过法律实现幸福,即通过良法的制定与实施实现人的幸福,而不应当将幸福寄托于良好的治理者。

法律权威理论只是在将法律作为次级目的加以追求的意义上才具有合理性。

法治与人治的一个重要区别在于,法治主要通过规则的制定和实施增进人的幸福,而不是主要通过命令的推行增进人的幸福。为了人的幸福,需要制定法律并执行法律,坚持规则的一般性、权威性。照顾个别人的法律(八议制度)只能破坏规则的公正性、普遍性、权威性,不会增进整体的幸福。

(五)区分人本的法律工具论和物本的法律工具论

人本的法律工具论认为,法律是人造物,是增进人的幸福的工具。有学者指出:“人是目的,法是达成目的的手段方法,人本的法律观主张法律工具论。”[1]人本的法律工具论有利于促进人造物的运行与进化朝向增进人的幸福的方向。

而物本的法律工具论则认为,法律是维护人造物的工具。具体包括如下

---

〔1〕 杨奕华:《人本法律观的几点澄清》,载《北方法学》2015年第6期。

观点:法律是维护权力的工具;法律是推行道德的工具。物本的法律工具论的消极作用在于,将会导致人造物(包括法律)的运行与进化偏离人的幸福的目的。

幸福法哲学是一种法学研究范式。幸福研究已经是心理学、经济学、社会学的一个热点,法学也应当重视幸福研究。幸福也应当成为法学研究的最高目标。

六、追求幸福权

(一)追求幸福权的理论渊源

作为法国宪法组成部分的《人权宣言》第2条规定:"任何政治结合的目的都在于保存人的自然的和不可动摇的权利。这些权利就是自由、财产、安全和反抗压迫。"《人权宣言》将财产权作为一项自然权利。美国《独立宣言》的起草者杰斐逊认为:"人人生而平等,他们都从他们的造物主那边被赋予了某些不可转让的权利,其中包括生命权、自由权和追求幸福的权利。"[1]这一观点被写进了美国《独立宣言》。美国《独立宣言》认为,"追求幸福的权利"是人的一种天赋人权、基本人权。追求幸福权的观念主张将人们追求幸福的愿望上升为法律上的权利。政府的职责之一是保障人们追求幸福权的实现。将追求幸福权利作为天赋人权而没有将财产权作为天赋人权的做法蕴含浓厚的人文精神——幸福是具有更高位阶的价值,幸福权是具有更高地位的权利。

(二)追求幸福权的概念

追求幸福权是维护生存和人格尊严的基本条件的权利。

追求幸福权属于概括性权利。关于追求幸福权的性质,有学者认为,追求幸福权属于概括性权利,既包含法律列举的权利,也包含法律未列举的权利。权利与权力相比较,权利应当具有扩张性。法律对权利的保障应当实行负面清单制度,法不禁止则有权。法律列举的权利是对公民享有权利的郑重

---

[1] [美]杰斐逊:《杰斐逊选集》,朱曾汶译,商务印书馆2009年版,第7~8页。

声明，而不应当理解为法律规定的权利范围。概括性权利是发现新权利的法律依据。[1]

追求幸福权属于复合权利，是多种权利的集合。追求幸福权至少包括如下权利：生存权、健康权、环境权、安宁权、居住权、经营权、行为选择权（谋生方式选择权）、平等权、文化权、社会权、参与权等。

（三）行为选择权

行为选择权是人们在不违背法律的前提下，选择行为方式的权利。谋生方式选择权是行为选择权的重要类型。行为选择权隶属于追求幸福权的范畴。

幸福是相同的，而每个人和每个团体实现幸福的方式则具有特殊性，全社会实现幸福的途径具有多样性。因此，在维护法律与秩序底线的前提下，应当最大限度地尊重每个人和每个团体选择实现幸福方式的权利（属于行为选择权）。

文化是孕育幸福观的条件，不同的文化存在不同的幸福观。文化多样性意味着实现幸福的途径的多样性，应当尊重人们选择幸福实现途径的自由权利。

在文化多样性社会，谋生方式具有多样性，法律应当尊重人们选择生活方式的自由权利。在文化多样性社会，价值观念也具有多样性。不同价值观念的持有者应当彼此尊重。在坚持法律底线的前提下，应当最大限度地尊重不同的价值观念。

现代社会是多元社会，人们实现幸福的途径也是多元的，因此，尊重行为选择权对增进个体的幸福具有重要意义。法治社会的政府是有限政府，而不是无限政府。政府的职责在于制定法律、裁决纠纷、社会保障、宏观调控等必要的事项。除此之外，政府应当最大限度地尊重公民选择行为的权利。政府可以鼓励某种行为模式，但不宜强制推行单一的行为模式。政府在推进某种行为模式的时候，应当容忍其他行为模式的存在，允许人们选择无害于社会

---

〔1〕 参见张薇薇：《论作为日本宪法概括权利的“幸福追求权”》，载《河北法学》2010 年第 10 期。

的多元行为模式。

德性幸福的实现对法律的包容性提出了较高要求。在保持秩序底线的前提下，提高法律的包容性，可以为德性幸福的实现创造条件。

郭道晖教授用拆字法对“和谐”作了形象的解释：“和”是“禾”加“口”，意思是人人有饭吃；“谐”是“言”加“皆”，意思是人人享有言论自由。对“和谐”的这两种含义的引申有助于理解幸福：“和”可以引申为保障人的生存权；“谐”可以引申为尊重人的文化选择权。幸福的两大原则（两条公理）是，第一，保障人的生存权。第二，保障人的文化选择权。按照这两大原则调整现实的法律制度，人的幸福必将得到显著提高。

在生存条件匮乏的时代，追求生存条件是增进幸福的主要途径，社会主义重要目标是实现共同富裕。而在生存权已经实现的情况下，尊重文化多样性、尊重行为选择权则是实现幸福的主要途径，社会主义的重要目标就应当转向共同幸福。要实现共同幸福，就必须尊重文化多样性，保护优秀传统文化，特别是要保护传统民生文化，为行为选择权的实现创造条件。

追求幸福既可以通过个体的途径，也可以通过集体的途径。追求幸福的途径是多元的。个人主义与集体主义都追求个人的幸福感，只是途径有所差别。无论按照哪一种途径追求幸福感，幸福感最终应当由个体享有。

在现代社会，有必要重新认识“人的全面发展”。理论界存在对“人的全面发展”的曲解，认为，“人的全面发展”就是各种各样需求的最大限度的满足。该观点的错误在于：第一，忽视了资源稀缺的限制条件。在资源稀缺的条件下，人的各种各样的物质需求的无限满足是不可能的（高尔夫球场）。第二，未能认识到需求层次、利益位阶、权利位阶规律，未能认识到不同权利对生命的不同意义，不利于集中社会资源优先满足人的紧要权利。在温饱尚未解决的情况下，人们追求温饱的需求最强烈，多向发展的需求受到了抑制。而在温饱已经解决的情况下，人们的多向发展的需求就开始强烈起来。第三，未能认识到个人的多向发展比全面发展更有实际意义。生存需求具有一致性，而生存需求以外的需求具有多元性。每个人在无害于社会的前提下，可以按照自己的意愿发展。社会应当尊重人们多向发展的选择权，为每个人的个性需求和个性发展创造宽容的条件。只有尊重个人的个性发展、多向发展，社会才能全面发展。“人的全面发展”对于社会比对个人更有实际意义。

（四）追求幸福权与财产权的关系

幸福与财产的关系研究是追求幸福权与财产权关系研究的前提条件。现代幸福心理学和幸福经济学已经揭示了财产与幸福的关系的规律。影响幸福的因素是多元的，财产只是增进幸福的一个因素，而不是唯一因素。单位财产的幸福效应是递减的，即单位财产所带来的幸福的量是不断减少的。随着财产的增加，财产所带来的幸福的量不断减少，而财产意外的其他因素对幸福的影响不断增强。在财产总量不足以满足全社会合理需求的总量的情况下，人们更关心财产的增加，财产异化还没有引起全社会的关注（少数先进的思想家除外）。而当财产总量远远超过社会合理需求的总量时，财产异化就会引起越来越多的人关注。有学者指出：“当人们的生存需要满足以后，社会发展的根本目的不是社会财富的最大化，而是人的幸福生活的最大化。”[1]幸福是目的，财产是实现幸福的手段。应当依据增进幸福这一最高目的对权利制度，特别是财产权制度作出全面的安排。法律与公共政策应当将幸福作为目标，作为评价经济和社会发展水平的标准，作为评价地方政府和官员的标准。

洛克已经提出了财产权的相对性的思想。一方面，财产权的确认有利于促进财产权人合理利用财产，有利于增进幸福。另一方面，财产权的绝对化又会造成财产权人对财产的不珍惜，不利于增进幸福。因此，财产权应当是有限度的。洛克认为，财产权的享有“应当以供我们享用为限度”，“谁能在一件东西败坏之前尽量用它来供生活所需，谁就可以在那个限度内以他的劳动在这件东西上确定他的财产权；超过这个限度就不是他的份所应得，就归他人所有”。[2] 当占有者有可能糟蹋或败坏财产时，就应当通过法律手段（如税收和政府收费）促进该财产转移到其他人手中。

---

〔1〕 鲜开林：《论公民的幸福权》，载《社会科学论坛》2011 年第 8 期。

〔2〕 [英]洛克：《政府论》（下篇），叶启芳等译，商务印书馆 1995 年版，第 21 页。

人们可以依据宪法规定的幸福权利对财产权进行审视。这种做法蕴含关于财产对幸福影响的两面性思想。一方面,财产权是实现幸福的手段。"由于自我保全和幸福要以财产为前提,因而公民社会的目的就可以说是保护财产……保护勤劳而富于理智的人免受懒惰而惹是生非的人的侵扰。"[1] 人是目的,财产是增进幸福的手段;为了人的幸福的目的,既要确认财产权,促进财产的合理利用,也要防止财产权的扩张与滥用。另一方面,财产权的不当取得、滥用、过度扩张也有减少幸福的消极作用。他认为,在北美殖民地早期,一些人无代价或以较低代价获得土地,并且通过继承制度传给他们的后代。这些拥有土地的人对法律与政府施加影响,于是形成了一个特权阶层。[2] 特权阶层利用掌握的财产侵蚀他人的人身权利和财产权利,从而妨碍了自由、平等、幸福的实现。为保障普遍民众的自由权和平等权的实现,就必须在法律上对财产权加以限制。对财产和收入征收累进税就是消除财产分配的极端不平等的有效措施。征收累进税有利于促进财产的合理利用,并促进财产流向更有效率的使用者手中,促进财产权的分散化,以让更多的人拥有财产,促进财产制度的平等性。为促进财产的集约利用,提高财产利用效率,应当允许多元财产主体的联合形式的尝试。

要进一步认识追求幸福权和财产权的关系,还必须引入涉财权利位阶的思想(笔者已另文阐述)。可将财产权分为基本财产权和非基本财产权。基本财产权属于追求幸福权的范畴,而非基本财产权则不属于追求幸福权的范畴。追求幸福权高于非基本财产权。同理,可将发展权分为基本发展权和非基本发展权。基本发展权属于追求幸福权的范畴,而非基本发展权则不属于追求幸福权的范畴。追求幸福权高于非基本发展权。

继承权是财产权的派生权利,也像财产权一样,具有两面性。法律对继承权也应当从承认和节制两个相反相成的方面加以规定。一方面,应当承认继承权。这样有利于提高财产所有人保护财产和创造财产的积极性。另一

---

〔1〕 [美]杰斐逊:《杰斐逊选集》,朱曾汶译,商务印书馆 1999 年版,第 281 页。
〔2〕 同上书,第 61 页。

方面,应当对继承权加以合理节制。应当征收遗产税。征收遗产税既可以防止财富占有上的两极分化,从而促进平等的实现;也可以防止继承人对遗产的依赖,从而鼓励勤劳和创造。只有对继承权作出以上正反两个方面的法律规定,才能实现继承权的合理利用,将继承制度的积极性充分发挥出来,将其消极作用降到最低限度。

(五)追求幸福权入宪的意义

追求幸福权应当成为一种宪法权利,宪法应当增加保护公民幸福权的条款。追求幸福权入宪的意义在于:第一,促进对权利两面性的全面认识,增强对义务的必要性和权利克制的必要性的认识。这样有利于避免出现权利越多、幸福越少的局面。例如,财产权对幸福的影响具有两面性,不承认财产权和财产权的过度扩张两个极端都不利于增进幸福,只有介于其间的财产权利的合理利用才有利于增进幸福。第二,为公民幸福权的实现提供法律依据。第三,为政府制定体现幸福的政策和法院作出体现幸福的权利配置方案提供法律依据。

第二节　人　　性

古希腊人认为,认识人自身是世界上最困难的事。对人类自身本性的回答是理论的出发点,也是制度建设的出发点。认识人类自身意义非常重大,因此,人类认识自身的活动从来也没有停止过。

一、人性研究是法学研究的前提条件

为使法学更好地为人服务,就必须研究人性。休谟认为:人性是"科学的首都和心脏","一旦被掌握了人性以后,我们在其他各方面就有希望轻而易举地取得胜利了"。[1] 人性研究是其他科学研究的基础。学习任何科学如果不是浅尝辄止都会联系到人性问题,深入研究任何科学都绕不开人性问题。

---

〔1〕［英］休谟:《人性论》(上册),关文运译,商务印书馆1996年版,第7页。

儒家也认识到了人类具有共同的人性。按照儒家“推己及人”的思维方法,认识自己就可以知道别人。“己所不欲,勿施于人”[1]其含义是,自己不愿意的,别人也不愿意,不要将自己不愿意的强加给别人。根据孔子的这一观点可以推导出“己所欲,施于人”,自己希望的,别人也可能希望,应当给予别人。人文主义要求法律必须根据人的本性善待人。

《庄子·至乐》中讲了鲁侯养鸟的故事:鲁侯将鸟养在宗庙之中,演奏九韶之乐,供应太牢美食,但鸟不久却死了。鲁侯不懂鸟之性,不是按照鸟的需要养鸟,而是按照自己的喜好养鸟,初衷是爱鸟,结果却害死了鸟。鲁侯养鸟失败的教训在于不懂鸟之性。这一故事对法律有启示作用。只有认识人性的规律,建立符合人性的政治法律制度,才能实现以人为本的目标。是否符合人性是判别良法和恶法的重要标准。

人性研究也是法学研究的前提之一。我国台湾地区学者杨奕华指出:“法理之学的研究,必得归结于人理之学的研究,法律的道理终究离不开人类自身,离不开人际之间之互动关系,离不开人之求生存的社会场景。”[2]

法学研究的最终目的是为人服务的,人是马克思主义法学的出发点和归宿。恩格斯认为:人类需要“依照人的方式,根据自己本性的需要,来安排世界。”[3]缺乏对人性的客观全面的认识的理论体系和社会制度难免犯简单化的错误,在实践中必然难以推行。本书的人文主义法学的原则体系就是笔者对人性与法律关系的观点总结。

有学者认为:“人性、人的需要、人的利益始终是我们进行制度设计的出发点和归宿。”[4]

二、前人的人性假设

人性假设理论。在思想史上,人们根据人性的某一方面的属性,提出了

---

〔1〕《论语·卫灵公篇》。

〔2〕杨奕华:《法律人本主义——法理学研究论》,台北,汉兴书局有限公司1997年版,第3页。

〔3〕[德]恩格斯:《英国状况:评托马斯·卡莱尔的“过去和现在”》,载[德]马克思、恩格斯:《马克思恩格斯全集》(第1卷),人民出版社1956年版,第651页。

〔4〕徐显明:《以人为本与中国法治问题研究》,载《学习与探索》2006年第6期。

各种各样的人性假设。其中影响较大的人性假设包括如下类型。

1. 生物人假设。该假设认为，人是生物意义上的人。该假设揭示了人与动物具有相同的需要。首先，人类的行为需要法律的指引。法律对于人的需要应当区分不同情况采取不同对策。对于正当需要应当予以顺应，对于非正当需要应当予以克制。其次，法律的过度干预也会妨碍自由。古希腊的酒神崇拜体现了人类的本能无法完全消灭。人愿意接受良法的约束，但法律过于烦琐、严苛，也会降低人的幸福感。

2. 人性恶假设。该假设认为，人的自利行为不可避免地逾越正义和法律的限度，侵害他人利益和社会公共利益。各种各样的性恶论持这种人性假设。

3. 人性善假设。该假设认为，人不仅能够克制自己的需要，与他人和谐共处，而且能够作出奉献行为甚至是牺牲行为。该假设揭示了人性中的利他因素。

4. 理性人假设。该假设认为，人具有理性能力，能够认识自然和社会的客观规律，能够适应环境，与自然生态和谐共存，与社会共同体的其他成员和平共处。

5. 经济人假设。该假设认为，人能够以最小的付出获得最大的利益，能够对自己的利益作出正确的判断。

6. 人性愚假设。该假设认为，人是愚笨的，不能对自己的利益作出正确的判断；人的求利行为需要国家的正确引导。

7. 政治人假设。该假设认为，人希望参与社会生活。该假设来源于亚里士多德的“人生来就是政治动物”的观点。

8. 信仰人假设。该假设认为，人具有信仰的需要，理性永远也不会彻底战胜信仰。信仰现象是人类社会永恒的现象。法律应当尊重信仰自由，同时也应当确立宽容原则。

9. “自我实现的人”假设。马斯洛的人本主义心理学和管理学的Y理论都假定人具有积极性、主动性、创造性等优点。建立促进人的全面发展的良好制度有利于人潜能的发挥。

上述每一种人性假设都只是对人性某一方面的描述，都揭示了人性的部分真理，都对人类认识自我作出了贡献，但也都具有片面性，类似印度寓言“盲人摸象”。现代人文主义不仅吸收了各个哲学流派的人性学说的合理因素，而且吸收了现代科学（生物学、心理学、社会学、人类学等）关于人性研究的成果，对人性的认识更加客观、全面。现代的人性理论是对以往人性学说的理论综合。

三、人性复合论

人性由以下相互矛盾的属性构成。

1. 利己性（自爱性）与利他性的统一。人既存在利己性，也存在利他性。在大多数情况下，人的利己愿望比利他愿望更强烈。哈特认为：“如果说人不是恶魔的话，人也并不是天使，他们是处于这两个极端之间的中间者。”[1]“人不是天使”，是指人不会绝对利他，没有任何私利，不需要法律约束。“人不是恶魔”，是指人不会绝对利己，不惜毁灭他人，蔑视法律。

2. 竞争性（扩张性、攻击性）与合作性的统一。庞德认为，人类的行为有两种趋向：一是扩张的趋向；二是社会合作的趋向。[2] 人的扩张性来源于人的欲望、需要和对利益的追求。人的合作性来源于人的脆弱性、理性的不完备性、资源的有限性所形成的人们之间的相互克制、妥协。只有人的扩张性和合作性达成平衡，才能形成一个既有效率又有秩序的社会。

3. 个体性与群体性的统一。人作为群居的脊椎动物，与无脊椎动物相比具有行为的复杂性。一方面，人有个体意识，有独立的利益，这是人的行为的个体性的生物学基础。另一方面，人具有群体意识，有过群体生活的愿望，借助于群体的保护才能生存。这是人的行为的群体性、社会性的生物学基础。

首先，在群居的脊椎动物（包括人）群体内部，每一个个体都存在自己独立的利益，个体之间存在利益竞争。由此可以理解个人自由权利的合理性。

---

〔1〕［英］哈特：《法律的概念》，张文显等译，中国大百科全书出版社1996年版，第191页。

〔2〕参见［美］庞德：《通过法律的社会控制法律的任务》，沈宗灵等译，商务印书馆1984年版，第80页。

其次,同一团体存在共同利益,团体之间存在竞争,由此可以理解团体权利(包括国家主权、民族自决权的合理性,因为国家、民族也是团体)。最后,同一物种(包括人类)存在共同利益,物种之间存在竞争,由此可以理解人类世界国家、世界政府的理想。有学者指出:“个人的共同体成员身份、国民身份与世界公民身份可以并行不悖,公民热爱自己的国家、拥护本国宪法与热爱人类和拥护世界宪法可以并行不悖。倘真能如此,全球化时代的种种重大问题和激烈冲突便会迎刃而解。”[1]

人文主义承认个体的正当利益,因而包容合理的个人主义,但反对极端个人主义;人文主义承认小团体的正当利益,因而包容合理的地方利益、民族利益、主权国家的利益,但反对地方保护主义、极端民族主义、狭隘的国家本位主义。人文主义承认人类的自私性,因而包容合理的人类中心主义,但反对狭隘的人类中心主义,主张人类应当爱护自然物、保护动物权利。

自由主义与社群主义是从人文主义派生出来的两大相反相成的理论体系。二者在对人的个体性与社会性上有所侧重。首先,自由主义强调个体的独立与自由,具有个体本位的倾向。其次,自由主义强调权利的绝对性。在个体权利与集体权利的关系上,自由主义强调个体权利的优先性,认为权利为个体享有才是真实的。在权利与义务关系上,自由主义强调权利的优先性。在权利与权力的关系上,自由主义强调权利的目的意义和权力的手段意义。而社群主义则强调群体利益,具有社会本位的倾向。社群主义强调权利的相对性。在个体权利与集体权利的关系上,社群主义强调集体权利的优先性,认为集体权利的实现是个体权利实现的前提条件。在权利与义务关系上,社群主义强调义务的优先性。在权利与权力的关系上,社群主义强调为维护整体利益而广泛地使用权力。

4. 理性与非理性(欲望、情感、意志、信仰等)的统一。一方面,人也具有理性的一面。古希腊斯多葛派哲学家指出,人是“理性动物”,应当“按照理

---

〔1〕 高鸿钧等:《商谈法哲学与民主法治国》,清华大学出版社 2007 年版,第 16 页。

性而生活”。[1] 人的低级需要和高级需要都受到了理性的制约。理性的人能够认识到,只有按照法律规定的方式追求需要的满足才能达到预期目的,才能与他人和平共处。另一方面,人具有非理性的一面。心理学的需求层次说认为,人的需要包括低级需要和高级需要。越是低级需要与动物的欲望本能越接近,越是高级需要越为人所特有。当代人文主义哲学对人文主义法学的一个具体启示是,不仅要研究理性对法律的影响,而且要研究非理性对法律的影响。

5. 动物性与非动物性的统一。人的动物性是指人的动物属性。人的非动物性是指区别于动物的属性,如追求合理性的倾向、追求真理的倾向、人的道德性、人对欲望与需要的节制、人的文化属性、追求意志自由的倾向。人的动物性主要受遗传的影响,属于先天属性;人的非动物性主要受文化的影响,属于习得属性,是后天形成的属性。

6. 先天属性和后天属性的统一。人在自然属性和社会属性上都具有共性。先天属性是人与生俱来的属性。后天属性是社会生活中被赋予的属性,如敬畏规则的属性。

7. 恒定性和可变性的统一。法律对人性的恒定性与可变性的态度包括相反相成的两个方面:一方面,承认人性的恒定性是建立稳定的法律制度的理论前提。试图运用国家强制力或过度教化的手段根本改造人性是不人道的,勉强为之,只能造成人性的扭曲和伪善。另一方面,人性的可变性有利于通过教化、制度建设达到抑制人追求私利、道德不完善等局限性。制度设计应当立足于人性规律。

此外,人性还是主动性和被动性的统一、坚强和虚弱的统一。人性是诸多相互矛盾的属性的统一体。人性不是单一的,而是复合的。

四、人的共性与个性

与人的自然属性相比,文化属性也是人性的重要内容。相对而言,人文

---

[1] 北京大学哲学系外国哲学史教研室编译:《西方哲学原著选读》(上卷),商务印书馆 1981 年版,第 181 页。

主义法学更为关注人的自然属性。因为不同人群的自然属性差异较小,所以,人文主义法学更为关注人的共性。各国、各地区、各阶层、各民族、守法者与犯罪者的自然属性差异不大,是文化等外在条件的塑造使人们产生了更多的差异。文化多样性法哲学更为关注人的文化个性,着重阐述文化塑造人而形成的不同群体的文化个性。

孔子主张"己所不欲,勿施于人"的观点立足于对人的共性的认识。自己与他人具有共同的人性,自己不想承受的痛苦,他人也一定不想承受,不应当将痛苦给予他人。根据孔子的观点还可以推导出"己所欲,施于人"的推论。每个人都有相同的需要、利益、愿望。通过推己及人的方法就可以了解他人的需要、利益和愿望。自己想得到的利益,他人也想得到,在追求自己利益的同时,也应当尊重他人的利益。

有学者认为:人道主义包含了人们对于人的共同本性、共同利益、共同的价值的认识。人道主义和人文主义的含义基本相同。"人道主义是人权的重要理论基础。"[1]人文主义至少包括两个组成部分:人性学说和价值学说。人性学说认为,每个人都有追求利益的愿望,并且追求利益的竞争是不可避免的。这是人的共性。价值学说主张将人作为目的,即尊重人、以人为本。人文主义信奉"己所不欲,勿施于人"的道德原则,要求人类能够树立起对全部同类个体的同情和尊重。人文主义尊重每一个人的正当利益。

根据唯物辩证法,世上的任何事物都是共性与个性的统一、一般与个别的统一。承认人的共性,才会得出人类的概念,才会发现人类的共同利益。有学者认为:"不承认有一般的'人',不承认有抽象的人性,人就不成为其人,也就不会有'人类'这一崇高的称谓。"[2]

认识人性规律有利于确立体现人性规律的法律原则。例如,权利位阶原则、涉财权利位阶原则就是在认识需求层次规律的基础上提出的法律原则。确立体现人性规律的法律原则有助于促成利益共识和价值共识,促成各方都

---

〔1〕 李步云:《法理探索》,湖南人民出版社2003年版,第193页。
〔2〕 李步云:《法的人本主义》,载《法学家》2010年第1期。

可以接受的"一揽子"方案。

承认人的共性的积极意义表现在如下方面。

(一)承认人的共性有利于法价值的形成

法价值是普遍的价值观念的重要内容。法价值包括自由、人权、平等、正义、效率、民主、法治等。法价值是在陌生人社会产生的价值。陌生人社会的价值具有更大的利益代表性,体现了更大范围内的人们的共识,有利于促进更大范围的和谐,是可以普遍接受的价值观念。陌生人社会的价值比熟人社会的价值具有更大的普遍性。因此,陌生人社会的价值又可以称为"法价值"。法价值也是多元文化的一部分,也应当得到宽容。那种将法价值作为西方独有的价值加以拒斥的观点犯了狭隘的民族主义的错误,不利于促进中国融入国际社会。同时,应当允许东西方、不同文化群体对法价值作出富有个性的贡献,作出不同的解释。

承认人的共性是法价值理论的重要理论基础。因为人的自然属性具有共性、人所处的自然环境具有共性,所以,人创造的文化也必然具有共性。陌生人社会的价值是人的共性在价值领域的反映。有学者认为:"世界各地的人们,尽管肤色习俗相异,但深层的人性、当然也包括智力却是相通的。由此证明,民主、平等、自由等价值观必然具有普世性。……社会生物学与任何形式的种族主义相对立。"[1]该学者从社会生物学角度关注人与动物的共性、全体人类的共性,并认为人的共性是法价值产生的人性前提。而忽视人的共性的社会则难以形成并接受体系化的法价值。法价值是全人类智慧与善德的结晶,是全人类的共同理想。

法律追求法价值有利于扩大法律的适用范围,提高法律的普遍适用性;有利于打破部落社会、民族国家的界限,为促进文化交流和人类交往创造条件。

(二)承认人的共性有利于形成一体遵行的规则

承认人的共性有利于在陌生人社会形成体现公共利益的规则,实现"同

---

〔1〕 陈蓉霞:《人性,何以如此?——一种社会生物学的考察》,载《中国政法大学学报》2008年第6期。

样的人同样对待”格言的要求。承认人的共性有利于抵御私利和人情对规则的侵蚀,维护规则的权威。按照合理而权威的规则交往,有利于降低大型陌生人社会的交往成本,提高交往效率,有利于协调大型陌生人社会的利益关系,有利于解决大型陌生社会的利益纠纷。

认识到各主体的共性是建立统一的利益调整秩序的前提条件;认识到各民族的共性是实现国内民族团结的前提条件;认识到守法者与犯罪者的共性是减少犯罪,并使犯罪者回归社会的前提条件;认识到各国人民的共性是建立正常的国际交往规则和实现世界和平的前提。

追求法价值、实行法治有利于为组成更大型的社会共同体创造条件。如果能够正确地认识并合理地对待人性,人类依靠自愿组成更大的共同体就具有了可能性,北美13州联合建国、欧盟成立就是典型例证。随着人的认识能力和组织能力的提高,随着经济全球化的推进,建立跨越国家、民族的人类共同体也是可能的。承认人的共性,有利于减少人类社会一体化过程中的暴力现象。

第三节　人　　权

一、人权概念的理论渊源

(一)西方的博爱思想

古希腊的斯多葛学派提出了“人是世界国家的公民”的思想,其含义就是,每个人具有相同的本性、法律地位平等、彼此之间应当相互友爱。[1]

古罗马自然法学思想家认为,在自然法意义上,一切人都是自由的、平等的。奴隶制中的不自由、不平等是由市民法的不完善造成的。既然自然法高于市民法,那么自然法所体现的自由和平等就是人类追求的永恒理想。罗马自然法思想家认为:“根据自然法,一切人生而自由,既不知有奴隶,也无所谓

[1] 参见[古罗马]奥勒留:《沉思录》,载北京大学哲学系外国哲学史教研室编译:《西方哲学原著选读》(上卷),商务印书馆1981年版,第195页。

释放。"[1]

基督教的《圣经》中包含爱的普遍性和平等性思想。基督教主张:"不分犹太人、希腊人,自主的、为奴的,或男或女,因为你们在基督耶稣里都成为一了。"[2]基督教理想中的爱是普遍的、平等的、无条件的。

在法国大革命时代,资产阶级正式提出了"自由、平等、博爱"(universal love)的口号。法国学者皮埃尔·勒鲁认为:"法国大革命恰当地把政治归结为三个词:自由、平等、博爱。"[3]

人权的概念来源于自然法学派的"自然权利"的思想。英语中的"natural rights"可被译为自然权利、天赋人权。人权概念由于格劳秀斯、斯宾诺莎、霍布斯、洛克等人的宣扬而引起世人的广泛关注。英国思想家霍布斯是较早提出"自然权利"的思想家之一,他认为,自然权利包括"支配自己的身体的权利,享受空气、水的权利、运动的权利、通过从一个地方到另一个地方的道路的权利、以及一切其他缺了就不能生活或生活不好的东西的权利"。[4] 美国《独立宣言》认为:"我们认为这些真理是不言而喻的:人人生而平等,他们都从他们的造物主那边被赋予了某些不可转让的权利,其中包括生命权、自由权和追求幸福的权利。"法国《人权宣言》认为:"任何政治结合的目的都在于保存人的自然的和不可动摇的权利。这些权利就是自由、财产、安全和反抗压迫。"自然法思想家认为,自然权利是自然法规定的权利,是人们生来就享有的权利。由于自然法是上帝理性和意志的体现,其权威高于成文法的权威,所以人间的成文法只能承认人们的自然人权,而不能任意剥夺。是否承认人的自然权利是判断成文法是良法还是恶法的重要标准之一。

(二)中国传统的"仁爱"与"兼爱"

中国儒家的"仁爱"、墨家的"兼爱"同人权观念在尊重人、爱护人这一点上具有一定程度的相似性,是与人权最接近的概念。

---

〔1〕[古罗马]查士丁尼著:《法学总论——法学阶梯》,张企泰译,商务印书馆 1997 年版,第 13 页。

〔2〕参见《圣经·加拉太书》。

〔3〕[法]皮埃尔·勒鲁著:《论平等》,王允道译,商务印书馆 1988 年版,第 34 页。

〔4〕[英]霍布斯:《利维坦》,黎思复等译,商务印书馆 1996 年版,第 117 页。

儒家主张“仁爱”,“仁者,爱人”“博施济众”。儒家的仁爱与人权的普遍性思想是一致的,而儒家的“爱有差等”思想体现了熟人社会对人情的重视,与人权的平等思想不一致。

墨家主张“兼爱”,即普遍的、无差别的爱。“兼爱”是中国传统中与西方的“人权”最接近的概念。但是,由于汉武帝以后的“独尊儒术”的文化政策使墨学成为绝学,使得兼爱思想未能得到弘扬,这对人权思想的生成、移植、传播、制度化和实践化是不利的。

“仁爱”是中国传统产生的概念,为中国人所熟悉,比“博爱”的概念更具有号召力。

当代中国不应当抛弃“仁爱”的概念,其应当予以批判地继承。应当吸收西方博爱思想和墨家兼爱思想的合理因素,在仁爱思想中注入平等精神。这样,就可以实现从传统仁爱向现代仁爱的创造性转换。

人权思想普遍存在于各民族的各种思想体系中。佛家的“普度众生”、孙中山的“民生”思想、毛泽东的“为人民服务”都包含人权思想。人权是全人类的共同精神财富。

二、人权的运行过程

人权的运行过程包括应然权利、法定权利、现实权利三个阶段。

应然权利是权利运行的第一阶段。耶林认为:“权利就是受到法律保护的一种利益。”[1]耶林的权利利益说清晰地揭示了权利的利益属性。天赋人权的实质是应然人权,即人们提出的正当的利益要求。人权理论承认公民主张利益的正当性、合法性。应然人权是人权的思想形态、理论形态。

法定权利是权利运行的第二阶段。法律人权是成文法确认的权利。法律人权论的提出者边沁认为:“自然法”和“自然权利”只不过是人们虚构的概念。他说:“权利是法律的产物,而且仅仅是法律的产物;没有法律也就没

[1] 张文显:《二十世纪西方法哲学思潮研究》,法律出版社1996年版,第492页。

有权利——不存在与法律相抗衡的权利——也不存在先于法律的权利。"[1]法律人权论在指出了应然人权论不足的同时也抛弃了其中的合理内核,有矫枉过正之嫌。但是,法律人权论使人们清晰地认识到:法律人权是权利的又一种存在形态。只有应然人权是不够的,必须将应然人权法律化,使之成为法律人权。只有将人权写入宪法和法律,才能为人们争取人权的行动提供法律依据。法律人权是应然人权转化为现实人权的桥梁和中介。

习惯权利,是指人们在长期的社会生活过程中产生的权利。例如,便捷通行的权利、采集野果、捡拾枯枝的权利都属于习惯权利。习惯权利在人权运行过程中所处的阶段与法律权利相当。

现实权利是权利实现的第三阶段。现实人权是现实社会中人们实际享有的人权。恩格斯对资本主义社会的法律平等批判道:"平等原则又由于被限制为仅仅在'法律上的平等'而一笔勾销了,法律上的平等就是在富人和穷人不平等前提下的平等,即限制在目前主要的不平等的范围内的平等,简括的说,就是简直把不平等叫做平等。"[2]平等保障所有权对资本家是有意义的,而对普通劳动者则意义不大。马克思对资本主义社会的人权制度批判道:"平等地剥削劳动力是资本的首要人权。"[3]马克思通过对资本主义社会的人权制度的批判揭示法律人权的局限性。马克思认为,工人以单个个人的身份争取人权的力量是薄弱的,工人阶级只有联合起来,推翻资本主义制度,建立社会主义制度,才能使工人阶级的人权得到根本改善。马克思主义理论、社会主义运动通过对资本主义社会的法律人权的否定推动了现实人权的发展。由应然人权、法定人权向现实人权的转化是一个不断发展的渐进过程。这一过程是永无止境的。

---

[1] 郑杭生:《人权史话》,北京出版社1994年版,第135页。

[2] [德]恩格斯:《德国状况》,载[德]马克思、恩格斯:《马克思恩格斯全集》(第2卷),人民出版社1972年版,第648页。

[3] [德]马克思:《资本论》,载[德]马克思、恩格斯:《马克思恩格斯全集》(第23卷),人民出版社1972年版,第324页。

三、人权的概念

关于人权的定义主要有以下两种：

1. 应然权利说

应然权利说认为，人权是应然权利。《牛津法律大辞典》将"人权"定义为"要求维护或者有时要求阐明那些应在法律上受到承认和保护的权利……它被认为是生来就有的个人理性、自由意志的产物，而不仅仅是由实在法所授予的，也不能被实在法所剥夺或取消"。[1] 该定义侧重强调人权抵御国家权力侵害的含义。

2. 复合权利说

复合权利说认为，人权是应然人权、法定权利和现实权利的总和。有学者认为："把法定权利和应有权利均包括在人权概念中是比较合理的。人权同时具有法律性质和道德性质。"[2]另有学者认为："人权(human right)是人依其自然属性和社会本质所享有和应当享有的权利。"[3]该定义包容了人权的3种存在形态。

以上定义都有各自的合理性。这一事实本身就说明了人权概念的多义性。关于人权的定义应尽可能地吸收以上学说的合理因素。人权的核心含义是应然人权，即作为人应该享有的权利；人权的衍生含义包括应然人权、法律人权、现实权利的总和。人权的类型包括生命权、生存权、发展权、话语权、参政权、诉讼权利等各项权利。

"人权"与"权利"是两个含义相近的词汇，在日常语言中通常不作严格区分。但经过推敲，还是能够发现二者的区别。第一，权利的存在形态不同。"人权"的含义侧重于应然人权，包含人权先于现实法、高于现实法的含义。"权利"的含义侧重于法定权利，包含公民服从和尊重现实法的含义。第二，

---

〔1〕［英］戴维·沃克：《牛津法律大辞典》，北京社会与发展研究所译，光明日报出版社1988年版，第426页。

〔2〕张文显：《法哲学范畴研究》，中国政法大学出版社2001年版，第400页。

〔3〕李步云：《法理探索》，湖南人民出版社2003年版，第169页。

主体范围不同。“人权”概念中的“人”侧重指自然生物意义上的人,即所有的人,包括公民、外国人、无国籍人。而“权利”的主体侧重指“公民”,即具有一国国籍的人。第三,权利保护的范围不同。“人权”的概念要求国家不仅要保障法律确认的权利,而且要保障法律未确认的权利。“权利”的概念一般要求国家保护法律确认的权利。

四、人权的属性

(一)人权的普遍性

人权的普遍性的含义就是人权主体的广泛性。作为人应当普遍地享有人权。《世界人权宣言》第 2 条指出:“人人有资格享有本宣言所载的一切权利和自由,不分种族、肤色、性别、语言、宗教、政治或其他见解、国籍或社会出身、财产、出生或其他身份等任何区别。”即全世界所有的人都无条件地享有人权。除了公民实施了危害他人和社会的行为,由法定机关依法定职权和程序剥夺其部分人权的特殊情况外,所有的公民享有普遍的和平等的人权。人权是不可能被全部剥夺的。即使死刑犯也享有不受侮辱和虐待的人权。此处的“人”是自然生物意义上的人、一般的人、所有的人。人类的人权理想是指全人类的每一个个体不受社会地位、财产状况、职业、文化程度、性别、年龄、民族、宗教信仰、国籍等条件的限制。既然享有人权的人是无条件的,所以,在理想法意义上,应当推定每一个个体都享有人权。

在人权的普遍性观念的影响下,人权理论特别关注弱势群体的人权。

同理,在人群的普遍性关系的影响下,人权理论也特别关注犯罪人的人权。在文明社会中,犯罪人的合法人权也应受到保护。理由在于:第一,犯罪人也是人类的成员,应该给予人道主义待遇,他们未被依法剥夺的人权也应受到法律承认。第二,犯罪的产生有社会本身不完善的原因。不能将维护秩序的希望完全寄托在惩罚犯罪上,在对犯罪人作出适当处罚的同时,也应改良社会,推动社会的进步,消除犯罪得以产生的土壤。第三,犯罪人中的某些人和罪行的主观恶性和社会危害性不大,经改造可以成为无害于社会的人。第四,再完善的司法程序也难免杜绝错案。“犯罪人”中有可能存在被冤枉的好人。宽恕罪人的一种形式是保护犯罪人的权利。被判有罪的犯罪人，甚至被判死刑的犯罪人，也享有尊严权，其未被依法剥夺的权利也受到法律保护。宽恕罪人的另一种形式实行赦免制度，对于主要由于社会原因形成的犯罪，可以减轻甚至免除刑事责任。宽恕罪人，使罪人感受到社会的关爱，有利于促使其早日回归社会。

（二）人权的平等性

人权的平等性，是指人权主体享有平等权利，法律地位平等，平等地分配机会和福利。

《世界人权宣言》第7条指出："法律之前人人平等，并有权享受法律的平等保护，不受任何歧视。"人权的平等性既是人权普遍性含义的延伸，也是保持人权普遍性的条件。在资源稀缺的条件下，只有坚持人权的平等性，才能使所有的人都得到普遍关照。如果忽视人权的平等性，就一定会有人得不到关照。

例如，在社会保障领域，倾向于制定保障标准就可以限制少数人的特权，使尽可能多的人受益。人类的绝大部分资源都是稀缺的，如果一部分人分得过多，就会有人分得过少甚至分不到。正如法国政治学家托克维尔所说："宁可让全体人类得到程度稍差的幸福，而不让少数人达到十全十美的边缘。"[1]如果不倾向于制定标准，或者即使有标准也不认真执行，那么一部分人享受到了过多保障，而其他人享受的保障较少，甚至享受不到。

人权思想隐含的一个理论前提是人类的同类意识。人类的同类意识，是指人类相互同情、关爱和合作的意识。在现代社会，人类虽然在物种间竞争中占据了优势地位，但在茫茫宇宙中，人类仍是渺小的，同样需要相互合作。现代的交通、通信、经济合作已经将全世界连接成为一个整体。人类在解决资源、环境、卫生、人道主义援助等问题上存在共同利益，人们只有将彼此视为同类，给予对方以人道待遇，才能实现和平，建立更大的社会共同体、走向更高水平的联合。

---

[1] [英]阿伦·布洛克:《西方人文主义传统》,董东山译,三联书店1997年版,第139页。

(三)人权的特殊性

人权的特殊性,是指不同的国家、地区、团体的人权保护状况不同。

影响人权的特殊性的原因在于:第一,人的利益团体意识。例如,虽然非本国公民享有的权利越来越广泛,但是,某些重要权利仍然只为本国公民享有,如选举权、被选举权、公共决策的投票权、享受社会保障的权利等。马克思主义重视研究现实的人,重视研究在现实社会中处于具体利益关系中的人,如不同的国家、阶级、民族、财产状况、文化程度对实际享有权利的影响,重视推进社会权利的保障。社会主义运动是推动《联合国经济、社会及文化权利国际公约》制定的重要力量。第二,经济发展水平的差异。例如,在各地区、城市与乡村的经济发展水平存在较大的情况下,物质帮助权的实现程度就会存在较大差距。第三,自然环境的差异、文化背景的差异、社会发展道路的差异也对人权状况产生影响。

英国人权学者米尔恩提出了人权的低限标准。他认为:"低限标准是能够适用于所有的人类关系的:不仅适用于同一国家的国民之间或同一信仰者之间的所有事物,而且适用于不同国家的居民之间或虔信者同不信教者以及异教徒之间的所有事务。我要试图论证有这样一种普遍标准。"[1]虽然由于上述原因造成不同的国家、民族对人权的理解存在争议,但是,出于对人类共性和共同利益的认识,各个国家、各个民族、各种文化传统在彼此尊重的前提下可以达成许多关于人权保护的共识,形成各方都可以接受的最低限度的人权标准,例如,国际社会在反对种族隔离、种族歧视、酷刑、奴隶制、恐怖主义等方面达成了越来越广泛的共识。对于主权国家内部发生的侵犯人权的现象,国际社会有权利也有义务加以干预。最低限度的人权标准的形成是以尊重各国的经济发展水平、政治制度、文化传统、价值观念的差异为前提的。最低限度的人权标准是所有国家、所有群体都能够接受的人权标准。

(四)从人权的特殊性向普遍性的转化

由人权的特殊性向人权的普遍性的转化过程就是享有权利的主体范围

---

〔1〕[英]米尔恩:《人的权利与人的多样性》,张志铭等译,中国大百科全书出版社1995年版,第10页。

不断扩大的过程。从贵族享有特权过渡到承认平民的权利；从只承认自由人的权利过渡到奴隶的解放；从男子享有特权过渡到承认妇女的权利；从承认本国人的权利过渡到承认异邦人的权利。以选举权为例，享有选举权的主体范围在不断扩大。穷人取得了选举权和被选举权，打破了选举权的财产资格限制；黑人取得了选举权和被选举权，打破了选举制度上的种族歧视；妇女取得了选举权和被选举权，打破了选举制度的性别歧视。

在美国建国初期，享有选举权的人只是白人、男性、有产者，只占人口的一小部分，而穷人、妇女、黑人不享有选举权。法国大革命时代表达人权概念的词汇是“rights of man”，其字面含义是“男人的人权”。实际享有人权的主体范围是非常狭小的。但是，即使宣布白种人、男性、有产者小范围的主体享有人权也具有进步意义，因为这毕竟意味着人权概念和人权保护制度登上历史的舞台。随着人权思想的弘扬和人权保护制度的发展，将会有更多的主体纳入人权保护的范围。第二次世界大战后，人们普遍使用“human rights”表示人权这一词汇，其目的在于强调人权的普遍性。《世界人权宣言》是由人权的特殊性走向人权的普遍性的光辉范例。

从人权的特殊性到普遍性的过渡是爱的推己及人的过程。有学者认为：“随着人类物质文明与精神文明的不断进步以及不同民族与不同国家在经济、政治、文化方面的联系日益加强，人权共性将不断扩大，人权个性将不断缩小。”[1]从人权的特殊性走向人权的普遍性是一个不断发展的渐进过程。人类社会必将向人人享有充分人权的崇高理想方向迈进。

随着人权思想的传播和享受人权的主体范围的扩大，人类结合成了越来越大的共同体。正是由于对每一个联邦主体权益的尊重，北美 13 州可以联合建国。在欧洲，小国的权利得到保护，使欧洲成为弱小国家得到较好保存的一个洲。正是由于对每一个国家的尊重，欧洲各国结成了欧盟。

人权要求公共职位对每个人开放，反对特权阶层对公共职位的垄断；人权要求为每个人提供平等的竞争机会，让每个人都有获得社会优质资源的可

---

〔1〕 李步云：《法理探索》，湖南人民出版社 2003 年版，第 175 页。

能性;人权要求平等地保障每个人的生存权和发展权。保障人权增强了联合体的凝聚力。保障人权的程度越高,联合体就越壮大。

五、两个人权公约与我国人权事业的进步

(一)《联合国公民权利与政治权利国际公约》

《联合国公民权利与政治权利国际公约》所列举的人权包括如下类型:生命权(第6条)、不受酷刑和不人道待遇的权利(第7条)、不受任意逮捕或监禁的自由(第9条)、迁徙自由(第12条)、诉讼权利平等和无罪推定(第14条)、住宅权和通讯权(第17条)、思想自由和宗教自由(第18条)、结社权(第22条)、选举权(第25条)等。这类权利早在17、18世纪资产阶级革命时代就已经受到了普遍重视。这类权利有以下两个特点:第一,强调个人反抗国家的权利、个人免受国家干预的权利的含义。第二,国家对保护这类权利负有消极的不作为的义务(在这种意义上,这类权利又被称为"消极权利")。有学者认为:"保护人格尊严、人身自由和身体的完整性、禁止酷刑这样一些最低限度的基本人权上,是并不需要什么花费的,贫穷不能成为侵犯这些个体人权的借口。"[1]保护公民人权与政治人权不需要政府支付维持政府运行所需成本以外的成本,政府只要履行不作为义务(不侵犯)就可以了。

(二)《联合国经济、社会及文化人权国际公约》

《联合国经济、社会及文化人权国际公约》所列举的权利包括如下类型:享受良好的工作条件的权利、享受社会保障的权利、享受免费教育的权利等。这些权利的实现有利于使全社会所有的人都享有社会发展的成果,尽可能使每一个人站在同一条起跑线上。这类人权的产生和发展归功于19世纪以来的工人运动、民权运动、社会主义运动的推动。他们的努力促成了《联合国经济、社会及文化人权国际公约》的制定。这类权利具有以下两个特点:第一,强调对弱势群体集体人权的保护。第二,国家对保护这类权利负有积极的作为义务。保障公民的经济社会文化权利则需要政府和社会支付较多的成本,

---

〔1〕 郭道晖:《法理学精义》,湖南人民出版社2005年版,第113页。

需要一定的经济实力和公共财政资金作为保障。在这种意义上,这类权利又被称为"积极权利"。第二代人权的发展加速了由应然人权、法律人权向现实人权(实质人权)的转化过程。

1997年时任国家主席江泽民在访美前夕签署了《联合国经济、社会及文化权利国际公约》。2001年2月28日全国人大常委会批准了该公约。至此,该公约已成为我国法律的组成部分,对我国的公民、法人、国家机关具有约束力。应以此为契机,按照公约的要求完善相关制度,提高公民的经济、社会、文化权利的保障水平。我国全国人大尚未批准《公民权利和政治权利国际公约》。2004年1月27日时任国家主席胡锦涛在法国国民议会发表演讲,表示一旦时机成熟,中国政府将向全国人大提交批准该公约的建议。虽然该公约对我国的公民、法人、国家机关没有约束力,但也应对照公约的要求,改进我国的相关法律制度。我国政府重视加强国际人权领域的对话,这不仅有利于我国参与国际人权保护事业,而且也有利于不断提高我国的人权保障水平。中国加入两个人权公约和进一步推进法治建设的进程为完善人权保障机制提供了历史性的契机。

人权入宪的意义。我国《宪法》第33条规定:"国家尊重和保障人权。"人权入宪、人权入法以后,权利保护的范围扩大了。有学者指出:"在人权保障的条款入宪后,对国家保障人权应有更高的要求,即国家对宪法外的权利亦有保障的义务。"[1]对于公民而言,不仅法定权利是权利,需要加以保护,而且应然权利也是权利,也需要加以保护。人权入宪为发现新权利创造了条件,权利不再是僵死、封闭的系统,而是一个不断生长的、开放的系统。

无罪推定原则的确立。我国《刑事诉讼法》确立了无罪推定原则,规定:"未经人民法院依法判决,对任何人都不得确定有罪。"(第13条)这一原则是法理和宪法中的人权原则在刑事诉讼法中的具体体现。犯罪嫌疑人在未被法院判决有罪之前,不能被称为罪犯。保护嫌疑人是人权原则和无罪推定原则的要求。保护嫌疑人的权利有利于防止公民权利受到侵犯。《刑事诉讼

---

〔1〕 焦洪昌:《"国家尊重和保障人权"的宪法分析》,载《中国法学》2004年第3期。

法》还规定了国家专门机关行使职权原则、司法机关独立行使职权原则以及以事实为依据、以法律为准绳原则，同时也规定了两审终审、公开审判、辩护、禁止刑讯逼供等制度。司法活动应遵循法定职权和程序，应减少司法的任意性对人权的侵害，应加强对司法机关司法活动的监督。完善司法机关内部的制约机制和外部的制约监督机制能够有效地防止司法腐败，促进司法公正，可使双方当事人的人权获得法律的平等保护。既要保护违法犯罪行为人的人权，反对无罪判有罪、轻罪重判；也要保护受害人的人权，反对重罪轻判，有罪判无罪。刑事诉讼法的目的在于通过保障当事人的诉讼权利，进而保障公民的人身权利和财产权利。

六、动物权利、自然物权利与人权

动物权利与自然物的权利是人权的延伸。孟子主张“亲亲而仁民，仁民而爱物”。[1] 儒家的仁爱是由近及远、逐步推广的。人类的爱不仅要推己及人，而且要推人及物，将爱心推广到万物。爱自然、爱万物是儒家仁爱思想的延伸，是人类博爱思想的组成部分。爱自然在法律上的具体表现是人类将权利、自由、平等、正义等价值推广到万物，使人与万物和谐相处，共生于地球家园。从人权到动物权利，再到自然物权利正是人类爱心推广的一个例证。

人类逐渐认识到应当“把他的一些社会性本能和同情心扩充到同一个大社群或民族的全体成员，对其中他所不认识的一些人也是一样”。[2] 爱的行动应当从爱走近自己的人开始，逐步推开，从爱父母、爱兄弟、爱亲人、爱邻人，到爱团体、爱国家、爱亚洲、爱人类、爱动物（其中，灵长类与人类亲缘关系最近，应当享受人类更多关爱）、爱自然界、爱宇宙。爱心是从来就有的，而博爱则是人类文明发展到一定阶段才兴盛起来的。

人的权利保护水平高于动物权利与自然物的权利。理由在于：第一，爱护自然的终极目的是增进人的幸福。人类为了生存，在不损害生物多样性的

---

〔1〕《孟子·尽心》（上）。

〔2〕［英］达尔文：《人类的由来》（上册），潘光旦等译，商务印书馆2003年版，第184页。

前提下,不得不将自然物(包括动植物)作为生产资料与生活资料(如食物)的来源。第二,人类对各种自然物的爱有差等。在没有利害冲突的情况下,距离人类的亲缘关系越近,就将得到人类更多的关爱。首先,灵长类的权利高于其他动物的权利。法律对灵长类动物的保护标准应当更高。其次,动物的权利高于植物。为饲养动物,需要将大量植物作为食物。最后,生物的权利高于无生命的自然物。人类的自利本性决定了,人类按照与自己亲缘关系的远近构建了权利的"差序格局"。第三,人类在改造自然的过程中存在共同利益。人类在物种竞争中也存在共同利益。人类与其他动物一样,是具有同类意识的,如果同类个体之间不发生尖锐的利益冲突,同类个体有更高水平的合作。在一般情况下,人类对同类的爱高于对自然物的爱。人的法律地位事实上高于自然物。人的权利保护水平(包括权利保护的范围和权利保护的程度)高于自然物。例如,可以采用扑杀动物的方法防止瘟疫在动物中的扩散,但不可以用同样的方法防止瘟疫在人群中的扩散。

第四节　人　　情

一、人情的概念

人情包括两种含义。

(一)人情的第一种含义

人情的第一种含义是指情理。情理的内容包括善良道德、良好的风俗习惯、民间法、法的价值、法律原则、关于人性的科学认识等。

情理与法理具有一致性,情理公民与法律人的法律意识对法律产生深刻的影响。体现情理的法律更容易为民众所理解和接受,更容易推行。情理是判断法律良恶的标准,体现情理的法律才是良法、善法,违背情理的法则是恶法、劣法。

法律与情理也有相冲突的一面。人们对法理情统一的追求是无止境的,而现实社会的法律体现情理的程度总是有限的。过度追求法律与情理的统一,任意废弃法律,就会妨碍法律的权威性、稳定性。因此,有必要接受轻度违背情理的法律的约束。不仅法理情统一是值得追求的价值目标,而且法律的权威性、稳定性也是值得追求的目标。为实现法律的权威性、稳定性,就应当在法理情统一的追求上保持克制。当然,如果法律严重违背情理,就应当考虑修改法律或通过行使自由裁量权来减轻法律的严峻性。

在司法过程中考虑情理体现了司法对人的宽恕。应当结合情理寻找对责任人减轻或免除处罚的理由。减轻或免除处罚的理由至少包括如下方面:根据他人的责任而减轻或免除处罚(如正当防卫);根据行为人的善良动机而减轻或免除处罚;根据行为人主观过错较轻(过失)而减轻或免除处罚。[1]

在中国,只有法家单纯强调依法断案,而作为主流文化的儒家则强调断案过程既要考虑国法,也要照顾人情。中国传统的包括"天理、国法、人情""情有可原""执法原情""原情断狱"等说法都要求法律尊重人情。司法的最高境界是做到情法两得。体现这一含义的西方传统的说法包括"实质正义""司法能动主义""自由裁量权"等。

(二)人情的第二种含义

人情的第二种含义,是指对与自己有密切联系的人的关爱,包括亲情、友情、乡情等。人情是人类的正常情感,是人类社会的一种正常的现象。因此,人情也是人性的一种表现。人情是一个表征人际关系距离的概念。从人情视角来看,不同的人与自己的距离是不同的,因而形成了以自己为中心的"差序格局"。

人情体现了爱的差等性。儒家认为,爱应当是推己及人的。孟子主张:"老吾老以及人之老,幼吾幼以及人之幼。"[2]儒家主张区分尊卑、亲疏、远近、先后,给予不同的人以不同的待遇。每一个具体的社会关系的调整都要考虑人际关系的亲疏远近。人情有利于增进熟人社会内部的和谐。

而从人权视角来看,同等的人与自己的距离是同等的。崇尚人权的社会崇尚制定身份盲的法律,给予同等的人以同样待遇。

---

〔1〕 参见霍存福:《中国传统法文化的文化性状与文化追寻——情理法的发生、发展及其命运》,载《法制与社会发展》2001年第3期。

〔2〕《孟子·梁惠王》(上)。

二、人情是熟人社会的价值的人性基础

熟人社会的价值强调熟人社会内部的关爱，要求人们忠诚于其所属的团体（家庭、社区、社团、地域、阶层、国家等），强调爱有差等。熟人社会的价值包括忠（爱国家、爱集体、爱领导者）、孝（爱父母、爱长辈）、悌（兄弟之爱）、慈（父母对子女的爱）、睦（邻里之爱）、义（包括小义和大义，如果没有法律的强制性规定，人们常常优先考虑小义）、和（包含团体本位、义务本位等内容）等。

在中国传统社会，熟人社会的价值较为兴盛。其原因包括如下方面：第一，在中国传统社会，民生资源主要来源于一家一户的自然经济，家族聚族而居，传统聚落较为稳定，大部分经济联系都发生在家族和乡土社会内部，亲缘关系和地缘关系的纽带牢固。第二，商品经济不发达，人口流动频率较低，商品经济中所蕴含的自由、平等等价值缺乏产生和发展的土壤。第三，中国的平民力量弱小，民间组织不发达，缺乏平衡人情影响的力量。熟人社会就是人情社会，即重人情的社会。中国传统社会长期保持熟人社会的特征是熟人社会的价值长期兴盛的重要原因。在中国传统社会，陌生人社会的价值（自由、平等、正义、法治等）不仅难以被接受，而且可能被排斥。

民间法的主导价值是熟人社会的价值。民间法是小型熟人社会的规则。民间组织较为关注小型社会的利益。民间组织内部的社会联系主要是亲缘地缘联系，依亲缘关系的远近还可以分为更小的团体，亲缘关系越近，利益关系越密切。“爱有差等”的观念正是民间团体内部亲缘关系的反映。民间法着重体现熟人社会内部的关爱，常常将团体之小义置于社会的大义之前。熟人社会的价值有利于协调小型熟人社会的人际关系。

在西方社会，陌生人社会的价值占据优势地位。在西方社会，民生资源更多地来源于商品市场经济，其占有更重要的地位，商品市场经济的相对发达造成了血缘地缘关系的松弛，大量的经济关系发生在陌生人之间，契约得到了广泛运用。西方社会更接近陌生人社会，这是西方社会陌生人社会的价值占据优势地位的重要原因。

国家法的主导价值则应当是陌生人社会的价值。国家人口众多,更接近陌生人社会,主要通行陌生人社会的价值。陌生人社会的价值有利于促进国家法的完善,有利于协调大型陌生人社会的人际关系。

美国社群主义学者塞尔兹尼克主张调和特别主义(particularism)与普世主义(universalism)。[1] 特别主义的代表学派是社群主义、社会学法学派,代表学科是法律人类学。特别主义的特征在于重视人情,重视小型熟人社会人际关系的和谐,强调文化的特殊性、差异性、多样性。普遍主义与特别主义是两个相反相成的理论传统,二者都永远具有存在的合理性。

三、人情的正反两方面作用

(一)人情的积极作用

人情有利于促进熟人社会的内部和谐。在人情占优势的社会,熟人社会内部的相互关照大于陌生人之间的相互关照。在陌生人社会,人与人之间的相互关照集中体现在法律化的社会保障、社会救济、社会福利等制度上。中国转型时期农民工遭受歧视的原因在于:熟人社会人情基础上的关照关系松弛了,而陌生人社会(强调契约关系)下的劳动保护制度尚不完善。

(二)人情的消极作用

1. 人情的过度扩张不利于权利保护制度的发育

熟人社会重视人情,法律是义务本位的,争取权利不频繁、也不充分。传统社会是身份社会,身份是社会等级体系中人的地位的标志。儒家强调"君君、臣臣、父父、子子",每个人都有各自的身份,都应当履行与身份相对应的义务。

法律社会学家揭示了如下事实:在熟人社会,人们主张权利不频繁,也不充分。原因在于人们担心主张权利会损害人情,妨碍日后的合作。有法律社会学家记述:在日本的水俣事件中,与化工厂利益相关的污染受害者提出的

---

〔1〕 参见[美]塞尔兹尼克:《社群主义的说服力》,马洪、李清伟译,上海人民出版社2009年版,第26页。

赔偿要求比其他受害者低。原因在于,他们日后的生计还要依靠化工厂。熟人社会内部的权利义务关系是以义务为本位的。熟人社会更强调义务、服从。而在陌生人社会,人们主张权利较频繁,也较充分。其原因在于,纠纷解决之后,当事人合作的可能性很小,人们不担心主张权利会伤害人情。

人情的另一面就是对小圈子以外的人的冷漠、排斥。人情的过度扩张将会导致对小圈子以外的人权利的漠视,不利于实现权利的平等保护,将会限制享有人权的主体范围的扩大。早期人类群体的结构与动物群体接近,属于亲缘团体,同一群体内部成员一般都具有亲缘关系。在人类历史早期,人类在物种间的竞争中并不处于优势地位,为了生存而产生合作的需要。达尔文认为:"一个野蛮人可以为同一社群的一个成员的生命而冒丢失自己生命的危险,而对于一个陌生人的遭遇则可以完全无动于衷。"[1]因此,在早期人类群体中,人情占据优势地位。早期人类爱心所及的范围是狭隘的。其原因在于,早期社会的团体是亲缘团体,各团体之间缺乏了解。爱心所及范围的狭隘妨碍了共同体的扩大。

人情的过度扩张将会降低大型社会的凝聚力。社会学家费孝通提出了"差序格局"的概念。差序格局就是以自己为中心、由近及远逐次推开的熟人社会。他用在水中扔石头的比喻来说明中国社会的差序格局:"以己为中心,像石子一般投入水中,和别人所联系成的社会关系,不像团体中的分子一般大家立在一个平面上的,而是像水的波纹一般,一圈圈推出去,愈推愈远,也愈推愈薄。"[2]由于资源是有限的,每一个人建立的差序格局总会有尽头,总会有人享受不到他的关爱。"爱有差等"观念是造成中国人时时处处讲关系、别亲疏的原因之一。

中国传统社会维护统一依赖于君主的大差序格局能够有效地统帅无数小差序格局。当君权衰弱,君主的大差序格局不能有效地统帅无数小差序格局时,中国社会就会陷入分裂状态。中国的差序格局是熟人社会的价值塑造

---

〔1〕[英]达尔文:《人类的由来》(上册),潘光旦等译,商务印书馆2003年版,第166页。

〔2〕费孝通:《乡土中国》,上海人民出版社2006年版,第22页。

社会的一个例证。

过于强调人情将会导致人情驱赶理性、人情侵蚀规则、小义伤害大义，过于强调人情将会强化人治。人情的过度扩张将会加剧大型社会的冲突，造成瓦解大型社会的因素的积累。

儒家过度强调人伦秩序使人际关系变得非常复杂，使人们陷入人际关系的落网中不能自拔。只有尊重个体相对于熟人团体的独立地位，尊重个性，使个体从人际关系网络中解放出来，使人们跳出差序格局，才能使个体获得自由，使中国远离人治，走出腐败，建立公平高效的法治社会。

在权利义务关系问题上，存在两种相互争鸣的范式——权利本位论和义务本位论。义务本位论在熟人社会占据优势地位，权利本位论在陌生人社会占据优势地位。二者各有占优势的领域。权利本位论和义务本位论并不存在谁对谁错的问题，而是各自占优势的领域有所不同。

2. 人情的过度扩张将会加剧不平等

在社会生活中，存在许多具有上下关系的人情关系，其中，上与下之间的权利义务关系是不对等的。例如，父母对子女的监护、老师对学生的教育、雇主对雇员的指挥、领导对团体的管理。在这些上下关系中，尊上方享有更多的权利，卑下方负有更多的义务。其中的权利义务的不对等来源于社会的实际需要。

在早期儒家那里，上下关系并未绝对化（并未形成无条件绝对服从的关系）。孟子认为："君之视臣如草芥，则臣之视君如寇仇。"[1] 尊上有爱护卑下的义务，尊上应当爱护卑下（君主爱护臣民、上级爱护下级、官员爱护百姓、父母爱护子女）。

后来的儒家将人情关系中上下关系绝对化了。汉初的董仲舒提出的"君为臣纲，父为子纲，夫为妻纲"的三纲思想强化了尊上的特权和卑下的义务，使尊上与卑下的关系向着远离平等的方向发展了。宋代理学家程颐、程颢认

---

〔1〕《孟子·离娄》（下）。

为："君臣父子，天下之定理，无所逃于天地之间。"[1]随着国家对儒家学说的支持力度不断加强，儒家学说强势地位得到不断加强。在儒家学说的影响下，封建国家无限扩大尊上的权利并减少其义务，无限减少卑下的权利并增加其义务，其结果是人情关系中的上下关系逐渐为法律所固定。至少表现在如下方面：第一，卑下权利资源的缺失。卑下无起诉权，卑下告尊上要治罪。中国传统社会曾经历过无数次改朝换代，但权利保护制度（妇女权利、受雇者的权利、平民的权利等）没有明显进步。第二，卑下平等地位的缺失，法律规定尊卑相犯同罪异罚。平等思想受到了压制。第三，卑下的自由与个性受到了压抑，社会形成了万马齐喑的局面，不利于发挥个体的潜能和创造性。

发挥陌生人社会的平等价值的作用有利于消除传统身份社会等级关系的绝对化。

3. 人情的过度扩张将加剧权力腐败

人情具有侵蚀公共权力的消极作用。人是有感情的动物，人情的压力不可避免地对有的公务员的行为产生影响。掌权者同常人一样具有难以抵御人情压力的弱点。大多数官员在争取公共职位的过程中得到了传统的人际关系网络的支持，作为回报，在其掌握权力后，在行使公共权力过程中也不可避免地要照顾传统的人际关系网络，否则就会被认为忘恩负义，就会失去传统的人际关系网络的支持，已经得到的职位就难以稳固。掌权者在处理公共事务中完全杜绝人情影响在大多数情况下都是非常困难的。

在人情社会中，权力在利益分配过程发挥着关键性的作用。越是接近权力中心的个体得到的资源就越多，越是远离权力中心的个体得到的资源就越少。在资源稀缺的条件下，距离权力中心最远的个体可能分配不到任何资源。给予权力体系内部的人更多的关爱将会导致对权力体系以外的人的排斥。只有节制人情对政府主导的公共资源分配的影响，才能实现资源分配的法治化。

人情社会是推动权力异化、权力腐败的强大力量。如果不改造中国的宗

---

[1] 《河南程氏遗书》（卷五）。

法社会和集权体制,就不可能遏制权力腐败的泛滥。

人情的节制是防治腐败的根本途径之一。人情与法律存在竞争关系,人情的扩张势必排挤法律的存在空间。这就是人们通常所说的“潜规则排斥显规则”的现象。要防治腐败就必须抑制人情的作用领域,划分私人领域与公共领域的界限。

4. 人情的过度扩张将会妨碍法律权威的树立

在熟人社会中,道德与习惯的作用相对较高,法律的作用相对较低。美国行为主义法学家布莱克认为:“在关系密切的人们中间,法律是不活跃的。”[1]关系密切的人组成的社会就是熟人社会。熟人社会包括家族、同乡和其他依靠亲缘、乡土纽带结成的社会。在熟人社会中,人们认为借助国家机关,依靠法律解决纠纷将会伤和气,妨碍日后的合作,因此人们更倾向于用道德与习惯解决纠纷。因此,在熟人社会中,道德与习惯是主要的社会调控手段,法律不受重视。这正是中国传统社会重道德轻法律的原因。在人情社会中,调节是主要的纠纷解决方式。传统社会的组织(如家族)和权威在解决纠纷过程中发挥着重要作用。民间调节在解决小型熟人社会的纠纷方面具有较高的效率。

中国传统社会是一个人情社会。第一,在中国传统社会,在没有完善的社会保障制度的条件下,存留养亲保证老有所养,具有一定的合理性,但也造成犯罪人不能得到及时制裁,受损的权利不能得到及时修复,正义不能得到尽快实现的结果。在现代社会中,在社会保障和社会救济制度能够保证老有所养的前提下,犯罪人不得以养亲为由逃脱法律制裁。第二,允许为亲属复仇不利于发挥国家专门机关在维护秩序方面的作用。第三,在资源稀缺的情况下,过度强调尽心将会妨碍统一的社会保障标准的制定,因为制定社会保障标准就意味着不尽心。只有将人情限制在合理的范围内,才能树立国法的权威,才能建立法治社会。

---

〔1〕 [美]布莱克:《法律的运作行为》,唐越、苏力译,中国政法大学出版社 1994 年版,第 48 页。

布莱克认为："在陌生者之间，法律达到最高程度。"[1]城市社会不断有外地移民加入，接近陌生人社会。陌生人之间的关系更多的是利益关系、契约关系，人情因素较少。提高同类事情同类处理，同样的人同样对待的法治原则的地位有利于改变人情社会处理每一件公共事务都区分尊卑上下、远近亲疏，不能做到一视同仁的习惯。

四、法律对人情的态度

一方面，人情是人的情感需要，是人性的重要内容，其存在具有积极作用，法律应当予以适度尊重。另一方面，人情的过度也有消极作用的一面，应当予以适度节制。法律对人情存在尊重和节制两方面内容。

区分私人领域和公共领域。自由主义者哈耶克认为，自由社会承认私人领域（可简称私域）的存在。"区别一个自由的社会与一个不自由的社会的判准乃是，在自由的社会中，每个人都拥有一个明确区别于公共领域的确获承认的私域，而且在此一私域中，个人不能被政府或他人差来差去，而只能被期望服从那些平等适用于所有人的规则。"[2]私人领域是私人利益、私权利占优势的领域。主要的私权利包括财产权、隐私权、住宅权等。私域和私法调整的领域虽有密切联系，但并不完全重合。例如，公司法属于私法，但公司的运行涉及公共利益，因此应当归入公域的范畴。公民的私人领域受法律保护，不受国家任意意志的干预，国家介入私人领域必须有法律的依据。

公共领域是公共利益、公权力占优势的领域。例如，国家管理与社会组织管理的领域都属于公共领域。法律对私人领域的人情与公共领域的人情的态度有所不同。

（一）法律对私人领域的人情的态度是以尊重为主

私人领域的人情有促进小型熟人社会和谐的积极作用，且没有明显的社会危害，法律应当予以尊重。

---

〔1〕［美］布莱克：《法律的运作行为》，唐越、苏力译，中国政法大学出版社1994年版，第49页。

〔2〕［英］哈耶克：《自由秩序原理》（上册），邓正来译，三联书店1997年版，第264页。

例如,继承顺序、监护顺序是按照亲缘关系远近作出的安排。亲缘关系越近,人情越浓厚,法律上的义务与权利就越多。夫妻、子女、父母的亲缘关系最近,为第一顺序亲属,他们互为第一顺序义务人与权利人(互为第一顺序继承人、抚养人、监护人)。兄弟姐妹、祖父母、外祖父母的亲缘关系次之,为第二顺序亲属,他们之间互为第二顺序义务人与权利人(互为第二顺序继承人、抚养人、监护人)。第一顺序亲属的义务与权利具有优先性,第二顺序亲属的义务与权利具有候补性(参见我国《继承法》第 10 条)。再如,法律尊重人情(亲情、友情、乡情等)。例如,《继承法》规定,继承人以外的对被继承人抚养较多的人,可以分得适当的遗产(参见《继承法》第 14 条)。该规定有利于鼓励朋友之间相互帮助。

又如,在不涉及公共利益的交易中,为熟人提供超过一般市场标准的商品和服务完全是自己的事,法律不予干涉。法律尊重私人领域的人情有利于促进亲属之间、熟人之间、团体内部的互助。从人情的积极作用出发可以解释团体主义和爱国主义的合理性。人情更具有现实性,而博爱更具有理想性。如果只讲博爱,不讲人情,就会陷入空洞的说教,从而失去大众的支持。

古语云:“王者无私。”其意思是,社会权威、掌握公权力的人没有私心、私利、私事,没有绝对的私人领域。这一说法在理想法意义上是正确的。党员和公务员应当将公共利益置于私人利益之上,其行为应当作为全社会的表率。党组织可以对党员的人情礼数量和规模作出上限规定,公务员的纪律规范可以对公务员的人情礼的数量和规模作出上限规定。这些规定对于净化社会风气、抑制腐败具有积极意义。

(二)法律对公共领域的人情的态度是以克制为主

1. 公共领域也容忍最低限度的人情

公共领域最低限度的人情也没有明显的社会危害。公权力永远是稀缺资源,围绕公权力展开的竞争是不可避免的。公权力领域的竞争具有群体性。在竞争公权力的过程中,同一团体内部的感情将会有所增进,而不同团体之间的感情会有所疏远。人情对公共领域的影响也是存在的。西方渐进主义认为,在君主爱护人民、君主与人民之间形成信赖感情的情况下,就可以在保留君主的前提下通过君主与民主的互动，通过渐进道路走向民主与法治，实现法制现代化。例如，瑞典、英国就是主要通过渐进道路实现法制现代化的。

再如，在美国，当选总统通常也会提名本党的人，特别是对自己当选做过贡献的人担任要职（如内阁成员、最高法院法官、驻外使节等）。当联邦最高法院出现职位空缺的时候，总统通常提名作为内阁成员的司法部部长为联邦最高法院法官。这说明，在西方社会，即使在公共领域，也存在人情作用的空间。在公共领域容忍最低限度的人情有利于增强团体的效能、增强全社会的动员能力。因此，应当对公共事务领域最低限度的人情给予最低限度的容忍。

2. 应当尽量压缩人情在公共领域的作用空间

公共领域应当着重追求陌生人社会的价值。应当通过分权、新闻监督等健全的制约监督机制将人情对公共领域的影响压缩到最低限度。

在美国总统提名权的监督上，为抑制总统的人情可能对提名产生不良影响，美国法律规定，总统的提名须得到参议院的批准。严密的法律制度可以将人情对提名的不良影响降到最低限度。被提名的人也难以做到投桃报李。例如，在“水门事件”中，尼克松提名的 4 个联邦最高法院法官也支持要求尼克松交出录音带的决定。我国法律也规定了立法机关对行政机关提名的批准制度，认真执行这些制度，可以降低人情对领导人的选任的消极影响。

法律对出于人情而严重危害公共利益的行为给予制裁。例如，我国《刑法》第 399 条设置的徇私舞弊罪条款规定，司法人员对明知无罪而入罪和明知有罪而出罪的，应当承担刑事责任。再如，我国《刑法》第 404 条设置的徇私舞弊不征、少征税款罪规定，税务机关的工作人员出于私情私利，不征或少征税款的，应当承担刑事责任。

（三）刑法领域对人情的最低限度地尊重

1. 中国古代亲亲相隐制度的有限度继承

亲亲相隐的思想在春秋时期就出现了。《论语 · 子路》中就提出了“父为子隐，子为父隐，直在其中矣”。亲亲相隐是指法律规定的亲属之间相互隐瞒犯罪事实，不告发犯罪、不证明犯罪的制度。用权利话语来表达，亲属之间相互隐瞒不仅是权利(容隐权,亲属之间的容隐行为减轻或免除法律责任),而且是义务(容隐义务,不履行容隐义务将承担法律责任)。亲亲相隐制度是对亲情的承认与尊重。亲情是人情的重要内容,是人性重要内容,对亲情的尊重就是对人性的尊重。但是,中国传统的亲亲相隐制度也存在相互容隐的主体范围不明确、容隐过多过滥、对容隐行为的容忍与惩罚的界限不明确等问题。要建立新型的容隐制度,就必须解决这些问题。例如,容隐的主体范围可以参照《继承法》第10条继承顺序条款所列举的继承人范围。再如,容隐的罪行应当是将判3年以下有期徒刑的轻罪。

2. 中国近代执法原情制度的有限度继承

1925年在军阀争地盘的战争中,孙传芳俘虏了施从滨,并轻率地予以处决,并且枭首暴尸示众。后来孙传芳失势后隐居天津,吃斋念佛。1935年施从滨的女儿施剑翘在天津刺杀了孙传芳。天津市地方法院判决施剑翘有期徒刑10年,河北省高等法院改判有期徒刑7年。社会各界认为,孙传芳处决俘虏并侮辱尸体的行为与法理相悖,而施剑翘为父复仇的行为与孝道相符,应当予以赦免。1936年国民政府发布了特赦施剑翘的命令。公告认为:"论其杀人行为,固数触犯刑法,而一女子发于孝恩,奋力不顾,其志可哀,其情可原,现根据学校、各民众团体纷纷请求特赦所有该施剑翘原判徒刑,拟请依法免其执行。"[1]法院终审判决施剑翘有期徒刑7年,是对施剑翘故意杀人行为构成犯罪的确认,是对犯罪行为表达的否定态度。政府发布赦免令、使其余刑不再执行则出于对孝道的维护和对施剑翘为父复仇的同情。这是一个权衡法律与人情关系的典型案例。

再如,卑亲属侵害尊亲属可以作为从重处罚的情节,也可以在不违背司法平等法治原则的前提下对传统孝道的维护。

---

〔1〕 刘道纪:《法律内的天理人情》,载《政法论坛》2011年第5期。

第三章　人文主义法学的原则体系

第一节　人文主义法学的原则体系的形成过程

一、人性分组

人文主义法学的基本原则的提出立足于人性复合论,立足于对人的共性的认识。

为了拨开利益与思想的迷雾,透视复杂的人性,可将人性区分为如下四组属性:第一,人有需要(人的求利本性)。第二,人有恶性。第三,人有弱点。第四,人有优点。

本书的人性分组考虑如下几点。

1. 将人的需要列为第一组属性

人的需要是多层次的。欲望是人与动物共有的、与生俱来的那部分基本需要。利益是能满足人的欲望和需要的客观事物。“人具有追求需要满足的本性”和“人有求利本性”这两个命题立论的角度虽有不同,但其含义是相同的。

正当利益的实现是人的生存和发展所必需的前提。追求正当利益的行为既有利于激发人的潜能和创造性,增强社会的活力,也有利于推动社会的进步。因此,法律应当尊重正当利益。

2. 区别求利本性与恶性

不能将所有的求利行为说成是善的或者说成是恶的。法律对利益不应当采取单一的放纵或禁止对策,而应当区分不同的情况,采取不同对策。不损害他人利益和社会公共利益的个人利益属于正当利益,法律应当予以保护;损害他人利益和社会公共利益的个人利益属于非正当利益,法律应当予以禁止。追求自身正当利益的行为无所谓善恶。只有危害他人和社会的求利行为才是恶的。

3. 区别恶性与弱点

人的恶性涵盖对社会具有显著危害、超出社会容忍限度的行为。而人的弱点则涵盖对社会没有显著危害、尚未超出社会容忍限度的行为。有学者指出:“刑法既无必要也不可能彻底根除人性的弱点。因之,对于基于人性弱点而为的行为,只要没有超出社会的容忍限度,刑法就没有必要将其纳入自己的调控范围。”[1]第一,在经济交往中,一方隐瞒商品严重瑕疵的行为具有显著危害,属于恶性的范畴,法律应当予以禁止;而另一方利用信息优势,隐瞒商品轻微瑕疵的行为不具有显著危害,属于弱点的范畴,法律应当予以宽容。第二,对民生产品的炒作并获得暴利的行为具有显著危害,属于恶性的范畴;而一般的贱买贵卖的营利行为不具有显著危害,属于弱点的范畴。第三,高利贷容易引发冲突、导致债权人对无力偿还的债务人的奴役,应当归入恶性的范畴;而民间低息借贷危害不大,应当归入弱点的范畴。第四,吸毒行为不仅危害自己,而且危害社会,可以归入恶性的范畴;而在没有可燃物、开放的环境下吸烟行为危害不大,应当归入弱点的范畴。在恶性与弱点之间存在一个模糊地带,很难划出一条明确的界限。人谋求生存和发展的行为很难说对他人绝对没有危害。在法律上要求对他人绝对没有危害将会造成个性萎缩和国民性的萎缩。因此,将哪些行为划入恶性的范畴应当慎重考虑。“除恶务尽”的说法混淆了人的恶性、人的需要、人的弱点的界限,因而在理论上存在不科学的一面。人的恶性和人的弱点都属于人性中阴暗的一面。对于人

[1] 田宏杰:《宽容与平衡:中国刑法现代化的伦理思考》,载《政法论坛》2006年第2期。

性中阴暗的一面,不应当采取整齐划一的对策。法律应当区分人的恶性和弱点,采取不同的对策。法律所采取的对策给人造成的痛苦应当最小。

4. 区分弱点和优点

弱点与优点的划分受到了管理学家卡内基人性分类的启示。卡内基的两部著作分别是《人性的弱点》和《人性的优点》。

二、人文主义法学的四个基本原则的提出

与人性的四类属性相适应,人性论也具有四个理论单元:第一,人的需要论。第二,人的恶性论。第三,人的弱点论。第四,人的优点论。这样,人性论的体系结构就变得简单明了。在尊重人或贬低人的问题上,人性论具有中性,而价值论则具有倾向性。在人文主义的思想体系中,人性论和价值论是紧密结合的。划分人性论的理论单元是提出人文主义法学四个基本原则的关键。

良好的法律制度建立在对人性的全面认识和合理对待的基础上,良好的法律制度将会增进人的行为的有序和社会的和谐。而对人性的片面认识和不合理对待将会导致制度设计上的缺陷,制度设计的缺陷是造成人的行为紊乱的主要原因。构建人文主义法学的原则体系必须立足于对人性的全面认识。

人性论的四个理论单元分别与将人的幸福这一人文主义法学的指导思想相结合可形成人文主义法学的四个基本原则。阐释这四个基本原则对法律思想和法律制度的影响可使我们看到人文主义法学的大致轮廓。

本书在体系构建上采用了公理方法。人文主义法学的四个基本原则分别相当于4个公理。以下分4节分别讨论人文主义法学的四个基本原则。

第二节 尊重人的需要和利益原则

人的需要论与将人作为目的相结合形成了人文主义法学的第一个基本原则——尊重人的需要和利益原则。

需要是人的固有属性。利益是能够满足需要的事物,包括财产、权利、荣

誉等。“人具有追求需要满足的本性”,也可以表达为,“人具有追求利益的本性”。由追求利益的个人组成的利益集团也具有求利本性。这种本性既体现为维护既得利益,也体现为追求未得利益。人的求利本性和动物的领地意识接近,这是人与动物的共性。人的追求需要满足和利益实现的本性是客观存在的,法律与政策必须面对这一现实。

现代心理学认为:人的需要的满足和利益的实现是人保持心理健康的条件之一。需要得不到满足、利益得不到实现(挫折),可能导致人的心理疾病、精神疾病,可能导致犯罪行为和反社会行为。马斯洛对人性的估价是较为乐观的,他认为,人性是善良的,或者说是中性的;人的攻击行为是由于外部原因导致挫折后的一种反应。他说:“破坏性、虐待狂、残酷、恶毒等等,迄今看来并非内在的,相反,它们似乎是针对我们内在需要、情绪、智能的受挫的一种猛烈反应。”[1]如果全社会总的需求满足程度低,总的利益实现程度低,心理疾病、精神疾病的发病率就会提高,犯罪率就会提高,社会冲突就会加剧。

有学者指出:“法律是基于人的需要而产生的规则体系。”[2]人文主义既认识到了人具有追求需要满足的属性,也主张将人作为目的。因此,人文主义主张尊重人的需要。如果只是认识到了人的需要,而没有将人作为目的的思想,就更有可能建议统治者利用人的求利本性控制社会。

尊重人的需要和利益原则对法律的影响至少表现在如下几个方面。

一、尊重人的需要和利益原则促进了权利的产生和发展

个体意识是权利(权利思想和权利保护制度)进化的前提条件。个体意识(自我意识)包括自我利益意识和排除干涉、摆脱束缚的意识。国家利益、群体利益必须为个体实际享受到才是真实的,压抑个体利益的“国家利益”“人民利益”“集体利益”只是空洞的概念。个体意识是权利生成的认识论条

---

〔1〕 欧阳谦:《20世纪西方人学思想导论》,中国人民大学出版社2002年版,第219页。

〔2〕 吴卫军、陈璇:《“以人为本”法律观的理论传承与现实解读》,载《河北大学学报》2010年第2期。

件,权利意识就是在个体向他人、组织、国家主张利益的过程中产生的。人们维护既得利益的意识就是对动物的领地意识的继承,这是所有权观念产生的条件。

群体的权利意识是权利意识的重要内容。群体作为由成员组成的整体具有共同利益,作为更大社会的组成部分又具有个别利益。由于人类在利益竞争会结成各种群体,所以,群体在权利生成与实现过程中发挥着重要作用。

在各种群体阶层对权利生成具有重要影响。在古希腊罗马时代,自由民内部分为贵族和平民两个阶层。贵族与平民的矛盾是推动希腊罗马法律发展的主要动力。在现代社会中,通常将人们划分为上层、中层、下层,这三大群体的矛盾是现代法律发展的主要动力。橄榄形利益结构(中层强大、各阶层相互制衡)具有柔性特征,有利于为权利的生成与实现提供良好的社会条件。金字塔形利益结构(中层弱小、各阶层彼此隔离)具有刚性特征,不利于权利的生成与实现。

在各国思想史上,都存在一个个体失落的阶段,只不过时间长短不同,影响深刻程度不同。在西方,人文主义的一个重要内容就是个体的重新发现。个体的重新发现矫正了前一个历史阶段忽视个体的错误,为下一个历史阶段更好地处理个体与群体的关系准备了条件。

中国的文化传统更强调国家、群体的地位。这种文化传统具有两面性,既是优秀文化遗产,也具有压抑个体正当利益,抑制权利生成的消极作用。

权利与人的需要和利益密切相关。耶林认为:"权利就是受到法律保护的一种利益。"[1]这一论断揭示了权利的利益属性。法律不可能消灭人的需要,不可能消灭人追求利益的本性。法律所能做到的只能是改变人的利益实现的方式。在法律上将正当利益确认为权利,同时设定相应的义务作为保障权利实现的手段,于是权利保护的思想产生了。

权利是法律保障的主体获得一定利益的资格。"权利"隐含着抵抗强力和保障利益的含义,适用于平等主体之间相互主张利益、成员向组织主张利

〔1〕 张文显:《二十世纪西方法哲学思潮研究》,法律出版社1996年版,第492页。

益、公民向国家主张利益、局部向整体主张利益、下级向上级主张利益、弱者向强者主张利益等场合。而“权力”则隐含强力控制和维护秩序的含义,适用于组织对成员的控制、国家对公民的控制、整体对局部的控制、上级对下级的控制、强者对弱者的控制等场合。

保护权利是国家的一项重要职责。如果不强调保护权利,将会导致公民权利的萎缩甚至是民族性格的萎缩,导致民穷国弱。

权利促进了立法的指导思想的更新。立法的指导思想由重视强制履行义务向重视保护权利的转变。在传统社会的法律规范中,义务性规范占绝对优势。义务性规范主要规定义务和制裁,权利不被关注。在现代社会的法律规范中,授权性规范大量增加,特别是在民商法中,授权性规范占主导地位。授权性规范主要规定权利,将权利作为目的,将义务和制裁作为保障权利实现的手段。授权性规范体现了民法的意思自治原则,将公民意思表示一致达成的协议作为解决纠纷的首选方案,将法律规定的方案作为备用方案,为公民的自由选择留下了宽广的空间,为人的潜能发挥留下了宽广的空间。

权利促进了法律规范的进化。在传统社会的法律规范中,义务性规范占绝对优势。义务性规范主要规定义务和制裁,权利不被关注。在现代法律中,授权性规范大量增加。特别是在民商法中,授权性规范占主导地位。授权性规范是主要规定权利的法律规范。授权性规范将权利作为目的,将义务和制裁作为保障人权实现的手段。民商法(私法)通过大量的授权性规范为公民的自由权利划定了一个防范国家权力任意干涉的宽广的空间。民商法的发展促进了授权性规范的大量增加,体现了立法的指导思想由重视强制履行义务向重视保护人权的转变。

权利促进了法律体系的进化。首先,法律体系的更新表现为宪法、民商法、行政法、诉讼法的发展。这些法律部门的指导思想是保护公民权利,为保护公民权利而限制政府权力。其次,法律体系的更新表现为刑法的法典化。政府权力的膨胀必将加剧刑事立法的泛滥,而刑事立法的泛滥也必将加剧政府权力的膨胀,二者具有交互因果关系,长此以往必将形成恶性循环。这种状况将使公民的财产、自由,甚至生命处于不安定的状态。实行刑法的法典化对限制政府权力、保护公民权利是非常必要的。在现代社会中,公民的自由权利伴随着宪法和诉讼法的完善、民商法的扩张、刑法的法典化而不断发展。

权利促进了财产权制度的产生和发展。财产权制度的积极作用在于:第一,财产权是公民抵抗公权力扩张的资源。承认财产权,有利于增强公民抵御政府权力滥用的能力,有利于遏制政府权力的膨胀。思想史上存在"私有制是万恶之源"的观点。例如,卢梭对私有财产制持批判态度,他认为,私有财产是加剧人类不平等的重要根源。他说:"那些在自然状态下几乎不存在的不平等,随着人的能力的开发和思想的进步而扩大、加深,随着私有制和法律的建立而稳定下来,变得合法。"[1]在计划经济体制下,公有制一统天下,政府几乎垄断一切物质资源,私有财产权高度萎缩,私有财产的范围极为有限。如果公民个人没有自己的基本财产,公民缺乏制约政府的资源,自然无力抵抗政府权力的扩张,无产者有变成无权者的危险,公有制有变成官有制的危险。第二,财产权是公民抵抗集体暴政的资源。有利于个体保持相对于群体的独立意识,避免迷信、盲从。由缺乏独立意识的个体组成的社会集体行为较盲目,由具有独立意识的个体组成的社会的集体行为较理智。当然,私有财产权也具有助长贪婪、压迫、冲突等消极作用,需要通过发展公有经济、实施宏观调控等措施加以抑制。在所有制问题上,私有制是万恶之源的观念有失偏颇,单纯的公有制也不是完美无缺的,多种经济成分并存与人性的复杂性是相称的。很难在理论上设计一个完备的多种所有制的组合方案,应当在广大民众的充分参与下探索多种所有制的组合方案。第三,财产权是公民抵抗其他公民侵害的资源。公民没有财产权,为了生存,就必须依附于他人,或成为奴隶,或成为奴工,不仅在经济上成为附庸,而且在人身上甚至在政治上成为附庸。要使公民具有独立的人格,就必须承认公民的财产权。第四,财产权制度激发人们积累财富的积极性。波斯纳指出:"对财产权的法

---

〔1〕［法］卢梭:《论人类不平等的起源和基础》,高煜译,广西师范大学出版社 2009 年版,第 164 页。

律保护创造了有效率地使用资源的激励。"[1]所有权制度将财产和财产的所有权人紧密地联系在一起。财产的所有权人作为一个"经济人",是一个天生的求利者,他能够通过行使占有、使用、收益、处分的权利保护财产,促进财产的保值和增值。如果没有所有权制度,人们就没有保护财产的积极性,将会导致财产的贬值。如果没有所有权制度,人们也不会有投资的积极性,将不会实现财产的增值。民商法(特别是物权法)在确认和保护财产所有权上发挥基础性的作用,宪法、行政法、刑法、诉讼法等其他法律的制定和实施也应注意对财产所有权的保护。第五,尊重财产权有利于促进社会稳定、国家富强。孟子认为,"无恒产者无恒心"。[2] 意思是让民众拥有稳定的财产可以使其乐业敬业,并对社会秩序持认同态度,有利于维护社会的稳定。荀子认为:"王者富民,霸者富士,仅存之国富大夫,亡国富筐箧、实府库。"[3]意思是,富民比士大夫富贵、国库充盈更有利于社会稳定。"富民"就是藏富于民,其现代法学释义就是让民众拥有财产权。

权利思想促进了知识产权制度的产生和发展。知识产权制度规定,只有对知识生产作出实质贡献的人才有资格享有知识产权,对知识生产仅作出辅助贡献的人无权共享知识产权。这一规定有利于鼓励人们生产知识并且服务社会。作出辅助贡献的人和大众一样,只能从知识产权人向国家交纳的税收获得间接利益。

权利思想促进了行政诉讼制度和国家赔偿制度产生和发展。人文主义在颂扬奉献道德的同时,更强调对公平道德的重视。人文主义在颂扬个人对国家的奉献行为甚至是牺牲行为的同时,更强调国家尊重个人利益、平等保护国家利益和个人利益。人文主义承认个人起诉国家的权利、要求国家赔偿的权利。而蔑视个人利益的思想抑制了行政诉讼制度和国家赔偿制度的产生,同时也助长了政府滥用权力行为的泛滥。

---

〔1〕 [美]波斯纳:《法律的经济分析》(上),蒋兆康译,中国大百科全书出版社 1997 年版,第 40 页。

〔2〕 参见《孟子·梁惠王》(上)。

〔3〕 《荀子·王制》。

二、尊重人的需要和利益原则是法的价值论的理论基础

人文主义包含两个相反相成的传统——快乐主义传统与克制主义传统。其中,伊壁鸠鲁的快乐主义、边沁的功利主义、庞德的社会学法学、波斯纳的经济分析法学隶属于快乐主义传统。快乐主义传统承认正当需要、正当利益的合法性。利益是能够满足人们需要的事物,包括财产、权利、荣誉等。人具有追求自身需要满足的本性,也可以表达为,人具有追求自身利益的本性。人们追求个人利益和社会利益的理想在法律上的表现即为权利、自由、平等、正义等概念和价值。因此,快乐主义承认人的正当需要和利益,成为产生法的价值理论的土壤。

1. 尊重人的需要和利益原则是自由的思想条件

自由是在不违反法律的前提下,自主行为,不受他人干涉的权利。自由也是一种权利。如果将权利划分为绝对权和相对权,那么通常理解的"自由"就是其中的绝对权。在人治社会中,人们经常受到各种人为因素的干扰,从而是不自由的。人们为排除干扰不得不支付成本(时间、体力、金钱等),致使自己的利益遭受损害。在全社会树立排斥对合法利益任意干涉的思想条件下,自由思想产生了。卢梭认为:"人所共有的自由,乃是人性的产物。"[1]放弃自由和权利"就是放弃自己做人的资格。"[2]在法治社会中,良法具有稳定性,人们可以根据良法预测自己行为的后果,并对自己的行为作出计划和安排。良法为人们排除各种干扰,引导人们在法律范围内追求正当利益,在不违背他人利益和社会利益的前提下追求自身利益的最大化。良法使人们获得了自由,成为自身利益的决策者。因此,保护人的正当利益的思想为自由价值的产生准备了思想条件。

2. 尊重人的需要和利益是人权的理论前提

承认人的正当需要、利益的合法性为权利概念和价值的产生准备了条

〔1〕 [法]卢梭著:《社会契约论》,何兆武译,商务印书馆1996年版,第9页。

〔2〕 同上书,第16页。

件。自然法思想家所谓的“自然权利”(应然权利、理想权利)的实质是被社会承认、被人们主张的正当需要、正当利益。耶林认为,权利就是受到法律保护的一种利益。[1] 这一命题清晰地揭示了权利的利益属性。在法律上,从应然权利到法定权利,再到现实权利的运行过程就是需要的满足和利益的实现过程。法律调整利益矛盾的方法是将合法利益确认为权利,设定他人的不侵害义务,同时,宣布非法利益不受法律保护。

在社会生活中,客观存在强势主体与弱势主体的区分。人文主义认为,人类社会必须摆脱恃强凌弱、以暴易暴的原始状态。首先,人文主义同情弱势主体向优势主体、个人向国家和代表国家的政府,在法律秩序的框架下争取正当利益的行动。其次,人文主义认为:强势主体应对弱势主体的正当利益要求给予同情并作出让步,国家负有保护个人的义务。人文主义为人权思想的产生准备了条件。人权的产生既需要有“争”,也需要有“让”。只讲争不讲让,或者只讲让不讲争都不会产生人权。法律不可能消灭人的需要,不可能消灭人追求利益的本性。法律所能做到的只能是改变人的利益实现的方式。在法律上应将正当利益确认为人权,同时设定相应的义务作为保障人权实现的手段。在尊重人的求利本性的思想背景下,人权思想产生了。

自然法思想家在人权产生和发展过程中发挥了重要作用。他们认为,人权的核心含义是应然权利、理想权利,其实质是人们提出的满足正当需要、实现正当利益的主张。在全社会树立尊重他人应得利益的思想条件下,人权思想产生了。在法律上,从应然权利到法定权利,再到现实权利的运行过程就是正当需要的满足和正当利益的实现过程。人权原则对各个法律部门均产生了深刻影响。例如,人权原则在刑法中的表现是罪刑法定原则、罪刑相适应原则、不溯及既往原则,人权原则在刑事诉讼法的表现是无罪推定原则。相对于各部门法的原则,人权原则是上位原则、普遍原则。

例如,权利和人权思想的萌芽在古罗马时代就已经开始了。平民反抗贵族的斗争促进了平民的民事权利和政治权利的发展。再如,人文主义强调国

---

〔1〕 参见张文显:《二十世纪西方法哲学思潮研究》,法律出版社1996年版,第292页。

家尊重个人利益、平等保护国家利益和个人利益。这为行政诉讼制度和国家赔偿制度的产生创造了思想条件。而蔑视个人利益的思想抑制了行政诉讼制度和国家赔偿制度的产生,同时也助长了政府滥用权力行为的泛滥。人权是伴随着在法律范围内反抗国家的行动和在法律范围内反抗统治者的行动来到世界上的。

3. 尊重人的需要和利益原则是平等和正义产生的理论前提

人文主义既尊重个人的正当合法利益,也尊重他人的同等的正当合法利益。于是,平等思想形成了。平等,是指人们的法律地位相等,即权利和义务对等。正义是指公平地分配财富、权利和义务。平等和正义都要求人们彼此尊重他人追求利益的同等权利。正义思想包含平等思想,并且比平等思想更丰富。人文主义既强调个人之间的平等,也强调社会利益。体现社会利益的、正义的分配方案并不是贤明的领导者预先规定的,而是人们在开放、法治的条件下,通过竞争和妥协而形成的。法治社会无法满足个人无限膨胀的绝对利益,只能保障每一个人获得基本的利益,进而实现全社会利益的最大化。这样的社会必将是一个冲突较少、秩序较好、人际关系和谐的社会。保护人的正当利益的思想为平等、正义等法的价值的产生准备了思想条件。

例如,一夫一妻制是在平等价值的影响下形成的婚姻制度。

在群居的哺乳动物社会中,多妻制最为常见。如果没有法律、习惯、宗教、道德的约束,人类婚姻的自然倾向是多妻制。人类历史上的多妻制传承了群居的哺乳动物的婚姻形式。婚姻资源配置的法律存在自由价值与平等价值的冲突,过于强调婚姻资源配置的自由将会威胁婚姻资源配置的平等。

一夫一妻制的产生是有条件的。首先,一夫一妻制的生物学条件是人类的性别比例大致为1。其次,一夫一妻制的社会文化条件是平等文化。越是稀缺资源的分配越应当接近平均分配。一夫一妻制大致体现了婚姻资源的平均分配,是人类关于婚姻的社会契约,是一个平民主义的利益分配方案,其形成说明了西方传统中平民主义的强大。西方具有一夫一妻传统,从古希腊神话到基督教都主张一夫一妻制,现代法律也确立了一夫一妻制。

通过动物行为学观察,可以得出一个结论:在群居的哺乳动物社会,凡婚姻资源配置平等的社会,内部关系较为和谐,在生存竞争中显示出团队合作的战斗力;凡婚姻资源配置不平等的社会,内部争斗频繁而剧烈,对外竞争的力量受到削弱。人类社会也是如此。

人类历史经验也与上述结论一致。凡一夫一妻制社会,内部冲突(犯罪、战争等)较缓和,对外竞争能力强;凡一夫多妻社会,内部存在剧烈冲突,损害了对外竞争的能力。一夫一妻制是人类克服自身弱点的一次伟大胜利。一夫一妻制具有较大的合理性,应当成为人类婚姻文化的主流形式。国家法可以通过惩罚重婚罪、保护夫妻相互继承的权利保持一夫一妻制的主流地位,使之不至于被不断突破而走向消亡。

一夫一妻制也存在局限性的一面。第一,人类的性别比例只是接近1但不等于1。第二,人类社会存在许多自然的和社会的因素妨碍了婚姻的自由选择。第三,在战争原因造成男性适婚人口大量减少、性别比例远离1、女性无偶率明显增高的特殊情况下,一夫一妻制就会受到挑战。由于上述原因的存在,人类两性不可能实现完美匹配,一夫一妻制不是绝对的。

在不威胁一夫一妻制的主导地位的前提下,也可以在严格限定条件的前提下,容忍非主流婚姻的存在,以矫正一夫一妻制的局限性。如在苦寒、洪荒、生存条件恶劣的极端条件下,可以容忍其他婚姻形式的存在。对于非主流的婚姻形式,可以判例的形式创立规则。

4. 尊重人的需要和利益原则是效率价值产生的理论前提

效率就是付出单位成本所获得的利益。效率既是经济学的基本概念,也是一个重要的法价值。历史经验表明,承认人的正当利益的社会必然是一个追求最大效率的社会。

5. 承认人的正当需要和利益有利于促进秩序价值的进化

秩序是取得全社会最大利益的条件。健全的利益观促使人们通过协商妥协,制定体现各方利益的法律,促使人们通过合作和竞争,而不是通过冲突追求自己的合法权益。

承认人的正当需要和利益,追求体现人的正当需要和利益的法的价值,使资产阶级法治理论具有反封建、反神道的人道主义色彩,提供了利益表达的论坛、利益矛盾的调节机制。所以,基本道德包含的利益理论是法的价值论的理论基础,也是西方法治理论的理论基础。

中国古代禁欲主义占了上风。儒家蔑视人的需要和利益,一味掩盖利益矛盾,主张"重义轻利""存天理,灭人欲"。这种伦理氛围不利于法的价值论的产生,并产生其他不利结果:第一,压抑了劳动人民的利益要求,使统治阶级的利益恶性膨胀,从而塑造了一个刚性的利益结构。第二,掩盖利益矛盾无法消灭客观存在的利益矛盾,忽视了利益矛盾的理论研究和法律调整则使利益斗争处于无序状态。当前我国权利保护制度的发展、公众权利意识的提高、人权研究的兴起都说明越来越多的人认识到了在法律上承认人的正当需要和利益的必要。

人的需要和利益问题是各种法价值面临的共同的理论问题。法的价值在一定程度上体现了人们的利益共识,是即将制定的体现公共利益的法律的预制件。法的价值思想向法律制度的渗透增加了人们在法律框架下解决利益矛盾的可能性,促进了柔性利益秩序的建立。体现法的价值的法律有利于人的生存和发展。法的价值理论是推动法律进化的精神动力。

三、尊重人的需要和利益原则促进了竞争制度的产生和发展

竞争现象是自然界普遍存在的现象,人类社会也不例外。人的竞争本性是人的固有属性。人的竞争本性(动物行为学将其称为攻击性,政治学将其称为扩张性)来源于人的求利本性。在资源稀缺的情况下,竞争行为自然会产生。否认竞争、压抑竞争并不能消灭人的竞争本性,其消极后果是加剧不正当竞争(如垄断行为),放弃以法律调控竞争秩序的机会,使竞争转入地下,使竞争变得更加无序,给竞争双方和大众造成灾难。法律无法消灭人的竞争本性,只能顺应人的竞争本性,并对竞争行为加以调控。中国传统强调"让"("六尺巷"的故事)在解决纠纷过程中的作用,不崇尚"争"。中国人传颂"孟母三迁"的故事,没有人认为孟母应当为安宁权而斗争。过度强调谦让美德将会抑制权利思想与权利保障制度的生成。

法律对竞争行为的管理至少包括如下方面：

第一，以和平竞争形式替代暴力竞争形式。应当大力发展和平的竞争形式（项目），如商业竞争、考试、体育比赛、竞选等，将人们的竞争冲动引导到和平的竞争形式上来。如果和平的竞争形式不充分，人们的竞争冲动就会被引导到犯罪、骚乱、战争等暴力竞争形式上去（如春秋无义战）。

第二，制定公平竞争的规则。应当区分正当竞争和不正当竞争，鼓励正当竞争，禁止不正当竞争。正当竞争是人一种自然权利。限制正当竞争就意味着保护垄断。反不正当竞争立法正是通过对不正当竞争行为追究法律责任而对正当竞争行为加以保护和鼓励的。权力竞争也应当遵循合理的游戏规则，使权力竞争成为产生领导机构的生产线。良好的促进正当竞争的法律有利于发挥竞争的积极作用，抑制其消极作用。

第三，防止过度竞争。过度竞争，是指由于资源减少或竞争者增多而导致的竞争过于激烈的情况。过度竞争是诱发人性阴暗面膨胀的条件之一。因此，在顶层设计上应当防止出现过度竞争。如果某一个行业从业者过多，将会导致资源供给状况的恶化，形成过度竞争。经济领域的过度竞争将导致全行业利润空间狭小，将导致经营者大面积亏损，遵守道德和法律的成本将会变得高昂，将会加剧不正当竞争。例如，可以根据某一地区的人口和经济发展水平等因素，考虑便利乘客出行和保证出租车行业合理利润两个目标，确定合理的出租车数量限额。这样，可以防止出租车行业出现过度竞争。

第四，保护竞争失败者（包括政治竞争失败者）的生存权和发展权，尊重竞争者的人权底线。在现代文明的观念中，已不再将竞争者看成敌人，竞争者的生存权和发展权也应当得到尊重，竞争者也可以成为合作者。社会保障制度就具有保护竞争中失败者的积极作用。这些制度可以改善竞争者的生存环境，弱化人的攻击性，为仁爱精神的生长创造条件。平等、正义、人权等普遍价值对人类的竞争行为具有引导作用。动物界竞争的结果是“优胜劣汰”，而人类个体之间的竞争结果应是“优胜劣存，合理差距、共同发展”。“优胜”更有利于增进社会的效率，“劣存”更有利于增进社会的秩序。“合理差距、共同发展”是社会全面文明进步的要求。人治和恶法之下的竞争具有如下特点：缺乏合理的竞争规则，竞争不择手段，竞争失败者的生存权和发展权得不到尊重，特别是权力竞争非常残酷。恶劣的竞争环境只能培养人们的残忍品性。

第三节　防范人的恶性原则

恶性论与将人作为目的相结合形成了人文主义法学的第二个基本原则——防范人的恶性原则。人文主义既认识到了人的恶性，也主张将人作为目的。因此，人文主义要求法律防范人的恶性。人文主义并不因为人有恶性就鄙视人、践踏人，而是坚持一如既往地坚持尊重人、增进人的幸福的信念。

一、普通人的恶性及防范

（一）人性恶假设

人的恶性，是指人具有侵犯他人利益和社会公共利益的可能性。人性恶假设认为，人普遍具有恶性。人的恶性即使因为制度约束和舆论监督的作用而受到抑制，处于潜伏的状态，也会在一定的时机有所显现。西方传统对人的恶性的认识较充分。《圣经》上记载，人类始祖亚当和夏娃违背上帝禁令，偷食智慧之果，因此被逐出伊甸园。基督教认为，人类因此犯有原罪。基督教的原罪说提高了性恶论在西方文化中的地位。霍布斯是性恶论的典型代表。他认为，自然状态是“人人相互为战的战争状态”。[1] 为了防范人的恶性的膨胀造成的混乱，就必须建立强有力的政府。但是，霍布斯忽视了，如果不通过分权制衡和法律约束，不仅会侵犯公民的自由权利，而且从长远来看也是形成混乱的原因。对人性的消极阴暗面作出充分认识与防范的制度设计才具有周密性。如果对人性中的消极阴暗面没有充分的认识和防范，就会导致制度设计的疏漏，导致人性中消极阴暗面的膨胀给社会造成危害。美国法官霍姆斯认为：“人们应从坏人的角度来看待法律，他们所关心的只是法院

---

[1] [英]霍布斯：《利维坦》，黎思复等译，商务印书馆1996年版，第96页。

将对他们如何处理。"[1]人性平等思想认为,掌权者也是人,也具有一般人所具有的恶性。人性平等的思想有利于消除权威崇拜和权力迷信,具有极大的思想解放意义。人的恶性的成因在于人不能克制自己的需要并进而侵犯了他人的利益。现实的人多是天生的功利主义者,追求利益的愿望比追求正义的愿望更强烈。如果没有监督机制和法律制裁的约束,在个人利益与他人利益、社会公共利益相冲突时,人们多选择个人利益。因此,防范人的恶性是必要的。法律的限制、制度的约束可以增加通过非法行为实现利益的成本,提高通过合法行为实现利益的可能性。

(二)防范人的恶性的途径

1. 立法环节对普通人恶性的防范

立法上的人性恶假设的理论出发点是为了防止人们实施违法行为,帮助人们抵御违法之利的诱惑,并不是出于对人的蔑视。第一,在授权性法律规范制定的过程中应预见到发生利益冲突的可能性。在授权性法律规范中,法律允许权利人自行处分自己的权利,允许契约当事人以契约的形式自行设定权利和义务,同时也应预见到当事人之间有发生利益冲突的可能性,因此规定了备用方案。第二,在婚内财产的归属问题上,法律既承认婚内财产合同中约定分配方案的优先性,但同时为了防止在没有约定分配方案的情况下出现婚姻当事人的利益冲突,法律又规定了法定分配方案(以平均分配为主导的一系列分配规则)。法律规定的备用方案对防止冲突的产生和扩大是非常必要的。第三,为防止违法犯罪行为的发生,在立法过程中应注意促进法定监督机制的形成。根据我国《继承法》第17条的规定,代书遗嘱、录音遗嘱、口头遗嘱都必须有两个以上无利害关系的见证人在场见证方为有效。其立法目的在于防止继承人或其他人伪造、篡改、销毁遗嘱,保证遗嘱体现立遗嘱人的真实的意思表示。"两个以上无利害关系的见证人在场见证"是一种法定的监督模式,是法律监督的一种特殊形式。人性恶假设是建立法律监督机制的理论前提。健全的法律监督机制可抑制违法犯罪行为的产生、加剧和蔓

[1] 沈宗灵:《现代西方法理学》,北京大学出版社1992年版,第310页。

延,可避免当事人承担更为严重的法律责任,受到更为严重的法律制裁。第四,商品检验制度必须有效运行。“三鹿毒奶粉”事件暴露了一个事实:免检制度将公众的食品安全建立在商家的道德自律的基础上,可靠性程度较差,应当取消。该事件又一次证明了一个道理:任何对人性的阴暗面没有充分认识、对人的恶性没有足够防范措施的体制都必然漏洞百出,难以为继。在立法上注意防范人的恶性比单纯倡导提高人们的道德境界更有利于减少冲突,形成秩序。

2. 监督机制上对普通人恶性的防范

法治理论的创始人亚里士多德指出:“让一个个人来统治,这就在政治中混入了兽性的因素。常人既不能完全消除兽欲,虽最好的人们(贤良)也未免有热忱,这就往往在执政的时候引起偏向。法律恰恰正是免除一切情欲影响的神祇和理智的体现。”[1]良法既具有防止人们彼此相互侵害的作用,也具有遏制公权力滥用的作用。良法是人们安全的保证。在人治状态下,人的恶性更易于扩张并给社会造成祸害。法治是众人之治,实行法治,有利于遏制人的恶性和权力的扩张给社会造成的祸害。人性恶假设是法治理论的一个重要前提。

良好的规则代表公共利益,也在一定程度上代表个人的长远利益。但个人遵守规则毕竟需要支付时间、体力、物质上的成本。而破坏规则、走捷径可能使个人轻易获得较大利益。因为人具有易受利益诱惑和意志薄弱的弱点,所以,人具有破坏规则甚至违法犯罪的可能性。如果没有健全的制约监督机制,代表公共利益的规则极易被破坏。中国传统社会重典治贪、重刑止盗的短效性说明了这一点。在缺乏制约监督的社会中,人们实施违法犯罪行为的可能性较大,规则被破坏的可能性较大。而规则一旦被破坏,社会陷入混乱、动荡的局面将是一个必然的趋势。单靠个人的意志力量难以抵挡违法犯罪的利益诱惑。社会对减少、防范个人的违法犯罪负有义务。社会应通过建立健全制约监督机制,使违法犯罪行为难以实施,即使实施了也容易被发现。

---

〔1〕［古希腊］亚里士多德:《政治学》,吴寿彭译,商务印书馆1996年版,第169页。

贝卡利亚认为："对于犯罪最强有力的约束力量不是刑罚的严酷性，而是刑罚的必定性。"[1]增强法网的严密性，增强法律制裁的必定性和及时性，比法律制裁的严厉性更有利于抑制违法犯罪行为的发生。健全的制约监督机制能够帮助个人抵御违法犯罪的诱惑，促使个人的行为走上合法的轨道。在各种防恶的手段中，监督制约的手段比法律制裁（包括刑罚）的手段应当得到优先使用。

细心的消费者在消费过程中可以观察到如下现象：熟人社会（如村落、城中村、一个单位的住宅小区）的商家的信誉高于陌生人社会（车站周围、校园附近）的商家。这种现象并不能说明熟人社会的商家天生信誉高、陌生人社会的商家天生信誉低，而是说明，熟人社会的监督机制健全。在熟人社会，商家的信誉信息靠熟人间的口耳相传，很快就会使每一个成员了解到，商家只有讲信誉才能生存下去。而陌生人社会的监督机制不健全，商家不讲信誉也能生存下去。可见，商家的信誉要靠健全的监督机制来维持。在陌生人社会，口耳相传的信息传播途径是低效的，甚至是无效的，只有依靠自治组织的监督和新闻媒体的监督才能将商家的道德信息传播开来。与传统社会相比，现代社会更接近陌生人社会，自治组织监督和新闻媒体监督是社会监督的主要形式，完善社会监督的主要途径是扩大自治组织的自由权利和新闻媒体的自由权利。扩大自治组织的权利和新闻媒体的权利比传统的教化加惩罚更有利于推进道德的进化。

儒家反对"不教而诛"，认为"不教而诛"的做法是暴虐的。其含义是，在惩罚之前，必须施以教化。其中包含在惩罚之前必须采取预防措施的思想，具有合理性。现代法学认为，惩罚之前只采取施以教化的措施是不够的，"教而后诛"也没有完全摆脱暴虐，掌权者"教而后诛"还不能心安理得。社会有义务通过完善的制约监督机制帮助人们抵御违法犯罪的利益诱惑。不宜将抵御违法犯罪的利益诱惑的义务完全地交给个人，而社会只享有惩罚的权力。惩罚之前应当穷尽各项预防违法犯罪的措施，除施以教化外，还包括保

---

〔1〕［意］贝卡利亚：《论犯罪与刑罚》，黄风译，中国大百科全书出版社1993年版，第59页。

障权利、制约监督等。惩罚只是不得已而采取的最后手段。先疏于防范,后严打重罚的做法是不符合人文精神的。

道德与法律的作用相比较,道德着重劝善,法律着重防恶。道德使人明理,但缺乏强有力的措施保证人们不做恶事。因此,不能将防止人们做恶事完全寄托于道德(如道德教化、道德修养、道德克制)上。防止人们做恶事必须借助于法律的强制力量。当然,社会对个人的违法犯罪的防范措施必须符合法律的规定,不得侵犯个人的合法权利(如隐私权),不得闯入属于个人的自由空间。

二、权力的扩张性及防范

(一)权力具有扩张性

由于人的求利本性和恶性存在,人与人之间的冲突是不可避免的。人们希望政府起到遏制冲突、保障安全的作用。人类社会需要有政府。虽然政府是由不完善的个人组成的,不可避免地会犯错误,但是,人们除寄希望于政府保障他们的安全之外已别无选择。政府是一种不可避免的恶。一方面,人民选举政府自然是出于对政府的信任;另一方面,人民怀疑政府有可能辜负人民信任并设法控制政府权力的滥用也是合情合理的。既委托政府又监督政府的思想体现了人类对政府属性的全面的、理性的认识。

权力的扩张性根源于人的求利本性和恶性的扩张。一方面,掌权者可能利用手中的权力资源谋求私利;另一方面,普通人也可能为了从掌权者手中得到利益而支持权力的扩张。种种原因造成了权力的扩张性。孟德斯鸠指出:"一切有权力的人都容易滥用权力,这是万古不易的一条经验。有权力的人们使用权力一直到遇有界限的地方才休止。"[1]孟德斯鸠还指出:"当一个人握有绝对权力的时候,他首先便是想简化法律。在这种国家里,他首先注意的是个别的不便,而不是公民的自由,公民的自由是不受到关怀的。"[2]来

---

〔1〕 [法]孟德斯鸠:《论法的精神》(上册),张雁深译,商务印书馆1994年版,第154页。
〔2〕 同上书,第76页。

自普通公民的对自由权利的侵犯具有局部意义,而来自政府的对自由权利的侵犯则具有全局意义。对公民的自由权利的最大威胁来自政府权力的扩张。权力的扩张性是一把“双刃剑”:既可以促使权力积极主动地行使,又可能导致权力的滥用和腐败。在法律上,对权力的正当合法行使,必须予以尊重;对权力的滥用和腐败,必须予以防范。

美国第三任总统、自然法思想家托马斯·杰弗逊认为:“自由政府是以妒忌而不是以信任为基础的。规定受限制的宪政以约束我们不得不托付以权力的人,是妒忌而不是信任。……在权力问题上,不要再听到对人的信任,而是要用宪法的锁链来约束他不做坏事。”[1]这说明西方文化对掌权者的恶性有充分的认识。性恶论假设启示人们去建立具有严密的制约监督内容的宪政体制。人性恶假设并不是出于对领导人的仇视,而是为了防止他们滥用权力,防止他们犯更大的错误,这对国家、人民和领导人自己都是有益的。如果对人的恶性没有充分的认识和防备,所建立的政治体制必然是不严密的。西方对人性恶的充分认识是形成西方法治传统的重要原因。

而中国传统的人性学说的主流是性善论,特别是统治者的优秀品性更是不容置疑的。孟子主张性善论,“孟子道性善,言必称尧舜”。[2] 孟子从性善论出发提出了其“仁政”思想。“先王有不忍人之心,斯有不忍人之政”。[3]儒家的仁政思想一方面包含良法善政的合理因素;另一方面由于忽视了对统治者的制约监督和法律约束,其仁政思想也包含浓厚的人治因素。

我国的主流人性学说受到了孟子性善论的强烈影响。孟子的性善论对中国大众对人性的认识产生了深远影响。体现大众文化的《三字经》中说:“人之初,性本善。”明代的王阳明甚至认为“满街都是圣人”。中国当代法律也有对人民大众的思想觉悟估价过高的倾向。

我国传统理论对人的恶性认识不够充分,造成了法律思想史缺乏防范人的恶性和权力扩张性的思想。我国法律传统中法律权威思想不彻底、分权思

---

〔1〕 沈宗灵:《现代西方法理学》,北京大学出版社 1992 年版,第 355 页。
〔2〕《孟子·滕文公》(上)。
〔3〕《孟子·公孙丑》(上)。

想被扭曲、法律程序和法律监督思想残缺不全。其后果有二:一是缺乏对权力进行制约和监督的思想,从而助长了权力的腐败。二是缺乏对一般违法犯罪行为的心理防备,不利于控制违法犯罪行为的发生。

中国传统基于人性善,认为教化可以使人向善,强调教化的作用。对人的恶性缺乏充分的认识是形成中国人治传统的重要原因。在官员的任用上,中国文化有为尊者讳的传统,对掌权者的恶性没有充分的认识,在此基础上设计的制约监督机制必然是不严密的。中国传统有“用人不疑,疑人不用”的格言,按照这一格言处理人民与政府的关系容易导致政府行为的错误不能得到及时纠正。先放任权力滥用,后重典惩办的做法是不符合人文精神的。

中国思想史上也有性恶论。法家就是性恶论的典型代表。法家对人的求利本性和恶性有充分的认识。韩非认为:“利之所在,民归之;名之所彰,士死之。”[1]因此,必须用好“赏”与“罚”二柄,通过重赏使人们为统治者的目的服务,通过重罚使人们不敢违反法律。但是,法家将臣民作为君主开疆拓土的工具,而没有将人作为目的,因而没有提出防范人的恶性和权力扩张性的主张。

以下(二)、(三)、(四)、(五)分别讨论防范权力扩张性的各种途径。

(二)实行民主制度

掌权者作为人的一部分,也具有人所共有的恶性。掌权者的恶性是形成政府权力扩张性的原因。为防止政府权力的扩张,必须由人民掌握管理国家的最高权力。卢梭说:“公共力量就必须有一个适当的代理人……这就是国家之中所以要有政府的理由;政府和主权者往往被人混淆,其实政府只不过是主权者的执行人。”[2]人民与政府的关系是委托代理关系。政府不是人民的主宰,而是人民的代理人。汉密尔顿认为:“人民是权力的唯一合法泉源。”[3]只有人民同意的权力才具有合法性。人民主权思想为人民形成权力、人民监督权力提供了理论依据。

---

〔1〕《韩非子·外储说左》(上)。
〔2〕[法]卢梭:《社会契约论》,何兆武译,商务印书馆 1996 年版,第 76 页。
〔3〕[美]汉密尔顿等:《联邦党人文集》,程逢如译,商务印书馆 1995 年版,第 257 页。

（三）实行权力平衡制度

建立政府的目的是保障公民的自由权利。保障公民的自由权利是目的，分权是保障公民自由的手段。目的高于手段，手段是为目的服务的。为了防止掌权者恶性的扩张和政府权力的滥用，保障公民的自由权利，必须实行政府分权。每一个部门要想使自己的意见占优势，就必须争取民众的支持。各部门之间的分歧由人民作最终的裁断。分权是扩大民权的有效措施之一。

社会和谐比权力体系内部和谐更重要，权力体系内部和谐应当服务于社会和谐。过于强调权力体系内部的和谐（一堂和气、官官相护），就会导致社会的不和谐。权力体系内部越和谐，社会就越不和谐。为了实现社会和谐，就不能过于强调权力体系内部的和谐。很多冤假错案发生的原因之一是由于权力系统（包括司法系统）内部分权制约不充分，任何一家的意见都会得到其他机关无原则的附和。没有分权，国家权力的膨胀最终将会使民主制度蜕变为集权专制。因此，在没有分权的社会中，公民权利就得不到切实的保障。

（四）实行法律程序制度

防范人的恶性原则有利于促进诉讼程序法的发展。孟德斯鸠指出："司法上的麻烦、费用、延迟……都是每一个公民为着他的自由所付出的代价。"[1]意思是说，司法程序是保障自由的手段。在个人的权利和自由受尊重的社会背景下，人们才会关心制定严格的诉讼程序，以约束司法权力。而在蔑视个人权利自由、追求虚幻的团体利益的思想氛围下，人们更关心司法权力的便利，而不是公民的自由。

设置法律程序的目的在于限制政府权力、保障公民的自由权利。罗伯斯庇尔认为："诉讼程序，一般来说不过是法律对于法官的弱点和私欲所采取的预防措施而已。"[2]法律程序包括立法程序、行政程序、诉讼程序等。首先，在立法过程中实行民主选举立法机关的成员、公开立法议程、召开立法听证

---

〔1〕［法］孟德斯鸠：《论法的精神》（上册），张雁深译，商务印书馆1994年版，第75页。
〔2〕［法］罗伯斯庇尔：《革命法制和审判》，赵涵舆译，商务印书馆1986年版，第30页。

会、听取专家的意见、以民主表决的方式通过立法议案等措施有利于防止立法谋私、立法谋利现象的发生。其次，在行政执法的过程中，实行听取执法相对人的意见、召开执法听证会、公开执法程序、公开处罚依据、在行政诉讼案件中出庭应诉、接受舆论监督等制度有利于防止行政权力的滥用。最后，在诉讼过程中实行公诉、回避、质证、辩护、合议、陪审、上诉、公开审判等制度有利于防止司法权力的滥用。

（五）崇尚法律权威

法治理论的创始人亚里士多德指出："让一个个人来统治，这就在政治中混入了兽性的因素。"[1]这说明，在人治状态下，人的恶性更易于扩张并给社会造成祸害。因此，必须用法治取代人治。法治是良法的统治，法治是众人之治。众人制定良法，众人服从良法，众人捍卫良法的权威。洛克也指出："统治者应该以正式公布的和被接受的法律，而不是以临时的命令和未定的决议来进行统治。"[2]在法律与统治者的关系上，法律的权威高于统治者的权威。

第四节　宽容人的弱点原则

人的弱点论与将人作为目的相结合形成了人文主义法学的第三个基本原则——宽容人的弱点原则。人文主义既认识到了人的弱点，也主张将人作为目的。因此，人文主义主张法律宽容人的弱点。如果只是认识到了人的弱点，但却没有将人作为目的的思想，就不可能提出法律宽容人的弱点的主张，而更有可能建议统治者利用人的弱点达到驾驭臣民的目的。利用人的弱点达到自私的目的是与"以人为本"背道而驰的。宽容人的弱点原则并不意味着法律鼓励人的弱点，而是主张法律对基于人的弱点的行为不处罚或从轻处罚。

宽容人的弱点原则是指法律应当尊重人们的道德、理性、意志等方面的

---

〔1〕［古希腊］亚里士多德：《政治学》，吴寿彭译，商务印书馆1996年版，第169页。

〔2〕［英］洛克：《政府论》（下篇），叶启芳译，商务印书馆1995年版，第86页。

不完备性。具体包括以下两层含义:第一,法律不宜提出过高的道德、理性、意志等方面的要求。法律不是为英雄人物制定的,而是为普通人制定的,它所提出的要求应当为普通人通过适当努力就可以做到。法律强人所难将会增加人的痛苦。西方有一句法律格言:“法律不强人所难。”法律强人所难本身也是一种恶。富勒提出的8项法治原则之一就是“法律不应要求不可能实现的事情”。[1] 第二,法律不宜提倡过多的要求。西方法律格言“法律不理会琐细之事”的含义是“法律排斥过剩的、矛盾的和不适当的规定”。[2] 许多国家已不再将自杀、堕胎、成年人自愿的同性恋、通奸等无受害人的行为视为犯罪。我国在确立市场经济的合法地位后,不再将长途贩运的行为视为投机倒把罪,不再将科技人员兼职收取报酬视为受贿罪。试图用法律约束人的一举一动就会造成法律条文的泛滥,妨碍法律集中力量解决重大问题。

有学者按照人的理性、道德、意志等方面的能力,将人分成“上人”“中人”“下人”三种类型。“立法者必须对社会上中人的愿望、要求、期待有正确的理解和把握,所制定出的规则应当适合普通人的能力现状,所谓‘法不强人所难’,即法律不得超出普通人的能力之外来设定人们所无法做到的行为标准。”[3]法律所提出的要求应当为大多数人通过适当努力即可做到,法律提出过高和过多的要求将会使人们面临随时遭受惩罚的窘境。法律的一个重要任务是塑造积极公民,而不是塑造圣人。塑造圣人的任务应当交给道德等其他规范。当然,法律可以为圣人的出现创造条件。

一、法律宽容人的道德上的弱点

法律宽容人的道德上的弱点包含如下两重含义。

(一)法律不应对人的行为提出过高和过多的道德要求

可用道德的不同层次与法律的关系理论论证这一论点。善德包括两个层次——基本道德和非基本道德。基本道德是维护社会秩序所必需的道德,

---

〔1〕 沈宗灵:《现代西方法理学》,北京大学出版社1992年版,第60页。

〔2〕 张明楷:《刑法格言的展开》,法律出版社1999年版,第103页。

〔3〕 胡玉鸿:《质疑与回应:围绕法律以人为本的法理论辩》,载《政法论坛》2014年第5期。

包括尊重人权、克制、宽容、协商、合作、公平、诚实、信用等。基本道德的行为模式的特点是权利义务责任的统一，和法律规范的行为模式的特点是一致的。因此，基本道德是法律的主要信息来源，是法律的道德基础的主体。部分基本道德规范可以转化为法律规范，部分基本道德原则可以转化为法律原则。非基本道德是超过基本道德要求的道德，包括大公无私、个人利益服从集体和国家的利益、见义勇为等。非基本道德的行为模式是奉献，其行为模式和法律规范的行为模式不同。因此，在一般情况下，非基本道德义务不可转化为法律义务。非基本道德转化为法律意味着法律对人的行为提出的要求过于苛刻。法律不宜对人的行为提出过高的道德要求。

西方理论对人的道德上的弱点有较充分的认识。古希腊神话中的神具有人的道德上的缺点，距离"至善"的境界相差太远。最高神宙斯只有一个妻子，但却多次与民间女子生出许多半人半神的孩子。西方人认为："即便宙斯具有人类的弱点，但他仍然是一个伟大的神和一个杰出的统治者。"[1]在古希腊神话中，斯巴达国王墨涅拉俄斯的王后海伦被特洛伊王子帕里斯劫持（一说是私奔），引发了希腊联军与特洛伊之间的战争，正是所谓"冲冠一怒为红颜"。在夺回海伦之后，斯巴达国王原谅了海伦的过错。神话是人间事务的反映。古希腊神话和传说说明了西方文化崇尚一夫一妻制，同时也对婚外情持较为宽容的态度。

法律应当立足于常人的常态。法律应当以普通人为标准，而不应以英雄人物为标准，更不能以理想化的"圣人"为标准，这种做法有利于法律权威的树立和法律的实施。如果法律对人的行为提出较高的要求，人们难以做到，那么这种做法不利于法律权威的树立和法律的有效实施。只有充分认识到人的弱点，在法律上对人的行为提出切实可行的要求才有利于促进中国社会由人治向法治的转化。

道德与法律存在一个重要区别。道德侧重于提高人的道德境界。儒家经典《大学》主张"止于至善"，其含义是追求最高的善，达到最高的善方才停

---

[1] [美]房龙：《宽容》，姚伟译，武汉出版社2009年版，第12页。

止。而法律则侧重于宽容人的弱点。人们对善德的追求好比是登泰山,有的人登上了玉皇顶,有的人只达到了中天门,有的人还在山脚下徘徊。道德与法律的这一区别也就是道德与法律的一个分工。道德的感召能够促进人的道德境界的提高。法律的宽容,能够使大多数人免受不必要的惩罚。

道德理想主义主张运用法律手段维护单一道德,主张"除恶务尽"。道德理想主义包含如下错误:第一,混淆了人的恶性与人的弱点的界限。第二,混淆了法律(包括刑法)与道德的界限。第三,对异己的道德标准及其持有者缺乏宽容精神。第四,国家充当价值裁判者的角色,国家充当压制非主流价值的工具。"除恶务尽"的观点包含法律万能、刑法万能、迷信国家强制权力的有效性的思想。道德理想主义的另一面就是思想专制。道德理想国必定是一个政教合一的专制国。道德理想主义就是披着华丽外衣的重刑主义。以法律手段强制推行道德,不会提高道德水平,只会加剧人格的虚伪性。

按照现代法律的观点,陈世美有妻子又与公主结婚的行为构成了重婚罪,应当承担相应的法律责任。韩旗自杀虽与陈世美的压力有关,但韩旗仍有选择不自杀的意志自由。陈世美的行为并不构成死罪。戏剧《铡美案》经久不衰,公众认为陈世美被铡罪有应得,其部分原因在于,我国公众没有按照法律标准,而是按照道义和情感标准评价陈世美的行为。

违背夫妻忠实义务的法律责任属于民事责任。现代法律抑制第三者现象的具体办法是,由婚姻过错方对无过错方承担民事责任。实行约定分别财产制的,有过错方给予无过错方一定的赔偿;实行约定共同财产制的,在发生离婚的情况下,有过错的一方适当少分财产。宽容人的弱点原则和慎罚原则都反对对违背夫妻忠实义务的一方追究行政责任和刑事责任。除政治对立面借此大做文章之外,多数美国人认为,克林顿仍然是一个合格的总统。

第三者责任问题。许多民族的古代习惯允许丈夫任意惩罚第三者(如古希腊神话中的匠神捉奸例记录了这一习惯)。在法律正式形成以后,许多国家的法律都有对第三者追究法律责任的规定。在现代社会契约理论和法治理论的影响下,大多数国家都主张,惩罚权由国家专门行使,私人不再拥有惩罚权。国家对第三者责任问题应当就一般情况与特殊情况分别对待:首先,在不构成重婚的一般情况下,第三者的责任形式属于道德责任。理由在于:第一,如果追究第三者的法律责任,将会导致国家权力琐细化。第二,如果追究第三者的法律责任,涉及调查取证、采取强制措施等法律手段,不利于社会的稳定。对不构成重婚的第三者不追究法律责任符合宽容人的弱点原则、法律与道德相对分离原理。第三者现象交由道德调整比法律调整更为合适。其次,在构成重婚的情况下,第三者应当承担刑事责任,并且可以适当追究第三者的附带民事责任(陈世美案)。道德谴责、追究违背夫妻忠实义务者的民事责任、追究重婚者的刑事责任可以起到抑制第三者现象的作用。

确立离婚自由原则既出于对当事人自由意志的尊重,也出于对人的婚姻道德的不完备性的宽容。限制离婚主义建立在道德理想主义基础上,忽视了对现实婚姻状况的全面认识,不仅不利于婚姻生活的幸福,而且会加剧两性冲突和社会冲突。当代婚姻法中确立的婚姻自由、一夫一妻、男女平等等原则体现了婚姻法的人文精神。

见义勇为行为并不是每一个人都能做到的。见义勇为义务在道德层次意义上属于非基本道德义务,属于对人的较高要求。在一般情况下,法律不设定见义勇为的义务,不对见义不为行为的施加制裁。

(二)不以法律手段强制推行道德

不以法律手段强制推行道德的含义是,不对一般违反道德的行为施加法律制裁。可用法律与道德相对分离的理论论证这一论点。法律与道德的调整范围不同,道德的调整范围广于法律,存在可纳入道德的调整范围但不可纳入法律的调整范围的领域。例如,在合同订立和履行过程中,由于信息不对称,对劣势一方造成了轻微不利影响的情况就应由道德调整,而不应纳入法律调整的范围。在现代社会中,法律和道德的职能分工类似于戏剧上的角色分工。道德扮演着柔性的角色。道德通过理论说服、社会舆论谴责、个人修养发挥作用,在维护秩序的同时也为公民自由和社会发展的多种可能性留有余地。法律扮演着刚性的角色。法律更强调体现社会共同利益和意志,维护现有的社会秩序。二者的角色不能混同。法律与道德的相对分离意味着多元道德的和谐共存。现代社会的法律应当尊重人们自主选择无害于社会的道德标准。法律不宜强迫人们接受某一种理想的道德标准。法律强迫人们按照理想的道德标准生活是强人所难。法律与道德相对分离有利于法律与道德两种规范系统的健康发展。在实践中,应严格区分违反道德与违反法律的界限。对一般违反道德的行为施加法律制裁同轻罪重罚一样是违反人文精神的(如女大学生状告母校案)。

英国的沃尔芬登报告主张刑法与道德的分离,主张将无受害人的犯罪排除出刑法领域,转由道德、民法、行政法来调整。在现代社会中,非婚同居、堕胎、酗酒、同性恋等行为已经不再被认为是犯罪。非刑法手段是阻止有害行为的首选手段和前几道防线。刑法手段是阻止有害行为的最后手段和最后防线。只有在动用非刑事法律规范不足以抑制某种有害行为时,才考虑动用刑法手段。

二、法律宽容人的理性上的弱点

人的理性上的弱点表现为如下方面:第一,人的认识能力有局限性。人(包括掌权者)受各种主客观条件的限制,容易作出错误判断。第二,人容易受不良情感的支配。人的不良情感包括愤怒、仇恨、嫉妒、傲慢、偏爱等。在这些不良情感的支配下,人容易作出错误的判断,进而实施不当的行为。

宽容人理性的不完备性对法律的影响表现在如下方面。

首先,法律在形式上应体谅大众的知识水平和认识能力。孟德斯鸠指出:"法律不要精微玄奥,它是为具有一般理解力的人们制定的。"[1]因此,为了便于人们掌握和遵守,法律的体系结构必须简明,法律的条文必须明确,法律的术语必须精确。

其次,法律应尊重人们对意思表示的修改。例如,在合同履行问题上,大陆法系倾向于一方违约,如果还有履行合同的能力,则应继续履行;如果没有履约能力,就应赔偿因违约造成的损失。而英美法系则倾向于在保障守约方实现合同利益的前提下,不强调继续履行。身处英美法系国家的法学家霍姆

〔1〕[法]孟德斯鸠:《论法的精神》(下册),张雁深译,商务印书馆1994年版,第298页。

斯和波斯纳都肯定了这一做法。波斯纳认为:"在许多情况下,一旦已经违约,再要求履行契约则是不经济的。"[1]笔者认为,英美法系的这一做法更值得借鉴。理由在于:法律也应保护违约方的合理利益。为避免违约方损失的进一步扩大,法律应确认违约方在支付足额赔偿,保障守约方利益实现的前提下,获得终止、变更合同的权利。过于强调继续履行不符合效率(经济)原则。

三、法律宽容人的易犯错误的弱点

(一)慎罚原则

中国西周时期就出现了"明德慎罚"的主张。孟子主张"域民不以封疆之界,固国不以山势之险,威天下不以兵革之力,得道者多助。"[2]其含义是治理国家应当实行德政,得到百姓的拥护,而不宜迷信武力。现代法治理论认为,治理国家应当运用良法,不宜滥用强制力。

回应型法的特点在于重引导而慎惩罚。"重引导"的含义是在尊重人的基本需要的前提下通过鼓励人的优点而引导人的行为。"慎惩罚"的含义是尊重人的厌弃惩罚的特点,将法的强制性(包括制裁措施和强制措施)降低到最低限度。

现代刑法主张"刑法谦抑",即刑法在适用上应当谨慎、克制。不只是刑法应当具有谦抑精神,而且所有的法律都应当具有谦抑精神。法律谦抑精神的实质是国家强制权力的克制。法律谦抑精神是法的人文精神的重要表现。

慎罚原则的含义是,优先选择给行为人造成痛苦最小的社会调控手段。

同时,对于一般违法行为不宜施加刑罚制裁。在传统社会中,刑法的调整范围非常广泛、具有任意性。刑法的打击面太大,给社会带来的痛苦总量大于幸福总量。

重刑主义对人的弱点缺乏宽容精神。有学者指出:"缺乏人道主义精神

---

〔1〕[美]波斯纳:《法律的经济分析》(上),蒋兆康译,中国大百科全书出版社1997年版,第150页。

〔2〕《孟子·公孙丑》(下)。

的残酷刑罚不但不能有效地遏制犯罪，相反还可能会使人变得凶残和冷漠，使社会道德风尚恶化，并造成犯罪的泛滥和猖獗。”[1] 重刑主义主张用重刑消灭犯罪的目标是不可能实现的。

（二）责任与惩罚相当原则

责任与惩罚相当原则要求：对违法犯罪者施加的制裁措施的种类和轻重与其责任大小相当。责任与惩罚相当原则是在刑法的罪责刑相适应原则和行政法中的比例原则的启示下形成的，是对这两项原则进行归纳而形成的更为普遍的法律原则。责任与惩罚相当原则和罪责刑相适应原则、比例原则都是人权原则的具体体现。可以将责任与惩罚相当原则作为一个法治原则，并将该原则推广到所有的法律领域和社会管理领域。

责任与惩罚相当原则在行政法中的表现就是比例原则。比例原则要求行政制裁措施必须与行为的社会危害性和行为人的主观恶性相适应。德国学者弗来纳有一句形象的话：“警察不可用大炮打麻雀。”《行政处罚法》第4条规定：“设定和实施行政处罚必须以事实为依据，与违法行为的事实、性质、情节以及社会危害程度相当。”该规定既是行政法比例原则的具体体现，也是责任与惩罚相当原则这一法理原则的具体体现。在田某诉北京科技大学案中，北京科技大学对有轻微作弊行为的田某作出勒令退学的处分违反了行政法的比例原则。

田某是北京科技大学物理化学系1994级学生。在电磁学考试过程中夹带写有电磁学公式的纸条，该校对其作退学处理。但田某仍然坚持在该校学习，并要求该校向其颁发毕业证、学位证。法院认为，北京科技大学对考试违纪行为的处理重于国家教育委员会1990年1月20日发布的《普通高等学校学生管理规定》的相关规定，不符合法律法规的精神。法院支持了田某的诉讼请求。[2] 北京市海淀区人民法院的这一判例确立了如下规则：第一，公民可以对法律法规授权或行政机关委托的单位提起行政诉讼。学校属于法律

[1] 李龙主编：《人本法律观研究》，中国社会科学出版社2006年版，第100页。

[2] 参见朱力宇主编：《法理学原理与案例教程》，中国人民大学出版社2007年版，第328页。

法规授权对学生进行管理的单位,学生可以对学校的管理行为提起行政诉讼。第二,单位对其成员的惩罚,不得违背责任与惩罚相当原则。给予违纪学生的处分应当与其过错大小和社会危害相适应。给予两学生勒令退学的处分将对他们的前程产生极其严重的不良影响,实属过于严厉。学校应出于对学生前途命运的考虑,在是否作出处分、作出什么样的处分上持慎重的态度。重典治民的思想来源于重刑主义传统,是一种野蛮、蒙昧、落后的治理思想,应当予以杜绝。第三,法院可以依照国家法对单位的纪律规范和作出惩罚决定的程序进行监控。

责任与惩罚相当原则在刑法中的表现就是罪责刑相适应原则。罪责刑相适应原则主张根据犯罪的社会危害程度确定刑罚,轻罪轻罚,重罪重罚。对于轻罪不宜施加与重罪等同的刑罚。贝卡利亚主张"刑罚与犯罪相对称",反对轻罪重罚。他说:"如果对两种不同程度地侵犯社会的犯罪处以同等的刑罚,那么人们就找不到更有力的手段去制止实施能带来较大好处的较大犯罪了。"[1]《刑法》第5条规定:"刑罚的轻重,应当与犯罪分子所犯罪行和承担的刑事责任相适应。"

同理,还可以提出责任与强制措施相当原则。该原则要求:对违法犯罪者施加的强制措施的种类必须与其责任的大小相当。该原则的提出受到了行政法与诉讼法的启示。行政法的比例原则不仅要求惩罚与责任相当,而且要求强制措施与责任相当。强制措施与责任相适应原则也应当成为刑事诉讼法的基本原则,作为刑事诉讼过程中施加强制措施的指导思想。《刑事诉讼法》第79条关于逮捕条件的规定:只有在有证据证明有犯罪事实,可能判处徒刑以上刑罚,采取取保候审、监视居住等方法,尚不足以防止发生社会危险性的情况下,才可以依法逮捕。

惩罚与强制措施都属于强制力,从责任与惩罚相当原则和责任与强制措施相当原则可以进一步归纳出强制力与责任相当原则。该原则的基本精神是,优先选择给行为人造成痛苦最小的强制措施和制裁措施。过错与强制力

---

〔1〕［意］贝卡利亚:《论犯罪与刑罚》,黄风译,中国大百科全书出版社1993年版,第65页。

相适应原则体现了现代法治社会抛弃了对国家强制权力的迷信,认识到法的强制性的有限性。

责任与惩罚相当原则、责任与强制措施相当原则、责任与强制措施相当原则不仅可以作为一个法理原则、法治原则、宪法原则,还可以推广到各个部门法(不仅仅适用于刑法、行政法)。

(三)考虑个案中行为人的具体情况可减轻对行为人的处罚

"期待可能性"是指行为发生时的具体情况下,期待行为人作出合法行为的可能性。无期待可能性可以成为减轻或免除刑事责任的理由。幼童溺水案也说明了这一点。某女士带着邻居家的小孩在河边散步。幼童不听劝告,靠近水边玩耍,不慎跌入河中溺死。该女士不会游泳,无法救助。该女士带幼童出行的行为产生了保护、救助幼童的义务,但无法期待不会游泳的人去救助落水者,因此,该女士对幼童的死可以不承担刑事责任。[1] 在本案中,如果追究该女士的刑事责任就意味着强迫不会游泳的人去抢救落水者,将会使抢救者置于危险的境地,这种做法将是不人道的。日本学者大塚仁指出:"期待可能性正是想对在强有力的国家法规范面前喘息不已的国民的脆弱人性倾注刑法的同情之泪的理论。"[2]刑法的期待可能性理论构成了对宽容人的弱点原则的支持。减少不必要的惩罚有利于减少痛苦,增加全社会的幸福总量。

法律对公民的行为提出过高要求将会产生许多消极作用。具体包括:第一,削弱了法律的权威性。大多数人达不到法律的要求,致使法律得不到较好的遵守。美国禁酒失败例说明了,法律对人提出过高的要求将会造成执法者有选择地执法,将会为执法者谋取私利提供条件,将会损害法律的平等性、一贯性。第二,为了保证法律的实施必须采用更多的强制措施和制裁措施,从而加剧了人的痛苦。第三,公民为了排除规则和权力对正常生活的各种妨碍而必须支付昂贵的成本,并且面临着随时可能受到法律制裁的情况,致使

〔1〕 参见陈兴良:《期待可能性问题研究》,载《法律科学》2006 年第 3 期。

〔2〕 同上。

公民的自由权利受到了极大限制。第四,不当的强制措施与制裁措施预防违法犯罪的正作用较为微弱,激化社会矛盾、刺激违法犯罪的副作用却十分强大。陈胜、吴广因误期而起义说明了这一点。根据秦朝法律,对于未按规定时间到达目的地的人要判处死刑,这是引发陈胜、吴广起义的导火索。秦朝的严刑峻法将善良的老百姓推向了自己的对立面,这是导致秦朝二世而亡的重要原因。第五,对领导人的任职资格提出过高的道德和知识上的要求将会限制甚至是剥夺公民选举领导人的权利。

第五节 发挥人的优点原则

人的优点论与将人作为目的相结合形成了人文主义法学的第四个基本原则——鼓励人的优点原则。人文主义既认识到了人的优点,也主张将人作为目的,因此,人文主义主张法律发挥人的优点、鼓励人的优点。如果只是认识到了人的优点,但却没有将人作为目的的思想,甚至担心人的优点会对统治秩序构成威胁,就不可能提出发挥人的优点的主张,甚至会主张埋没人的优点、扼杀人的优点。

一、人的优点的内容

(一)善性

善性是人的质朴本性中普遍存在的利他本性。善性包括同情心、正义感、真诚性等。善性也可以称为"道德性"。有学者强调道德性在法律的人性基础中的重要地位。"道德性是法律必备的属性,也是衡量它是否为'法'的最后标准……不具备或完全丧失道德性的'法律',就不再具有'法'的资格和权威。"[1]一个人完全自私自利、失去同情心、对他人的痛苦麻木不仁属于人格的变态、病态,而不属于人格的常态。即使是一个罪大恶极的罪犯也会有一些残缺不全的善性。例如,一个死刑犯在管教人员的感化下,要求在行刑前捐献自己的器官,以补偿受害人。人类存在朴素的正义观念,但不及

---

〔1〕 严存生:《法律的人性基础论纲》,载《中国高校社会科学》2014年第5期。

求利愿望那样强烈，在社会生活中的利害关系的影响下，正义观念只能以迂回曲折的方式表现出来。只有在基本需要得到满足、得到社会的经常关照、对社会正义持有信息的条件下，人才能作出更多的利他行为、公益行为。

善性在人的优点中居于首要地位。人的理性、创造性、合作本性具有中性，有向善或恶两个方向发展的可能性。在善性的引导下，人的理性、创造性、合作本性的发挥（如制定良法、推行善政）有利于增加人的幸福。而在恶性的引导下，人的理性、创造性、合作本性的发挥（如制定恶法、推行苛政）会增加人的痛苦。人的理性、创造性、合作本性只有接受善性的引导，才是真正的优点。

（二）理性

动物基本上只能适应环境。而作为理性动物的人则具有怀疑、批判、实证、论证、创造等能力。传统社会的统治者为了统治的便利，实行愚民政策，千方百计地压抑人们的理性，其结果是培养顺民和暴民。现代社会的人们已经认识到了一个道理：只有具有高度理性精神的公民才能组成法治社会。应当坚持人文主义和理性主义的结合，反对理性的暴政。应当坚持理性与信仰的结合，反对迷信盲从。

（三）合作本性

人类和其他群居动物一样，先天具有合作本能。人的竞争本性和合作本性虽有矛盾，但并不是绝对排斥的。人能够克制自己的欲望，为了互利的目的而与他人合作。动物行为学家洛伦兹指出："在脊椎动物的进化中……爱与友谊，使得两个或两个以上攻击性的个体能够和平地相处，而且为共同的目标工作。"[1]随着社会组织化程度的提高，人与人之间的合作得到了不断的发展，表现为合作的方式不断增多，合作的范围不断扩大，共同体不断增大。具有竞争本性的人为了共同利益可以相互合作，可以走向联合。

---

〔1〕［奥］洛伦兹：《攻击与人性》，王守珍译，作家出版社1987年版，第312页。

（四）制度创新能力

群居动物的社会结构主要是由基因决定的，在漫长的生物进化史上具有恒定性（如蚂蚁群体、野牛群体、灵长类群体）。而理性的人类则具有制度创新能力。人能够创立好的制度，使人性中阴暗的一面受到抑制，使人性中光明的一面得到充分发挥。当然，人也能够创立恶的制度，其效果正好相反。人的制度创新能力是人类社会进步和法律进化的条件之一。正是由于人有种种优点，莎士比亚才称赞人是“宇宙的精华、万物的灵长”。

传统法学对人的优点重视不够，现代法学应当纠正这一弊端。人类的法律文明的发展离不开人的优点的充分发挥。有学者指出：“现代法制管理的首要问题，同样应着眼于调动人的积极性，也就是激励人们关心国家法制和参加法制活动的动机问题。”[1]近年来，法学界已经逐步认识到，应当重视研究人的优点，发挥人的优点对法治建设的积极作用。

马斯洛的人本主义心理学通过研究“具有健全心理的人”（又称“自我实现的人”）认为，培养人的创造、自信、善良、宽容、助人为乐等优秀品质是可能的。管理学中的 Y 理论也认为通过假定人们互相信任、互相帮助，建立一个能充分发挥人的积极性、主动性、创造性、合作精神的管理制度是可能的。

鼓励人的优点原则对法律的要求表现在如下两个方面。

二、发挥人的优点原则要求将人作为主体

（一）将人作为主体的理由

人文主义、民主理论、法治理论的一个共有观点是，公民（人）是治理国家的主体，是法律运行过程的主体，是法律运行过程的参与者、决定者、结果的承受者。公民享有参与公共事务的各项权利。由公民组成的人民共同体是国家的最高权力机关，国家机关和公务员不过是人民的代理人或代表。卢梭指出：“服从法律的人民就应该是法律的创作者。”[2]公民既是宪治主体

---

〔1〕 谢邦宇：《关于行为法学研究的若干问题》，载黎国智、马宝善主编：《行为法学在中国的崛起》，法律出版社 1993 年版，第 15 页。

〔2〕 [法]卢梭：《社会契约论》，何兆武译，商务印书馆 1996 年版，第 52 页。

(享有言论自由权、选举权和被选举权等宪法权利),也是立法主体(至少是非正式的立法主体)、执法主体、司法主体。

在传统的专制与人治社会,法律是君主驾驭人的工具,是掌权者控制人的工具;人是掌权者放牧的牲畜、掌控的棋子,是法律约束的对象,现代法律则强调掌权者与普通人、精英与大众具有平等的主体地位。掌权者与普通人的互动、精英与大众的互动有利于提高治理的水平,提高全社会的幸福总量。

中国传统社会的“禅让”被视为美德,但同时也剥夺了民众对公共事物的话语权。《三国演义》提到刘备为豫州牧,刘表为荆州牧。刘备三让徐州的故事更是传为佳话。因为刘备击破曹操大军,解徐州之围有功,徐州牧陶谦执意要将徐州牧的职位让给刘备。刘备担心落下不义的名声,再三推辞,后在陶谦病危之际方才接受。徐州的最高权力在统治者之间让来让去,徐州人民被当成了被治理的对象。人们赞美刘备的谦让美德,却忽视了徐州人民的表达政治意见的权利。

中国古代存在很多领导人勤政的说法,如曹操歌颂周公“周公吐哺,天下归心”;诸葛亮表白自己“鞠躬尽瘁,死而后已”。人们赞美领导者的勤政美德,却忽视民众的治国主体的地位,忽视个人的自由权利和社会组织的自治权利。

(二)将人作为主体的措施

疏通合法参与的渠道有利于发挥人们关心公共事务的优点。合法参与(又称“制度参与”)渠道不畅通,将会导致非法参与(又称“非制度参与”)行为(如群体上访、暴力冲击国家机关、医闹等行为)的增多。非法参与行为的增多将会对法律秩序和公民和平安宁的生活构成严重威胁。疏通合法参与渠道的措施包括保障公民的知情权、言论自由权、选举权、结社权、新闻媒体的权利等具体权利。

建立合作经济组织有利于发挥人们关心集体利益的优点。合作经济组织是一种自由联合的经济组织形式,是经济领域的“自由人的联合体”,是人类智慧的伟大杰作。与雇佣劳动相比,合作经济组织具有共同决策、共同管理、公平分配、环境友好的优点。合作经济组织只有在与多种经济组织的交往过程中方能显示其优越性。普遍建立单一的合作经济组织将会导致体制的僵化,剥夺人们选择经济组织的权利,不利于充分发挥人的多方面的潜能。

(三)将人作为主体的意义

1. 有利于改善法律运行状况

(1)将人作为主体有利于制定良法。公民参与立法活动的渠道包括选举立法机关的制度、立法听证会制度等。有学者指出:“没有社会主体的积极参与,立法就成了少数精英的政治专利。因此,要实现民主立法的这一原则,就要求政治制度提供多元化、畅通的民众参与政治生活的渠道。”[1]公民参与立法活动可增加制定良法的可能性。良法体现自然和社会客观规律,有利于人的生存和发展。良法以其崇高的品质在人们的心中树立权威。

(2)将人作为主体有利于促进公民守法。首先,良法将个人利益与公共利益连接起来而不是对立起来,使人们从关注自身利益的角度推动良法实施,巧妙地将个人追求自身利益的动力转化为推动法律实施的动力。在良法推行过程中,人们的公共利益意识和社会责任感也得到了提高。其次,良法激发公民守法的道德义务感。在法为良法的情况下,守法被认为是公民的道德义务(积极守法)。良法的实施主要靠公民自愿守法,而不是靠政府的强制力迫使人们守法。法治的一个重要原则是“法律被接受”。如果法为良法,法律由公民参与制定,法律就容易被公民接受。法律一旦被公民接受,公民守法就会成为自觉习惯(积极守法),强制措施和制裁措施的采取将会大为减少,执法和司法的成本将会大为降低。反对违法行为、推动法的实施的原动力来自公民。在这种原动力的推动下,政府的违法行为(滥用权力和怠用权力)和民间的违法行为(不履行法定义务和约定义务的行为)将大为减少。公民的守法、护法行动有利于维护法律的权威。

2. 有利于提高公共管理的水平

北宋初期宰相赵普的“半部《论语》治天下”的典故说明了,在古代社会,靠统治者的经验、靠某一方面的知识,有可能将管理工作做好。但是,现代社

[1] 庞凌:《以人为本与立法的民众参与》,载《求是学刊》2009年第6期。

会比古代社会复杂得多，单靠统治者的经验和某一方面的知识所进行的管理必然是低水平的。管理者只有听取专家的意见，听取媒体的声音，与被管理者沟通、互动，才能将公共管理工作做好。

有利于改善人的生存状态。将人作为法律运行过程的主体意味着让人们享有公共事务的话语权、决策权，可以为改善自己的生存状态提供制度保障，可以为人们提供尽可能平等的发展机会，可以为人的潜能和创造性的发挥创造条件。在一般情况下，人是自己利益的最佳判断者，应当尽可能地让人们自己决定自己的命运，成为自己命运的主人。

3. 有利于培养现代公民

边沁认为："在一个法治的政府之下，善良公民的座右铭是什么呢？那就是'严格地服从，自由地批判'。"[1]一种法律制度只有经过批判才能不断改进，只有被公民服从才能保持权威。公民批判法律、服从法律都根源于对法律的信仰和热情。耶林认为，公民的法感情是一个国家最宝贵的精神财富，应当予以呵护。在法治社会中，公民既是法律的批判者，又是法律的捍卫者。

相对于法律知识的传授，法律实践活动是培养现代公民更生动的课堂。法律实践活动不仅促使人们主动学习法律知识，而且帮助人们树立现代法律的精神。现代公民不应是唯命是从的奴仆，而应成为具有较高法律素质，理解法律，信仰法律，遵守法律，捍卫法律权威的新型公民。如果一个社会超过半数的公民达到了现代公民的标准，法律生活的文明化程度将会大为提高。积极参与法律实践的公民可以称为积极公民。积极公民占多数的社会可以称为公民社会。

三、发挥人的优点原则要求法律应鼓励人的奉献行为

对于基于非基本道德的高尚行为，法律应该有所作为。法律虽然一般不强制人们做善事，但却应该鼓励人的善行。鼓励人的奉献行为的立法一般不应采取义务和制裁模式，而应主要采取鼓励模式，即着重对作出奉献行为的

---

[1] [英]边沁：《政府片论》，沈书平等译，商务印书馆 1995 年版，第 99 页。

人予以保护、帮助、奖励。例如,《继承法》第 13 条规定:“对被继承人尽了主要抚养义务……的继承人,分配遗产时,可以多分。”立法的目的旨在鼓励继承人多尽抚养义务。第 14 条规定:“继承人以外的对被继承人抚养较多的人,可以分给他们适当的遗产。”立法的目的旨在鼓励没有相互抚养义务的人之间相互帮助。再如,法律应鼓励见义勇为行为,具体措施包括:以立法的形式规范见义勇为基金的管理和使用行为;规定民政部门对因见义勇为而遭受财产损失、人身伤亡的人员和家属给予物质帮助和精神鼓励,如支付受伤者的医疗费和死亡者的抚恤金等。又如,为了促进环保产业和高技术产业的发展,法律可以规定,投资环保产业和高技术产业的企业可以享受减免税乃至财政补贴的优惠待遇,其立法目的在于鼓励人们保护环境和技术创新的行为。

第六节 人文主义法学的原则体系的完善

人文主义法学的四个基本原则是笔者率先提出的。在此之后,笔者又发现了原有体系的不完备性,又补充提出了两个辅助原则:尊重人的需要和利益原则的辅助原则是克制人的需要和利益;宽容人的弱点原则的辅助原则是矫正人的弱点。两个辅助原则的提出并没有改变原来的四个基本原则的主干地位。

一、克制人的需要和利益原则

(一)克制人的需要和利益原则释义

中国早期思想也主张用社会规范,特别是用“礼”控制人的欲望,主张“克己复礼”“重义轻利”。中国传统理论的主流是克制人的需要和利益。其积极作用在于防止需要和利益的泛滥危害社会。

人的需要可以分为必要的需要和不必要的需要(贪欲)两部分。必要的需要是正当合理的,是人类社会发展的动力。而贪欲则是人类的大敌。克制人的需要和利益原则是指克制人的需要和利益的过度膨胀。

人类在文明史初期就已经认识到了克制需要和利益的必要。在西方,克制需要和利益的思想来源于其理性主义传统。斯多葛学派主张“按照自然而生活,这就是按照德性而生活。”[1]斯多葛学派主张人们按照理性和道德的要求来生活。基督教主张谦卑、克制也具有合理的一面。庞德的法律社会化理论中的“财产权的限制”“契约自由的限制”的观点,以及福利国家理论主张为实现公共利益而限制个人的自由权利的观点都包含着克制人的需要和利益的思想。

在东方,儒家是克制人的需要和利益思想的代表。儒家主张“克己复礼”,包含克制人的需要和利益的思想。

克制人的需要和利益的意义在于,有利于使更多的主体享受资源。在资源稀缺的条件下,人与人之间的竞争不可避免。克制人的需要和利益(特别是要克制过高的需要和利益)有利于克制人们拼抢资源的冲动,节约资源,合理使用资源,保障每一个主体尽可能平等地享受资源,并将更多的资源留给后代。

克制需要和利益原则在法律上的重要表现就是克制权利。根据文化多样性法哲学的文化的两面性观点,权利具有积极作用和消极作用两个方面。对权利消极作用的克制与对其积极作用的发挥对于健全的法律制度同样是不可缺少的。例如,财产权的克制,要求财产权的行使不得违背他人利益和社会公共利益,要求对财产征税以限制两极分化的加剧。再如,契约权的克制,要求法律规定最低工资和最高工作时间。又如,经营权的克制,要求法律禁止经营者订立价格同盟以保护消费者的权利。克制需要和利益、克制权利的目的在于保护社会公共利益。

(二)尊重人的需要和利益原则和克制人的需要和利益原则的关系

1. 两原则相反相成

从人的幸福价值审视人的需要,就会发现,不仅尊重人的需要和利益原则是一个法律原则,而且克制人的需要和利益原则也是一个法律原则。功利

---

[1] 北京大学哲学系外国哲学史教研室编译:《西方哲学原著选读》(上卷),商务印书馆 1981 年版,第 181 页。

主义倾向于尊重人的需要,克制主义倾向于克制人的需要,人文主义吸收了二者的合理因素,持中间立场,主张需要的合理满足,也就是“消费的合理实现”(消费是满足需要的行为)。人文主义既尊重需要的合理满足,从而吸收了功利主义的合理因素;又主张克制贪欲,吸收了克制主义的合理因素。

对于人的需要和利益,按照从放纵到禁止的态度,可以分成四种情况:纵欲主义、快乐主义、克制主义、禁欲主义。在法律领域中,纵欲主义与禁欲主义两个极端都是有害的。首先,纵欲主义是快乐主义的极端。纵欲主义将会导致人的需要和利益的恶性膨胀,在资源稀缺的情况下将会引发争夺资源的冲突。物欲主义是纵欲主义的重要表现。物欲主义是指对物的过度占有和消费不是为了满足实际需要,而是为了满足人的贪欲和炫耀需要的不良倾向。物欲主义不仅恶化社会的人文环境,而且毁灭人类共有的地球家园。其次,禁欲主义是克制主义的极端。在现代法学中,道德不再具有强制性,道德领域的禁欲主义并没有干预人们追求需要和利益的行动。因此,道德领域的禁欲主义具有存在的合理性。而法律领域的禁欲主义将会构成压制人们追求需要和利益的行动,将会使规则成为压制人的需要和利益的力量,导致心灵压抑与人性扭曲。

人文主义存在两个既平行发展又相互影响的传统——快乐主义传统与克制主义传统,二者对待人的需要和利益的态度有所不同。首先,快乐主义传统侧重强调尊重人的需要和利益,强调法律应当尊重人的自然本性。西方的快乐主义传统较东方为盛。古希腊的爱神与酒神崇拜,边沁的功利主义都是这一传统的典型代表。我国也存在快乐主义传统。魏晋时期竹林七贤领袖人物嵇康是快乐主义的代表人物。嵇康提到的“非汤武而薄周孔”“越名教而任自然”包含对人的需要和利益的承认,包含对国家与礼教对人的需要和利益压制的批判。因此,快乐主义具有一定的合理性。其次,克制主义传统侧重强调克制人的需要和利益。儒家代表人物孔子是克制主义的代表人物。孔子主张“克己复礼”,主张用道德礼制约束人的需要和利益。克制主义也具有合理性。快乐主义与克制主义是两种接近中点的理论,二者都具有各自的合理性,同为健康社会所必需。

笔者将在文化多样性系列文章中讨论“文化宽容”观点。文化宽容观点认为,相互争鸣的理论范式只是角度方法不同,并不存在截然的对立。对待人的需要和利益,既需要尊重,也需要克制。尊重人的需要和利益原则与克制人的需要和利益原则同是人文主义法学的两个原则。人文主义法学主张对两种理论传统兼收并蓄。在具体实践中应当掌握尊重需要和利益、克制需要和利益的结合点,把握尊重利益与克制利益的平衡。

人文主义法学既反对沿着功利主义的方向走向过度放任贪欲的极端,也反对严重禁欲主义的方向走向过度禁欲的另一个极端。

2. 两原则的主辅关系

以上两个原则存在主次关系。笔者认为,在法律领域,尊重人的需要和利益原则是主导原则,而克制人的需要和利益原则是辅助原则。是否将尊重人的需要和利益作为主导原则是区别现代法律与传统法律的一个重要标志。其理由如下。

第一,法律目的上的理由。法律的目的在于增进人的最大幸福,而形成幸福感的原因在于需要和利益的实现。在不违背他人利益与社会利益的情况下,应当最大限度地为人的需要和利益的实现创造条件。尊重人的需要和利益原则具有目的意义,而克制人的需要和利益具有手段意义,克制人的需要和利益是为最大限度地实现人的需要和利益这一终极目的服务的。

法律应当从着重压抑需要向着重顺应需要转化。马斯洛看到了社会规范进化的这一大趋势。他说:“教育、文明、理性、宗教、法律、政府统统被大多数人解释为本质上约束本能的压制力量。……假如我们仍希望产生更完善的人、更美好的社会,我们就应从相反的角度看待这个问题:教育、法律、宗教等至少应起保护、促进、鼓励安全、爱、自尊、自我实现等似本能需要的表达和满足。”[1]需要是人的客观属性,在与环境相隔绝的条件下也存在,如果不与环境相作用,就无所谓善恶。需要在与环境相作用的过程中既可以为善,也可以为恶。需要就像水流,一味堵塞就会积累成为破坏社会的力量,合理疏

[1] [美]马斯洛:《动机与人格》,许金声等译,华夏出版社 1987 年版,第 110 页。

导就会成为推动社会运行、促进社会进步的力量。传统观点着眼于需要的扩张对社会产生的破坏作用的一面,强调社会规范对需要的压制。传统的社会规范在维护秩序的过程也压抑了个性、扭曲了人性。现代的社会规范着眼于需要的推动社会运行、推进历史进步方面的积极作用的一面,重视对需要的顺应、引导,建立既有利于个性发展又能实现秩序的富有活力的法律秩序。

第二,多元规范分工上的理由。法律侧重于满足人的需要和利益,而道德侧重于克制人的需要和利益。在东西文明中,两个原则的地位不同是形成东西文明差异的重要原因。西方更强调尊重人的需要和利益、尊重个体的需要和利益、尊重个体的独立地位、尊重个体的自由权利。这是形成西方权利本位法律传统的重要原因,也是西方法律昌明的原因。传统中国更强调克制人的需要和利益,特别是克制个体的需要和利益,强调个体对他人与社会的义务。这是形成东方义务本位法律传统的重要原因,也是形成传统中国德治传统的重要原因。

根据以上两个原则可对权利本位论和权利义务并重论两个理论范式的关系作出重新理解。权利本位论构成了对尊重人的需要和利益原则的支持。在传统法律中,义务占据主导地位,其立法模式是“义务 + 制裁”模式。传统法律造成了对人的需要和利益的压抑,导致团体湮没个体,导致优势集团借用团体的名义压迫弱势群体,加剧了人的痛苦。在现代法律中,权利占据主导地位。权利优于义务,义务是保障权利实现的手段;权利优于权力,权力也是保障权利实现的手段。现代法律承认个体相对于群体的独立地位,尊重个体的自由权利,保障社会共同体的每一个成员切实享有利益。权利本位论对于激发人们的权利意识、推进法律进步具有积极作用。

尊重人的需要和利益原则占据主导地位意味着权利占主导地位。“财产权的确立先于对财产权的限制。”[1] 同理,契约权的确立也先于对契约权的限制。总之,权利的确立优于对权利的限制。权利本位论能够较好地解释这一原理。这一原理可以作为“尊重人的需要和利益原则”的一般原则或第一

---

〔1〕 刘军宁:《保守主义》,中国社会科学出版社 1998 年版,第 133 页。

原则的组成部分。

在具体实践中,可以将需要区分为不同的类型,并加以区别对待。在必要需要领域使功利主义占优势,在非必要需要领域使克制主义占优势。必要需要优于非必要需要,必要消费优于非必要消费。

权利本位论和义务本位论作为权利义务关系问题的两个理论范式都有其合理性,在制定实践方案时应当全面吸收二者的合理因素,没有必要在它们之间作出非此即彼的选择。例如,在《权利冲突》一章中,笔者提出了解决权利冲突的五个原则,每一个原则都需要从这两个理论范式中汲取营养。其中,权利位阶原则、权利平衡原则、最大利益原则着重从权利本位论中汲取营养,而保护弱者原则、权利克制原则则着重从权利义务并重论中汲取营养。

二、弥补人的弱点原则

(一)弥补人的弱点释义

有学者主张法律应当"弥补人性的弱点"。[1] 人的弱点决定了,如果没有规则的引导,就会导致人的求利行为的紊乱和无序竞争,将会导致社会秩序的紊乱。因此,人的行为需要法律的指引。因此,弥补人的弱点原则也应当成为人文主义法学的必要原则。可通过以下几个方面加以说明。

1. 利益分化之前立法

罗尔斯提出了"无知之幕"("原初状态")的假设。"无知之幕"是指假定存在的,人们对自身素质和外部环境一无所知的状态。罗尔斯认为:"这一状态的基本特征是,没有一个人知道他在社会中的地位——无论是阶级地位还是社会出身,也没有人知道他在先天的资质、能力、智力、体力等方面的运气。"[2] 无知之幕只是一个理论假定。

无知之幕的假定说明了如下问题:影响规则(政策与法律等)制定的因素包括人们追求利益的愿望、人们追求理性与正义的愿望。其中,人们追求

---

〔1〕 严存生:《法治社会中的"法律上的人"的哲理思考》,载中国人民大学书报资料中心《复印报刊资料》(法理学、法史学)2005 年第 2 期。

〔2〕 [美]罗尔斯:《正义论》,何怀宏译,中国社会科学出版社 1988 年版,第 10 页。

利益的愿望比追求理性与正义的倾向强烈。如果人们不了解自身的条件和外部环境,现实的利益关系对规则制定就不会产生影响,人们就倾向于按照公平合理的原则制定规则。因为,人们担心,如果规则不公正、不合理,自己就有可能成为受害者。因此,人们在无知之幕下制定规则的过程是一个纯粹的追求真理与正义的科学认识的过程。在现实社会中,绝对的无知之幕是不存在的,但接近"无知之幕"的状态是有可能发生的。例如,1620 年由欧洲开往北美的"五月花号"船上的乘客的处境就接近"无知之幕",他们为躲避宗教迫害而移民北美,他们在船上的处境较为接近,并且无法预见抵达北美后的处境会有什么变化。因此,《五月花号公约》的制定就较少受个别利益因素的影响。[1] 该公约成为美国宪法的雏形。现实社会中接近无知之幕的状态毕竟是罕见的。

在现实社会中,人们都了解自己的处境(自身的条件和外部环境),都希望政策与法律照顾自身的条件和自己所处的特殊环境,体现自己的最大利益。人们总是支持对自己有利的正义观和分配方案,规则的制定与实施必然受到现实利益关系的干扰,现实的利益关系常常使规则偏离科学公正的轨道。在这种情况下,政策与法律制定的过程就是一个利益博弈的过程。

立法应当赶在利益分化之前,即利益分化之前立法。在利益未发生明显利益分化的情况下,人们更多地考虑立法体现科学、民主、公正、效率、人与自然的和谐等价值,利益博弈对立法过程的干扰较小,立法质量能够得到较好的保障。反之,如果在立法分化之后立法,人们就会更多地考虑各自的利益,对价值因素的考虑就会退居次要地位,立法的质量就难以得到保障。利益分化之前立法要求法律与政策的制定应当具有适时性、超前性。利益分化之前立法是把握立法时机应当考虑的重要因素。

利益分化之后立法的弊端表现在如下方面:

第一,将会加剧社会冲突。缺乏法律约束的行动将会导致强势集团因缺乏法律约束而无序扩张,导致弱势集团因缺乏法律保护而衰弱,从而加剧利

[1] 参见李昌道编著:《美国宪法史稿》,法律出版社 1986 年版,第 5 页。

益集团的对立。

第二,将会加剧良法制定的难度。因过度的利益分化而产生的剧烈的社会冲突使强势集团缺乏安全感,使弱势集团缺乏满足感。在这种情况下,影响立法的第一位的因素是利益集团之间的博弈,价值因素(科学、正义、效率等)退居次要地位了,法律(规则)的合理性就会大为降低。如果不抓紧在利益分化之前制定完备的法律,待到利益分化之后(如分化为有房族和无房族、有车族和无车族)才立法,体现公共利益的法律的制定和实施就会变得非常困难,规则趋向合理的过程将会变得漫长、曲折、痛苦。现代决策与立法应当克服经验决策、经验立法的局限性,做到科学决策、科学立法。

过去的一个观念是"经验成熟之后立法"。应当从正反两个方面分析该观点。一方面,该观点有部分真理性。立法的准备工作包括:充分的社会调查、一定范围和一定时期的试点所积累的经验。另一方面,该观点将会导致立法滞后、立法拖延,错失利益分化之前立法的大好时机。无经验立法的极端不好,强调经验积累造成立法拖延的另一个极端也不好,把握好立法的时机应当考虑避免出现这两个极端。针对立法实践中存在的这一问题,有学者提出了"先立法,后行动"的主张,"在过去的立法中,我们习惯于将改革的成果用法律法规的形式确定下来,即所谓先改革后立法,成熟一个制定一个,这势必会造成立法滞后,在某种意义上会影响改革的进程"。[1]

利益分化之前立法的观点属于理性主义的立法思想。而经验成熟之后立法的思想属于经验主义的立法思想。理性主义的立法思想和经验主义立法思想各有其合理性,二者的互动有利于提高立法的质量。

立法推动行动(实践),行动推动立法,这是一个因果锁链,是一个循环往复的运动过程,类似于"鸡生蛋,蛋生鸡"的过程。行动提出了立法的需求,提供了立法所需要的经验,应当肯定行动对立法的推动作用。但是,行动推动立法也存在局限性:过于强调行动对立法的推动作用,容易导致立法对行动经验的依赖,忽视科学对立法的指引;容易导致立法对个别领导人经验

---

[1] 任智勇、赵树堂:《试论先立法后行动》,载《社会科学论坛》1997年第4期。

的依赖,忽视大众依照民主法治程序对立法的参与。因此,不应当过分夸大行动对立法的推动作用。在依法治国的时代背景下,更应当强调立法对行动的推动作用。

2. 建立公共信息披露制度可以为公民作出合理决策提供参考

团体是由个人组成的,团体也具有个人的局限性,如理性的局限性、意志的局限性、道德的局限性。在这些局限性的作用下,团体也可能作出错误的决策。国家应当将个人与团体因决策失误造成的损失作为全社会的损失。国家有义务为个体提供决策信息参考,防止个人与团体作出错误决策。国家虽然无法完全防止个人与团体的决策失误,但可以通过建立公共信息公开制度减少个人与团体犯错误的可能性。

3. 各种调节税规定了富人最低限度的捐助义务

在社会生活中,人们的爱心捐助是有限的。这一情况暴露了人们的道德上的弱点。如果社会对弱者的帮助完全寄托于强者的自愿捐助,就不能对弱者提供制度化的稳定保障。应当通过财政税收手段弥补人们道德上的弱点。现代法理学已经认识到了私有制度的局限性,主张公共资源应当由全社会共享。强者的成功部分原因在于他们占有了更多的公共资源,根据公平的原则,优势者应当负有对弱者提供帮助的义务。法律可以设置个人所得税、遗产税、赠与税、消费税等具有利益调节功能的税种,并规定政府对社会保障基金的财政拨款职责。法律规定富人的最低限度的捐助义务,给富人施加的负担并不重,但却能给穷人带来巨大的幸福,给社会带来安定,也符合理性勤劳的富人的长远利益。当然,一般不宜采用行政命令的办法强制强者对弱者承担过重的帮助义务,这样就会妨碍强者创造财富的积极性。国家的宏观调控有利于使人性中自私、贪婪的因素受到抑制。

4. 禁毒的必要性

瑞士曾经就是否实行毒品合法化举行全民公决。墨西哥在是否实行毒品合法化问题上也存在激烈争论。首先,实行毒品合法化具有正反两个方面的作用。实行毒品合法化,毒品价格就会非常低廉,瘾君子没有必要为筹措毒资而违法犯罪,国家也没有必要为禁毒而付出人力物力成本。但是,单靠个人脆弱的意志来拒绝毒品的诱惑是困难的,实行毒品合法化将会导致更多的人染上毒瘾,国民的身体和精神健康状况就会普遍降低。其次,禁毒制度也具有正反两个方面的作用。禁毒制度将会导致毒品价格暴涨,引起瘾君子为筹措毒资而违法犯罪,引起国家为禁毒而付出巨大的人力物力成本。同时,实行禁毒制度可以避免更多的人染上毒瘾,有利于保持国民的身体和精神健康。因此,禁毒制度是保障公民身体和精神健康的防火墙,实行禁毒制度利大于弊。

5. 民主制度有利于弥补领导者的弱点

第一,民主决策可以弥补领导者理性的局限性。领导者也是人,也会作出错误判断。在一般情况下,群众的智慧比一个人的认识更全面、更深刻。实行法治,有利于集中众人的智慧,作出较好的裁断。法律应预料到掌权者的理性的不完备,防止掌权者作出错误的判断。因此,必须实行法律生活的民主化。第二,民主管理可以弥补领导者情感上的局限性。人类的不良情感包括愤怒、仇恨、嫉妒、傲慢、偏爱、虚荣心、报复心等。掌权者在不良情感的驱使下,容易感情用事,作出错误决断,进而有可能实施不当的行为。法治是众人之治,法治社会的决断是在民主、分权、法律程序的框架下由众人作出的,众人一般不会同时作出错误的决断,众人作出的决断更为理智。第三,民主监督可以弥补领导者难以抵制利益诱惑的弱点。领导者也存在常人普遍存在的难以抵御利益诱惑的弱点、逃脱惩罚的侥幸心理,所以,靠官员自身的力量抵御利益诱惑是困难的。严密的制约监督制度有利于及时发现腐败行为,可以使官员获得非正当权力收益变得困难。对腐败官员施加与其责任相适应的惩罚措施,也可以使其获得非法权力利益的动机得到抑制。严密的制约监督制度和必要的惩罚措施可以帮助官员抵御利益诱惑、克服侥幸心理。

6. 保障言论自由有利于抑制法官与公众的弱点

首先,尊重公民言论自由有利于促进司法公正。在言论不自由的条件下,影响司法的因素是领导人的指示、人情因素、权钱交易、个别人的意见,法官人性中的阴暗因素容易在司法程序中发挥作用。在言论自由的条件下,各种声音都可以表达,个别意见难以影响司法,多种意见的存在为司法机关的判决提供有益的参考;实行言论自由有利于建立严密的制约监督制度,严密的监督机制有利于抑制法官人性中的阴暗面,弘扬法官人性中的光明面,有利于督促法官按照公正合理的原则作出独立裁判。因此,言论自由不是司法审判独立的干扰,而是司法审判独立的保障(条件)。

其次,应当防止言论自由条件下容易出现的舆论审判(大众的不良意见操纵审判)。大众的人性中也有阴暗的一面(如非理性、狂热、盲从等)。舆论审判属于多数人暴政,应当予以防止。要防止舆论审判,必须承认法官依法独立裁判的权力,必须尊重法官的职业安全。在此条件下,法官才敢于拒绝大众的不合理意见。

(二)宽容人的弱点原则与弥补人的弱点原则的主辅关系

1. 宽容人的弱点是主导原则

宽容人的弱点不是道德与伦理学必须遵循的原则,但却是法律与法学必须遵循的原则。在道德上,对人的行为提出较高的要求具有促进道德水平提高的积极作用。由于道德具有多元性、非强制性,对人的行为提出较高的道德要求不会造成人痛苦。对于一种道德行为,人们既可以选择宽容,也可以选择不宽容(批评),作出何种选择都是人们的自由权利。在法律上,则不可以对人的行为提出过高的要求。因为法律具有统一性、强制性,如果法律对人的行为提出过高的要求,且以法律手段强制推行单一道德,政府扮演道德牧师和道德警察的角色,将会导致政府权力的扩张,将会助长专制主义,将会剥夺了人们选择道德的权利,将会妨碍不同道德的争鸣,阻碍道德的进化。是否将宽容人的弱点作为基本原则是区别传统法律与现代法律的又一个标准。

2. 弥补人的弱点是辅助原则

过度强调弥补人的弱点的消极作用在于,导致国家对个人和自治组织事务的过度干预,导致国家权力的扩张和公民自由权利的萎缩。有学者认为:"家长式的立法是专制的产物,它意味着国家或少数人对权力的独享。"[1]

---

〔1〕 周叶中、陈志英:《宪政的人性分析》,载《中南民族大学学报》2005 年第 1 期。

以上两个原则的主辅关系还可以从法律与道德的分工理论获得支持。法律与道德的分工是法律与道德相对分离理论的重要内容。在对待人的道德弱点上,道德与法律存在分工。道德倾向于道德人(君子人)假设,崇尚理想的人格,追求至善,强调弥补与矫正(克服)人的弱点,让人们过有德性的生活。而法律则必须立足于常人的常态,倾向于宽容人的弱点。

辅助原则既构成了对主导原则的平衡,也构成了对主导原则的补充。两个辅助原则的提出是人文主义法学的原则体系走向完善的又一个里程碑。四个主导原则与两个辅助原则一起构成了笔者现阶段认识到的人文主义法学的原则体系的全貌。

下编　专 题 研 究

第四章　解决权利冲突的原则体系

权利冲突，是指法定权利的冲突，即正当合法的权利之间由于未明确划定权利的界限而发生的冲突。在一般情况下，违法行为对合法权利的侵犯不属于权利冲突的范畴。但是，在某些特殊情况（如侵犯他人著作权而申请商标权的情况）下，合法权利与侵权行为的界限难以划清。因此，权利冲突问题与侵权行为常常混杂在一起。权利冲突产生的原因在于人的求利本性和资源的稀缺性。权利就是法律保护的利益。权利冲突的实质是利益冲突。权利冲突案件实际上就是利益纠纷案件。权利冲突问题原本是法理学界和民法学界的一个热点问题。也可以将权利冲突的研究推广到其他法学学科领域，使之成为整个法学领域的一个普遍问题。

第一节　理论背景

一、解决权利冲突的原则的几种观点述评

（一）权利位阶论

在自然法学家那里，权利是有次序的。洛克说："人们既然都是平等和独立的，任何人就不得侵害他人的生命、健康、自由或财产。"[1]人们对权利次序的认识存在许多共识，例如，生命权处于第一位，健康权紧随生命

---

〔1〕［英］洛克：《政府论》（下篇），叶启芳译，商务印书馆1995年版，第6页。

权,生命权和健康权高于财产权。但是,关于权利次序问题仍然存在许多谜团等待破解。例如,自由权在权利次序中的位置就是一个难以解决的问题。

有学者尝试提出了一个权利位阶的体系。不同的权利由高位阶到低的位阶次序依次为:(1)生命健康权;(2)基本财产权、劳动权、休息权、最低生活保障权;(3)性权利、生育权;(4)生活安宁权、安全保障权;(5)自由权、平等权;(6)文化教育权、社会尊重权、政治自由权以外的政治权利;(7)非基本财产权;(8)非基本权利:如自我实现权、娱乐权、追求更高层次的精神享受的权利等。[1] 该理论对权利次序的认识的进步在于:将财产权区分为基本财产权和非基本财产权。基本财产权是维持生存的基本条件,因而紧随生命权和健康权。于是,自由权与财产权在权利位阶体系中的相对位置就变得清晰起来,自由权的位阶低于基本财产权,但高于非基本财产权。

有学者认识到了权利位阶的复杂性和相对性。有学者认为:"尽管权利体系中存在一定的权利位阶,但是,权利的位阶并不具有整体的确定性,不可能形成像化学元素表那样先在的图谱。"[2] 该观点对我们的启示是,不可能用权利位阶论解决所有的权利冲突问题。笔者认为,绝对的权利位阶论是错误的,而主张权利位阶在一定范围内存在的相对的权利位阶论是可以探讨的。

(二)权利平等保护论

权利平等保护论是在批驳权利位阶论的过程中形成的。有学者认为:"权利体系并没有位阶关系,权利体系内的各权利种类之间应是平等的。……我们不好笼统地说,哪种权利优于哪种权利。我们很难说基本权利优于普通法权利,言论自由就重于名誉权;我们也很难说实体权就重于诉讼权。"[3] 该观点的一个重要困难就是如何权衡生命权、安全权与财产权。

---

[1] 参见付智勇、刘晋元:《公民的权利位阶初探》,载《青海师专学报》2003年第3期。

[2] 林来梵、张卓明:《论权利冲突中的权利位阶》,载《浙江大学学报》2005年第6期。

[3] 刘作翔:《权利冲突的几个理论问题》,载《中国法学》2002年第2期。

有学者主张权利均衡论,“权利均衡是处理权利冲突案件的最佳选择”。[1] 权利均衡论与上文的权利的平等保护论具有理论上的一致性。实现权利均衡有利于协调各种利益关系,缓和社会矛盾,增进社会的和谐程度。

权利的平等保护论能够较好地解释同一位阶的权利发生冲突时的解决方法。该理论也具有以下不足之处:第一,未考虑人的需求的层次与位序,未将高位阶的权利置于优先保护的地位。将人格权与财产权置于同等的法律地位,有财产支配人的弊端,不利于弘扬法的人文精神。第二,未给出确定权利优先性的原则,将权利的优先性的问题完全交给法官自由裁量,容易导致司法的任意性。

(三)利益衡量论

波斯纳的经济分析法学是利益衡量论的先驱。波斯纳认为:法院应当按照“最有效率的途径作出判定”。[2] 每一个案件都涉及权利冲突,每一个判决都是一个解决权利冲突的方案。法院判决所体现的解决权利冲突的方案不仅对当事人具有约束力,而且对全社会具有影响力。法院判决所体现的解决权利冲突的方案应当使包括当事人在内的全社会付出的成本最小,取得的受益最大。

利益衡量论的创始人是日本民法学者加藤一郎。利益衡量论认为:法院在解释法律、审判案件的活动中,应进行利益衡量,在多种可能的法律解释中选择能产出最大利益的法律解释,而不应拘泥于既存的法律法规。[3] 社会学法学(包括支派实用主义法学和现实主义法学)、经济分析法学、后现代主义法学都与利益衡量论具有许多相似性,可以归入广义的利益衡量论的范畴。分析法学的司法观重视制定法的作用,强调法官必须按照立法者的本义解释制定法,适用制定法,忽视法官的能动作用。在权利冲突日益复杂化的现代社会,分析法学的司法观遇到了很多困难。利益衡量论反对法官在司法

---

〔1〕 关今华:《权利冲突的制约、均衡和言论自由优先配置质疑——也论〈秋菊打官司〉案、邱氏鼠药案和言论自由》,载《法学研究》2000 年第 3 期。

〔2〕 [美]波斯纳:《法律的经济分析》,蒋兆康译,中国大百科全书出版社 1997 年版,第 120 页。

〔3〕 参见梁慧星主编:《民商法论丛》(第 6 卷),法律出版社 1997 年版,第 396 页。

活动中机械地适用制定法,认为应重视法官在解释法律、适用法律过程中的能动作用,通过司法追求利益的最大化。

利益衡量论的一个不足之处在于:利益衡量论较为关注物质利益,较少关注人格利益(包括精神利益)。利益衡量论倾向于用物质利益的标准来衡量人格利益,其利益衡量实质上是物质利益的衡量。笔者认为,在一般情况下,相对于物质利益,人格利益(如生命的利益、自由的利益)是首要的利益,人格利益和物质利益具有不可通约性。例如,在刑罚种类上,生命刑、自由刑、财产刑三种刑罚分别是对人的不同层次的需要的限制或者剥夺,不得以财产刑取代生命刑、自由刑。再如,在民事责任上,人身损害的物质赔偿只不过是在人身损害已经发生的情况下不得已而采取的救济措施。生命被非法剥夺、身体器官机能受到不可恢复的伤害、自由受到长期的非法限制给受害人造成的痛苦是无法用财产价值来弥补的。

二、人文主义法学视野下的解决权利冲突的原则体系的构建

(一)解决权利冲突的原则是存在的

1. 权利边界论评析

权利边界论主张以划定权利边界替代寻找权利冲突原则。该学说认为,法学的一个更重要的任务是通过完善立法和法律解释,划定权利边界。当权利边界划定以后,就不再需要探讨解决权利冲突的原则了。因此,应当用划定权利边界替代寻找解决权利冲突的原则。

一方面,权利边界说具有一定的合理性。权利界限是指权利行使的条件(包括时间、地点、场合)。完善的立法可以使权利的配置更合理、权利的界限更加清晰,可以减少权利冲突的发生。例如,在道路上划定车辆与行人、机动车与非机动车、机动车之间的界限就可以减少与交通有关的权利冲突。

另一方面,权利边界说也存在一定局限性。由于社会生活的复杂性、法律本身存在局限性,权利边界是模糊的,无法划定清晰的权利边界,从而一劳永逸地解决权利冲突。权利冲突具有合理性。只有在不同权利的冲突中,权利边界才会逐渐明晰起来。如果试图一劳永逸地划定权利边界,社会生活与

法律发展就会被禁锢。因此,研究权利冲突,提出解决权利冲突的原则是必要的。

2. 利益衡量论再评析

前述的利益衡量论的另一个不足之处在于:否定解决权利冲突原则的存在,具有虚无主义倾向。利益衡量论认为,现实社会中权利冲突的复杂性决定了,每个个案都有一个独特的权利配置方案,只要做到个案正义即可,无法找到普遍的解决权利冲突的原则。法官可以在处理具体案件的过程中,结合本案的具体情况,并考虑成文法、道德、正义、习惯、社会影响等多种因素,进行利益衡量,提出适合本案的解决权利冲突的方案。每个案件的解决权利冲突方案只要实现个案正义就可以了。

后现代主义法学的法律非确定性观点也隐含着原则虚无论。作为后现代主义法学中的一个重要派别——批判法学主张法律的非确定性,他们认为:“某一案件究竟适用什么法律规则,确认哪些事实,都不具有确定性,而是法官和陪审员选择和认定的,它们是人的选择的产物,无客观性可言。”[1]既然法律是不确定的,那么探索解决权利冲突的原则也就是徒劳无功的。后现代主义法学家的批判精神值得钦佩。利益衡量论、后现代法学、权利边界论都具有原则虚无论倾向。尽管笔者基本不赞原则虚无论,但仍然承认该理论倾向的有益启发:原则是相对的,而不是绝对的。

利益衡量论在权利冲突原则问题上具有不可知论倾向,在实践上容易导致司法的任意性。司法的任意性是由法律解释的任意性和自由裁量权的滥用造成的。在审判案件的过程中,司法的任意性必将损害法律的权威性和稳定性。

权利冲突过程是有规律的,并且是可以认识的。权利冲突原则就是对权利冲突规律的反映。不能因为事物的复杂性而放弃探索事物规律和确定性知识的努力。虽然由于认识的局限性,人们提出的解决权利冲突的原则总是不完善的,但却可以不断趋向完善。

---

[1] 朱景文主编:《当代西方后现代法学》,法律出版社 2002 年版,第 3 页。

（二）解决权利冲突的原则是多元的

权利位阶论和权利平等保护论都认为，解决权利冲突的原则是一元的。权利位阶论试图将权利位阶原则作为解决权利冲突的唯一原则，权利的平等保护论试图将权利的平等保护原则作为解决权利冲突的唯一原则。原则一元论不仅受到了人类童年的本源论思维的影响，而且也受到了文化一元主义的影响。唯一原则的包容性和解释力是有限的，如果通过大量的补充说明来加以弥补，反倒会使理论体系复杂化。多元文化主义关于文化两面性的思维方法、多元文化并存的主张，使笔者坚定了原则多元论的信仰。权利类型是多样的，权利冲突具体情况也是多样的，因此，解决权利冲突的原则必将是多元的。多元原则体系不仅具有较强的包容性和解释力，而且具有简明性。

（三）公理方法在构建解决权利冲突的原则体系中的运用

本书在构建解决权利冲突的原则体系上采用了数学和物理学中常用的公理方法。以上五个总原则相当于五个公理，总原则以下的分原则相当于定理。各原则在原则体系中的地位有所不同。为体现人格权优先保护的目标，权利位阶原则是首要原则、第一原则，应当置于优先考虑的地位。权利位阶原则与权利平衡原则都属于常规原则，对自由裁量权的约束作用更明显。最大利益原则具有非常规性，只是用最大利益的目标约束自由裁量权。权利位阶原则、权利平衡原则、最大利益原则、保护弱者原则都倾向于主张权利，而权利克制原则则主张克制权利。而对权利的态度恰是主张权利与克制权利的统一。

（四）提出解决权利冲突的原则体系的意义

第一，可以节约司法乃至全部法律运行过程的成本。掌权者具有理性的局限性，解决权利冲突的原则融入了无数人的智慧，可以弥补掌权者理性的局限性。权利冲突的原则对整个法律运行过程（包括立法、执法、司法）都有指导意义，而不仅仅对司法具有指导意义。如果没有类似原则体系的指导，在具体的立法、执法、司法实践中临时摸索解决权利冲突的方案，法律运行过程的效率就会大为降低。

第二，可以防止自由裁量权的滥用。掌权者具有滥用自由裁量权的可能,解决权利冲突的原则具有约束自由裁量权的作用。在权利冲突原则与自由裁量权的互动关系上,人治与法治的一个区别在于:人治要求自由裁量权占据主导地位,而法治则要求权利冲突原则占据主导地位。权利冲突原则与自由裁量权具有奇妙的互动关系。一方面,自由裁量权的正确行使有推动权利冲突原则进化的积极作用。本书提出的解决权利冲突的原则不是绝对真理,而是探索真理过程中的一次尝试。如果相关原则不能解决实践中出现的新问题,应当由掌权者通过行使自由裁量权突破旧的原则,建立新的原则。

学界关于权利冲突的各种理论范式的争鸣对本书观点的形成具有启发意义。笔者提出了解决权利冲突的五个原则,将通过下文分别加以阐述,希望成为人类探索解决权利冲突原则的一个环节。

第二节　权利位阶原则

权利位阶原则,是指为保障有尊严的生活所不可缺少的权利(人格权、基本财产权、基本居住权等)而确定的权利阶梯,并对高位阶权利加以优先保护。该原则是在权利位阶论的启示下形成的。

一、权利位阶的理论渊源

(一)需求层次说

美国人本主义心理学家马斯洛提出的需求层次说认为,人的需求的层次由低到高依次为生理需要、安全需要、爱的需要、尊重的需要、自我实现的需要。各种需要的强烈程度是不同的,低级需要的强烈程度大于高级需要。有关动物的剥夺实验支持了需求层次说:剥夺动物的低级需要(饮食等)马上会引起动物的强烈反应。而剥夺动物的高级需要(自由等)并不能马上引起动物的"疯狂的抵御和紧急的反应"。[1] 动物实验所反映的动物行为现象恰好是人类行为的常态,动物实验所揭示的动物行为的一般规律也是人类行为的一般规律。在一般情况下,人对于低级需要的追求比对高级需要的追求更

[1] [美]马斯洛:《动机与人格》,许金声等译,华夏出版社 1987 年版,第 114 页。

为强烈。在法律上,越是低级的正当需要越应该得到优先满足。越是与人的低级正当需要相对应的人权的位阶越高,越是与人的高级正当需要相对应的人权的位阶越低。例如,生存权、享受社会保障的权利、享受免费教育的权利优于消费奢侈品的权利。

在需求层次体系中,越是低级需求越为人与动物共有,越是高级需要越为人所特有。可以将人的需要分为人与动物共有的需要(如生命需要、安全需要、生存需要、自由需要、爱的需要等,这类需要处于需求层次体系的下部)和人所特有的需要(如尊重的需要、自我实现的需要,这类需要处于需求层次的上部)。其中,人与动物共有的需要遵循着动物行为学和心理学的动物实验所揭示的动物行为的规律。认识动物行为的规律有助于研究与共有需要相对应的那部分权利之间的位阶关系。

因为权利是法律保障的利益,是法律尊重的需求,所以,权利位阶体系与需求层次体系一定存在某种对应关系。在这两大类需要中,共有需要与权利位阶体系存在较为密切的联系。在共有需要部分,权利位阶体系恰好对应着需求层次体系的倒置。一种需求在需求层次体系中所处的位置越低,其虽对应的权利在权利位阶体系中所处的位置越高。反之亦然。例如,生命的需求在需求层次中处于最低位置,而生命的需求所对应的生命权在权利位阶体系中则处于最高位置。在以上两大类需要中,非公有需要与权利位阶体系的对应关系尚不明确,有待深入思考。

生存权优于自由权。例如,在黑龙江扎龙湿地的鹤放飞实验中,鹤为得到主人提供的食物而放弃摆脱主人的控制机会。这说明动物对食物的需求比对自由的需求强烈。食物需求是生存需求的一部分,可以将食物需求与自由需求的比较研究扩展到生存需要与自由需要的比较研究。在一般情况下,生存需求比自由需求强烈。在生物分类学意义上,人是动物的一个种类,在共有需要方面,人与动物遵循着相同规律。对动物规律的研究支持了生存权优于自由权的命题。应当强调的是,生存权与自由权在通常情况下是互为条件的,其中一种权利的实现可以为另一种权利的实现创造条件,不能人为地将二者对立起来,特别是不应以保障生存权为借口压制自由权。生存权与自由权的冲突发生在自由权的过度泛滥的情况下,例如,通行权(属自由权)的过度泛滥(如私家车的过度膨胀)将会挤占实现生存权必需的空间资源和物质资源,从而造成生存权与自由权的冲突。根据生存权优于自由权的原则,应当在保障基本通行权的前提下,克制非基本通行权,防止通行权的泛滥。

实现低级需要所获得的幸福具有基础性,只有低级需要的得到基本实现的情况下,人们追求高级需要的愿望才会强烈起来,实现高级需要所获得的幸福需要建立在其基础上。越是低级需要,人与动物越接近。否认人在低级需要上与动物的共性是不科学的。人与动物的区别仅在于,人在实现需要的过程中懂得克制自己,服从规则的约束。有学者对马斯洛的这一学说给予了高度的评价:"马斯洛的人性需要阶梯论是最能体现人本主义心理学的理论精髓的,同时也是最具有哲学意味的。"[1]需求层次也可以称为"需求位阶"。利益是满足需求的事物,因此,利益是有位阶的。德国法学家耶林认为,权利是法律保障的利益。需求的位阶性、利益的位阶性决定了权利的位阶性。需求层次、利益位阶、权利位阶是现代科学揭示的人性规律的重要内容。马斯洛的需求层次说可以作为构建权利位阶论的哲学基础。可以将人的需求层次作为确定权利位阶的标准。

道德与法律都试图推动人的各层次需要的满足,但二者也存在具体的分工。相比之下,道德侧重于要求人们追求高级需要(如自由、尊严、荣誉、气节),远离低级趣味。法律则侧重于优先满足人的正当低级需要,法律重视保护人的生存权。例如,生命权和自由权哪个更重要呢?伦理学和法学作出了不同的回答。道德与伦理学倾向于支持自由至上说,认为自由的价值高于生命的价值。匈牙利诗人裴多菲的《自由诗》说:"生命诚可贵,爱情价更高。若为自由故,二者皆可抛。"美国独立战争时期思想家帕特里克·亨利提出了"不自由,毋宁死"的口号。将信仰看得比生命重要促成了玄奘在交通条件落后的时代西行求法的壮举。为了实现高层次的需要(如自由的需要、信仰的需要)而克制低层次的需要是人类特有的行为。法律与法学则倾向于支持

[1] 欧阳谦:《20世纪西方人学思想导论》,中国人民大学出版社2002年版,第219页。

需求层次说,认为生命权优于自由权,“生命无价”。法学的这一观点过于理性,难以转化成震撼人心的诗篇和口号,难以在短时间内打动大众,需要做耐心细致的说服工作。将自由、尊严、荣誉、气节看得比生命更重要的人是英雄(如伯夷、叔齐不食周粟的故事,革命烈士“宁为玉碎,不为瓦全”的气节精神),按权利位阶作出功利选择的则是常人。英雄人物也具有常人的需要和弱点,只是因为在特殊情况下作出了不同于常人的选择才成为英雄。而多数人在多数情况下是常人,属于一般情况。法律是为常人制定的,而不是为英雄人物制定的。法律主要考虑常人的常态,主要考虑一般情况。

人文主义法学不仅关心人需要什么,而且关心人最需要什么,即人的需要的次序(位序)。在两种或数种需要相冲突的情况下,法律应优先满足人们较紧迫的需要。权利位阶由高到低的顺序是按照需求的层次和紧迫性排列的。越是与人的低级需要相对应的权利,其位阶越高;越是与人的高级需要相对应的权利,其位阶越低。在低位阶的权利与高位阶的权利发生冲突的情况下,高位阶的权利应得到优先保护。

(二)快乐的质的差异说

功利主义者认为:满足不同需要所带来的快乐(幸福)总量是不同的。边沁认为,计算人的快乐与痛苦的数值时应当考虑快乐的强度。[1] 如果某种快乐的强度超过其他快乐,这种快乐就比其他快乐具有法律上的优先地位。

后期功利主义学者密尔进一步认为,不同的快乐(幸福)存在质的差异。在进行快乐计算时不仅要考虑快乐的量,更要考虑快乐的质。他说:“某种快乐比其他快乐更有价值、更值得追求这一事实,也是与功利原理相一致的。我们在评价其他事物时,考虑量的同时都会考虑质;那么我们在权衡快乐时若只关注数量则无疑是荒唐的。”[2] 他认为,某些快乐比其他快乐具有“质的优越性”,具有更高的强度、更持久。可以将快乐的类型分为高质的快乐与低

---

〔1〕 参见[英]边沁:《道德与立法原理导论》,时殷弘译,商务印书馆2000年版,第87页。

〔2〕 [英]约翰·斯图亚特·穆勒:《功利主义》,叶建新译,中国社会科学出版社2009年版,第13页。

质的快乐。高质的快乐优于低质的快乐，低质的快乐的量的增加不能取代高质的快乐。

法律的目的就是追求快乐、避免痛苦。与高质的快乐相对应的权利优于与低质的快乐相对应的权利。因此，权利位阶是存在的。如果一种快乐具有质的优越性，那么这种快乐就将在权利位阶体系中居于更高地位。法律尊重常人常态，来源于常理常情。在一般情况下，人格权（特别是生命权、整体自由权）与高质的快乐相对应，财产权与低质的快乐相对应，因此，在一般情况下，人格权优于财产权。享受生命的快乐优于享受自由的快乐，因此，生命权优于自由权；享受自由的快乐优于享受财产的快乐，因此，自由权优于财产权。

根据快乐的质的差异论研究享受财产的快乐，就会发现，享受财产的快乐内部仍然存在质的差异，并可以发现财产权内部仍然存在位阶关系。基本财产是维持生命和自由的基本条件，其重要性高于非基本财产，所以，享受基本财产的快乐优于享受非基本财产的快乐。因此，基本财产权优于非基本财产权。享受一般财产的快乐优于享受奢侈财产的快乐，因而一般财产权优于奢侈品的财产权。从财产权内部的位阶关系还可以进一步联想到一切涉财权利内部的位阶关系——基本权利优于非基本权利。

涉财权利位阶是功利主义与克制主义争鸣中形成的理论共识。克制主义传统较早提出克制贪欲、过高尚生活的主张。斯多葛派作为克制主义传统的代表，主张"顺应理性"，过理性生活。早期功利主义由于偏重物质利益、忽视精神利益而被克制主义者讽刺为"猪的哲学"。后期功利主义者为回应批评而对自己的立场作出了调整：在重视物质利益的同时，也开始强调克制贪欲、重视精神生活。密尔认为："在一个有那么多东西让人充满兴趣、有那么多东西值得享受、有那么多东西值得改进的世界里，每一个具备一定道德修养和智力水平的人都可以过上一种令人羡慕的生活——除非这样的人被残暴的法律或他人的意志剥夺了自由，无法汲取他原本可获得的幸福源泉。"[1]人们通过精神生活所获得的乐趣与幸福无论是量上还是在质上都远

〔1〕［英］约翰·斯图亚特·穆勒：《功利主义》，叶建新译，中国社会科学出版社2009年版，第24页。

高于享乐带来的乐趣与幸福。在保障基本需要的前提下,克制贪欲、重视精神生活既体现了克制主义与功利主义的共识,也可以推广成为全人类的共识。

如果不对物质快乐进行分类,贸然对物质快乐与精神快乐进行比较,自然有人主张物质利益优先,有人主张精神利益优先,很难得出一致的结论。主张物质快乐优于精神快乐的观点虽有促进生存权改善的积极作用,但也有助长贪欲的消极作用。主张精神快乐优于物质快乐的观点虽有抑制贪欲的积极作用,但也有抑制生存权改善的消极作用。如果将物质快乐分为生存快乐、贪欲快乐,然后再与精神快乐进行比较,就能够得出一致的结论(共识):生存快乐优于精神快乐,而精神快乐则优于贪欲快乐。快乐的质的优越性从高到低的顺序依次为生存快乐、精神快乐、贪欲快乐。

沿着快乐的质的差异论进一步思考,可以提出一个法律原则——高尚生活的权利优于非紧要权利。此处的高尚生活是指除单纯物质生活以外的政治生活和精神生活的总称。高尚生活的权利包括受教育的权利、科学研究的权利、欣赏艺术的权利、管理公共事务的权利、参政的权利、信仰的权利等类型。自由权、平等权、尊严权、知情权、参政权属于高尚生活的权利,在权利位阶体系中的位置不能过低。可以以自由权为例加以说明。有学者在谈到自由权与生存权之间的相互促进作用时指出:“没有自由权(特别是人身自由和思想言论自由),就只会是像动物般、奴隶般的生存。更重要的是,为了争取和保障生存权不能靠生存权自身,而在于首先争取享有人民主权和公民的平等权、自由权乃至革命权等人权,去排除侵犯生存权的各种障碍,否则就不能保障人民的生存与生存权。”[1]例如,我国农村的承包责任制肯定了农民经济自由权,解放了生产力,促进了经济发展,使农民的生存权得到了进一步的保障。可见,自由权与生存权是互为条件的,保障自由权有利于改善生存权。

确立高尚生活的权利优于非紧要权利原则的意义包括如下方面:第一,

---

〔1〕 郭道晖:《法理学精义》,湖南人民出版社2005年版,第122页。

有利于发展高尚文化,引导人们过高尚生活、远离贪欲,有利于人的身心发展。人与动物的不同之处在于,人不满足于物质生活,人有追求高尚生活的需要。在基本生存条件具备的前提下,人们追求高尚生活的愿望就会变得强烈起来。高尚生活给人带来的幸福比贪欲带来的"幸福"强烈而持久。第二,有利于节约资源,减少生态损耗。第三,有利于增强国家民族的核心竞争力。如果说与非紧要权利相对应的物质成果是一个国家的血肉,甚至是赘肉,那么与高尚权利相对应的科学技术、法治、哲学、艺术等文明核心部分则是一个国家的筋骨,它构成了一个国家的文化实力,是一个国家的软实力、核心竞争力,是国家实力最主要的体现。

基本权利对应人的生存快乐,高尚生活的权利对应人的精神快乐,非紧要权利对应着人的贪欲快乐。因此,在整体的涉财权利位阶体系中,权利从优先到滞后的顺序依次为基本权利、高尚生活的权利、非紧要权利。高尚生活的权利处于"中腰"位置,其位置低于基本权利(生存权),又高于非紧要权利。根据非紧要权利的定义,非紧要权利增进整体幸福的作用最微弱,所以,非紧要权利在权利内部位阶体系和整体权利位阶体系中处于最低位置。法律对非紧要权利的保障程度最低,对其克制程度最高。法律在保障人的基本权利之后,就应当优先保障高尚生活的权利,为高尚生活权利的实现创造条件。在高尚生活的权利与非紧要权利发生资源冲突的情况下,应当优先保证高尚生活所需要的资源。

在对高尚生活的权利提供物质支持的实践中应当区分高尚生活的权利与非紧要权利的界限。混淆高尚生活的权利与非紧要权利的界限将会弱化国家对高尚生活的权利的支持力度,助推非紧要权利的泛滥。例如,为文化教育事业建造实用、耐用、好用(便利)的用房属于对高尚生活的权利的支持,而追求楼宇宏大、装修豪华则属于追求非紧要权利的范畴。国家在支持高尚生活的权利过程中严格限制非紧要权利的扩张有利于提高财政资金的使用效率。

(三)人格权优先保护说

法律优先保护人格权的理由在于:第一,人格权与人不可分割,是人过上有尊严生活的必要条件。如果为了获得财产而放弃人格权,人将会降为奴隶的地位,所得财产也不过是权势者的恩赐,随时可以剥夺。因此,没有完善的人格权就没有充分的财产权。第二,人格权不可量化,必须将人格权置于优先保护的地位才能不受财富贫困的牵制。如果将人格权与财产权等量齐观,人格权就会成为商品,就容易被财产置换。

法律优先保护人格权可以分解为如下情况:

1. 人格权优于财产权

人创造财产的目的是增进人的幸福,但在社会生活中,财产成为压迫人的异化力量的现象比比皆是。法律发展趋势之一就是消除财产异化,使财产为人服务。早在1891年,耶林就注意到了法律发展的这一大趋势,认为"此前重视财产权而轻视人;而现在则轻视财产权而重视人"。[1] 有学者认为,《法国民法典》由于重视人格权的保护而被称为"人文主义的民法典",而《德国民法典》由于过于重视财产权的保护、轻视人格权的保护而被称为"物文主义的民法典"。是否重视保护人格权是人文主义的民法典和物文主义的民法典的重要标志。我国拟制定的民法典应是一部人文主义的民法典,应当将人格权置于优先保护的地位。"在那些财产权利和人格权利发生冲突的场合,突出人格的价值,突出人的价值,把人和人格的价值作为最高的价值。"[2]还有学者认为:"应当强调人格权应优先于财产权的基本理念,因此,人格权应当置于民事权利之首。"[3]人格权优于财产权原则是民法典人文精神的重要表现。

2. 人格权优于身份权

民法中的人格权是指公民生来享有,与人身不可分离的权利,包括生命权、健康权、安全权、各种自由权、婚姻自主权(包括结婚权和离婚权)。民法中的身份权,是指公民因获得一定的社会身份而享有的权利,包括荣誉权、配

---

〔1〕 [美]罗斯科·庞德:《法理学》(第1卷),邓正来译,中国政法大学出版社2004年版,第439页。

〔2〕 杨立新主编:《中国人格权法立法报告》,知识产权出版社2005年版,第9页。

〔3〕 王利明:《试论我国民法典体系》,载《政法论坛》2003年第1期。

偶权等。

关于夫妻生育权纠纷案。处理本案的关键是将生育权区分为生育自主权和生育请求权。丈夫或者妻子自身的生育权和不生育权属于生育自主权。生育自主权属于人格权。而配偶的生育请求权(配偶权的一种)属于身份权。根据人格权优于身份权的原则,妻子的不生育权优于丈夫的生育请求权。丈夫要想实现生育权只能放弃"丈夫"身份,与愿意生育的女子建立新的夫妻关系。

3. 与人身有密切联系的财产权优于一般财产权

有学者进一步认为:"与人身有密切联系的权利优先于一般财产权。因此,有关亲属权、继承权也应当优先于物权、债权等财产权。"[1]财产是保障人类幸福的条件之一,但不是唯一条件。财产权的正当行使将给人带来幸福,财产权的不当行使将给人带来痛苦。应当将财产作为为人服务的手段。"国民幸福指数"的提出将有利于弱化一般观念中的"重物轻人"倾向。

有学者注意到了社会生活中存在的利益位阶关系。博登海默认为,某些相互冲突的利益之间存在"位序安排""先后顺序",他认为:"生命的利益是保护其他利益(尤其是所有的个人利益)的正当前提条件,因此它就应当被宣称为高于财产方面的利益。健康方面的利益似乎在位序上要比享乐或娱乐的利益高。"[2]

还有学者指出:"现代侵权法所保护的利益,其基本位阶次序是:人身权最先,财产权益次之,经济利益再次之。依据利益位阶的不同,对相应的民事行为作效力评价时亦应反映出多层次性。"[3]"利益位阶论"与本书的权利位阶论具有一致性,构成了对权利位阶论的支持。

有学者主张将基本法(宪法)和非基本法的分类作为确定权利位阶的标准:基本权利应当得到优先配置,非基本权利应当作出让步。笔者认为此观

---

[1] 王利明:《试论我国民法典体系》,载《政法论坛》2003年第1期。

[2] [美]博登海默:《法理学——法律哲学与法律方法》,邓正来译,中国政法大学出版社1999年版,第400页。

[3] 韩世远:《免责条款研究》,载梁慧星主编:《民商法论丛》(第2卷),法律出版社1994年版,第500页。

点值得商榷。基本法中所规定的权利并不具有独特性。许多权利既在基本法中作了规定,也在非基本法中作了规定。例如,言论自由权既是宪法中规定的一种宪法权利,也是民法规定的一种人格权。人格尊严权既是宪法所规定的权利,也是民法、刑法所规定的权利。所以,将基本法和非基本法的分类作为确定权利位阶的标准不能清晰地告诉人们哪些权利是高位阶的权利,哪些权利是低位阶的权利。

二、权利位阶论蕴含的具体法律原则

不同位阶的权利的权重是不同的,高位阶权利的权重大于低位阶权利的权重。权利位阶理论启示我们,在当前的法律实践中,应当重视保护如下高位阶的权利。

1. 与保护生命健康权有关的法律原则

生命是权利的载体。生命是 1,权利是 1 后的 0。没有生命,一切权利都没有意义。生命权是最基本的权利,是其他一切权利得以存在的前提条件。生命权在权利位阶体系中处于最高位置。生命权的优先性是权利位阶论的最有力的证据。珍爱生命是多元文化体系共识。

(1)行人的生命健康权优于机动车通行权

在机动车的通行权(属于自由权的范畴)与人的生命健康权发生冲突的情况下,行人的生命健康权优于机动车的通行权。交通管理法规应优先保障生命健康权。1999 年沈阳市政府颁布了《行人与机动车道路交通事故处理办法》,采用了“过错责任原则”——在由行人的过错造成交通事故的情况下,责任由行人自负。该规定违背了《民法通则》有关“高度危险作业致人损害”的特殊侵权行为适用“无过错责任”的规定。2003 年全国人大常委会通过、2004 年实施的《道路交通管理法》采用了“无过错责任”制度,体现了对生命健康权的尊重。为解决肇事车主赔偿能力不足的问题,必须引入交通车辆强制保险制度。在发生交通事故的情况下,肇事车主的赔偿责任就转由保险公司承担。可见,在许多案件中,权利冲突无法在个案中得到圆满的解决,需要国家权力的介入,需要有一整套完备的制度作为后盾。

(2)生命健康权优于财产权,生命健康权优于经营权

关于张连起诉张学珍死亡赔偿纠纷案。1986 年 10 月被告张学珍承包了天津碱厂的一项厂房拆除工程。由于厂房大梁折断,导致工人张国胜死亡。张国胜的父亲张连起向塘沽区法院提起诉讼,要求赔偿全部损失。张学珍以劳动合同中约定“工伤概不负责”为由拒绝赔偿。《最高人民法院公报》1989 年第 1 期公布的“张连起诉张学珍损害赔偿纠纷案”认为,工伤概不负责的条款违背了宪法和有关劳动法规,严重违反社会主义公德,因此认定本条款无效。

在工厂、矿山出现重大事故的情况下,出现了工人的生命权健康权与雇主的财产权和经营权之间的冲突。本判例及司法解释包含如下法律原则:生命权优于财产权,生命权优于经营权,健康权优于财产权,健康权优于经营权。在工厂、矿山出现工伤事故,需要雇主支付大额医疗费的情况下,工人的生命权优于雇主的财产权。在工伤未治愈的情况下,雇主不得以经济困难为由停止支付医疗费。为解决雇主赔偿能力不足的困难,保障受伤工人得到及时充分的救治,应建立工伤事故强制保险制度。雇主向保险公司交纳一定数额的保险费,当工伤事故发生时,雇主的赔偿责任转由保险公司承担。资本主义的一个特点就是以资为本,其结果是财产压迫人。而人本主义(就是“人文主义”)的一个特点是以人为本,要求财产(包括资本)为人服务。为避免财产对人的压迫,就必须将生命健康权置于优先于财产权的地位。人本主义是资本主义的一个对立面。

(3)避险人的生命权优于其他人的财产权

在紧急避险过程中,避险人为了避险的需要可以合理地使用他人的财产。同时,对他人的财产权也应当尽量保护。避险人使用他人财产应当限于必要的范围内,避险结束之后应当对他人的财产损失予以赔偿。

(4)病人的生命健康权优于隐私权

在医生给病人看病的情况下,经常会发生生命健康权和隐私权的冲突。根据权利位阶理论,生命健康权优于隐私权。当然,也注意保护隐私权。医生检查的范围和方式应当以诊治疾病的需要为限度。

(5)公众的生命健康权优于通行自由权

在疫病流行期间,卫生部门、公安部门有权依法对行人、车辆进行检疫检查。

2. 与保护生存权有关的法律原则

生存权是指拥有维持生命健康所必需的基本条件的权利的总称。生存权包括基本食物权、基本居住权、基本医疗权、基本财产权、享受社会保障的权利、享受免费教育的权利等。生存权在权利位阶体系中处于较高位置,应当予以重点保障。保障生存权也可以成为多元文化体系的共识。

(1)生存权优于债权

在不能清偿到期债务的情况下,不得将维持生存的基本生活条件作为强制执行的标的。根据《民事诉讼法》第243条的规定,法院在执行被执行人的收入时,应当保留被执行人及其所抚养家属的生活必需费用。根据《民事诉讼法》第244条的规定,法院在执行被执行人的其他财产的时候,应当保留被执行人及其所抚养家属的生活必需品。在执行程序中,生存权可以对抗国家的执行权。

(2)食物权的优先性

第一,食物权优于交通权。在食物权未能得到充分实现的情况下,利用粮食生产燃料乙醇,用于调配乙醇汽油的做法是不正义的。第二,食物权优于债权。在食物匮乏的情况下,用粮食还债的做法是不妥的。第三,食物权优于经营权。在18世纪40年代的爱尔兰饥荒中,许多人死于饥饿,但同时也有大量粮食出口到英国。[1] 在市场经济中,经济主体的逐利本性促使资源流向出价最高者。饥荒造成了爱尔兰人交换权利缺乏和购买力不足,从而形成了对粮食的有效需求不足。自发的市场经济与传统的经济学有重效率而轻公平、重赢利而轻生存权保护的倾向。这一实例说明了单纯的市场经济在粮食供给上存在局限性。在发生饥荒的情况下,应当发挥国家对粮食市场

---

〔1〕 参见[印度]阿玛蒂亚·森:《贫困与饥荒——论权利与剥夺》,王宇、王文玉译,商务印书馆2012年版,第197页。

的宏观调控作用,国家可以禁止饥荒地区的粮食外流,并鼓励其他地区的粮食流向灾区。

基本食物权优于非基本食物权。朱元璋处理的军队中发生的胡大海之子军粮造酒案说明了基本食物权(吃粮的权利)优于非基本食物权(饮酒的权利)。食物权属于具有明显资源消耗的权利,其内部存在位阶关系,食物权内部的不同位阶应当予以区别对待。

3. 安全权优于自由权(通行自由权、通信自由权、住宅权、隐私权等)

例如,在紧急状态下,出现了安全权和自由权的冲突,安全权应得到优先满足。《公民权利与政治权利国际公约》第 4 条第 1 款规定:"在社会紧急状态威胁到国家的生命并经正式宣布时,本公约缔约国得采取措施克减其在本公约下所承担的义务,但克减的程度以紧急情势所严格需要者为限。"但自由权也应得到切实的保障。其第 2 款规定,在紧急状态下采取的措施不得剥夺生命权,不得使用酷刑,不得剥夺宗教自由。

4. 与保护安宁权、休息权有关的法律原则

根据心理学需求层次理论,安宁权、休息权属于人的较为基本的需要。根据医学理论,安宁的心理状态、充分的休息与人的健康存在密切联系。在权利位阶体系中,安宁权、休息权与健康权相临近,具有较高位阶,应该得到优先保护。

例如,安宁权、休息权优于娱乐权。在钢琴噪声污染案、麻将噪声污染案中,有人在居民区内和居民区附近随心所欲地弹钢琴、打麻将,发生了娱乐权与安宁权的冲突。笔者认为,安宁权、休息权与娱乐权不应受到平等保护,而是安宁权、休息权应得到优先保护。

再如,安宁权优于经营权。有人在居民区内和居民区附近从事经营活动(如经营歌厅、饭店等),噪声和油烟破坏了安宁的环境,于是发生了安宁权与经营权的冲突。有学者主张按照法定的噪声排放标准解决双方的权利冲突。《环境噪声污染防治法》第 43 条规定:"经营中的文化娱乐场所,其经营管理者必须采取有效措施,使其界限噪声不超过国家规定的环境噪声排放标准。"有学者认为:"该环境噪声排放标准就是两种权利互不侵犯的界限,也

就是两种权利均衡的界限。超过这个界限,就构成侵犯他人的休息权,侵权人应当承担法律责任。"[1]笔者认为,安宁权应得到优先保护。用已有的法律解决歌厅的营业权与周围居民的安宁权(包括休息权)的冲突是不够的,法律还应当作出进一步的规定:第一,居民区附近的噪声排放标准应当更加严格。第二,在居民区内部和周边开办歌厅、饭店等营业必须征得居民的同意。

三、权利位阶原则的适用范围

权利位阶原则的适用范围包括:第一,对生命具有不同意义的人格权之间的冲突。第二,人格权与身份权之间的冲突。第三,人格权与财产权之间的冲突。

权利位阶原则在一定范围内成立,是相对的而不是绝对的。不具有位阶关系的人格权之间的冲突(如言论自由权与名誉权的冲突)和与人身权没有直接关系的纯粹财产权(物权、债权、知识产权中的财产权部分)之间的冲突不适用权利位阶原则。虽然财产权之间的冲突也存在优先性的问题,但是,某种权利的优先保护是按照最大利益原则和国家的产业政策确立的。可见,并不是一切优先保护的权利都是高位阶的权利。

权利位阶原则存在例外情况。例如,在救灾、打击犯罪、防御侵略等重大社会利益面前,生命权等高位阶的权利也可以依法作出必要的限制(在下文的"最大利益原则"中将对此详述)。权利位阶原则的例外情况不能作为否认权利位阶的理由。

权利位阶原则只是解决权利冲突原则体系中的一个原则。该原则只能解决一部分权利冲突,而不能解决一切权利冲突。因此,权利位阶原则是相对的,而不是绝对的。笔者反对任意扩大权利位阶原则适用范围的绝对的权利位阶论,主张权利位阶原则在一定条件下成立的相对的权利位阶论。

---

[1] 关今华:《权利冲突的制约、均衡和言论自由优先配置质疑——也论〈秋菊打官司〉案、邱氏鼠药案和言论自由》,载《法学研究》2000 年第 3 期。

四、权利位阶体系存疑

考虑以上确定权利位阶的两个标准,借鉴当代学者关于权利位阶体系的探索,笔者也试图提出一个权利位阶的体系,供大家批判,以求抛砖引玉之效。权利位阶由高到低依次为:

第一,生命权。

第二,安全权。安全权是生命权的保障。

第三,生存权。生存权是拥有维持生命所必需条件的若干权利的总称。生存权的具体类型包括基本财产权、基本居住权、享受最低生活保障的权利等。生存权是维持生命、维护基本自由、享有基本的发展机会、保持最低限度的人格尊严的条件。因此,生存权的各种类型具有准人格权意义,其在权利位阶体系中的地位较高。例如,基本财产权优于非基本财产权,基本居住权优于非基本居住权,享受最低生活保障的权利优于消费非必需品的权利。

第四,健康权、环境权。环境权是指公民享有的无害于健康的清洁环境的权利。环境权包括拥有不受污染的土地、饮用水、空气、居住环境的权利。清洁环境权是人保持健康的条件,因而在权利位阶体系中处于与健康权接近的位置。在污染企业的经营权与居民的环境权发生冲突的情况下,居民的环境权优于企业的经营权。

第五,安宁权、休息权、便利权。

第六,性自主权、生育权。生命权优于性自主权。为了维护男权社会道德,而强迫妇女反抗性侵害的法律是不人道的。妇女面临性侵害是选择奋力反抗还是选择保全生命应当是自由的,这完全是其个人行为。

第七,基本受教育权。公民有接受基本教育的义务,因而,这类教育又称为义务教育。国家对基本受教育权的实现承担保底责任。享受义务教育的权利优于享受高等教育的权利。

第八,自由权(包括人身自由权、通信自由权、通行自由权、迁徙权、言论自由权、信仰自由权等)、平等权、尊严权、姓名权、肖像权、名誉权、隐私权。保障自由权对保障生存权具有促进作用。首先,保障自由权,有利于保障选择生存方式的权利。其次,保障言论自由权,可以增强人们对公共事务的话语权、参与权,有利改善生存的制度环境。在自由权得到保障的社会,生存才不是统治者的恩赐,而是人应有的权利。将生存权与自由权对立起来,借口保障生存权而排斥自由权的做法是错误的。有了自由权,人才能摆脱动物和奴隶的生存状态,真正过上人的生活。

自由权优于债权。在电影《白毛女》中,杨白劳父女欠了黄世仁的债务,黄世仁要求杨白劳用其女儿喜儿抵债。黄世仁的要求不符合现代法的要求。喜儿的自由权优于黄世仁的债权。

第九,政治权利(如选举权、结社权)。政治权利性质与自由权接近,其位阶低于安全权、基本财产权,高于非基本财产权。

第十,身份权(荣誉权、监护权、配偶权、知识产权的人身权部分等)。

第十一,享受高等教育的权利。

第十二,与人身权有密切联系的财产权(如继承权)。

第十三,与人身权无密切联系的财产权(物权、债权、知识产权的财产权部分、经营权等)。生存权的位阶高于财产权、经营权。社会上流行着一种观点,倾向于将财产权、经营权与生存权混同起来。这种观点在社会保障制度不健全的社会中具有一定合理性。在社会保障制度能够保障人的基本生存条件的情况下,经营权与生存权就不能再混同了。这就为有效地保护高位阶的权利准备了条件。

第十四,娱乐权、景观权。景观权是人们拥有的美观环境的权利,是审美权利的范畴,是人维持心灵愉悦的条件,因而在权利位阶体系中与娱乐权接近。景观权不属于通常所说的环境权,景观权与环境权不可混同。在权利位阶体系上,环境权优于景观权。城市建设指标体系、政绩评价体系对景观提出过高的要求具有许多消极作用:将会造成政府支持的过度拆迁,传统街区的保障民生作用就会被忽视,自然原生态的存在价值就会被忽略;将会造成巨大的资源浪费;将会造成巨量的城市垃圾危害周围乡村环境。

磨坊主诉皇帝案是德国 19 世纪末出现的一桩著名案例。德国皇帝威廉一世在波茨坦有一座离宫。离宫前的一座磨坊有碍观瞻。皇帝希望买下磨坊,磨坊主拒绝出卖。皇帝下令将磨坊拆毁。磨坊主向法院起诉皇帝。法院判决皇帝重建磨坊并赔偿损失。皇帝服从法律,向人民让步,履行了法院的判决。皇帝事后对人说:我国有这样正直的法官,是我国最可喜的事。可从本案判决中提出一个法律原则:财产权、经营权、谋生方式选择权优于景观权。该案例既是说明法律权威的案例,也是说明权利位阶的案例。

第十五,追求高级物质享受的权利(如消费奢侈品的权利、过度消费的权利、炫耀型消费的权利)。我国传统反对"暴殄天物"。我国政府大力倡导建立"节约型社会"。在法律上,既要通过保护高位阶的权利抑制追求高级物质享受的权利而减少各种浪费行为,又要制定强制性规范禁止严重的浪费行为。这是权利位阶论的又一有力支撑。同时也应当注意到,不应当一概禁止追求高级物质享受,适度的高级消费具有鼓励创造的作用。例如,乘坐现代交通工具,使用现代通信设备都不是生存所必需,但其形成的消费需要具有鼓励技术创新、刺激创新型产业的作用。

有学者担心实行权利位阶原则有可能威胁法律面前人人平等的原则。笔者认为,这种担心是不必要的。笔者赞成有学者将权利主体与权利类型相区别的观点:"权利类型之间则存在一定的位阶关系,它们之间可能因其价值的高低而处于不平等地位。这种不平等并未违反主体资格平等原则。"[1]权利位阶涉及权利类型之间的不平等,而法律面前人人平等原则则涉及权利主体法律地位的平等。在需要适用权利位阶原则的情况下,只要我们对每一个人都平等地、一贯地适用该原则,同类案件同类处理,就不违背法律面前人人平等原则。

人文主义法学为权利位阶论提供了坚实的理论基础。权利位阶论是人文主义法学的一个重要子课题,对人文主义法学给予了坚强的支持。在我国倡导"以人为本"的情况下,我们必须敢于高举权利位阶论的旗帜。坚持权利位阶论必将引起立法、行政、司法观念的深刻变化。

---

〔1〕 林来梵、张卓明:《论权利冲突中的权利位阶——规范法学视角下的透析》,载《浙江大学学报》2003 年第 6 期。

第三节 权利平衡原则

权利平衡原则,是指因为同一类权利为不同主体所拥有,或两种权利未能明确确定位阶关系而发生权利冲突的情况下,法律将两种权利置于平等保护的地位。该原则是在权利的平等保护论的启示下形成的。权利平衡原则又称"权利平等保护原则"或"权利均衡原则"。

权利平衡原则的适用范围包括如下情况:

一、同一类权利为不同主体所拥有而产生的权利冲突适用权利平衡原则

第一,社会保障领域的利益应当实行平均分配。资源稀缺性程度越高,资源的分配越应当用于满足人的基本需要,越应当克制非基本需要对资源的消耗。资源的稀缺程度越高,越应当接近平均分配,越应当克制其他分配原则的运用。在社会保障领域,每个人有权享受平等的社会保障服务。公民享受物质帮助权的平等化是当代社会保障制度的发展方向。第二,在破产清偿程序中,处于同一清偿顺序的债权应得到平等偿还,而不应考虑每一个债权人的身份。第三,食物极端匮乏情况下的食物配给制度实行严格的平均分配。在第二次世界大战时期,列宁格勒曾因遭德军围困而造成食物匮乏。该市实行的食物配给制度平等保护每个人的食物权,保证了军民在强敌面前保持较高的凝聚力。在被围困的情况下,食物是所有的资源中最稀缺的资源。为了保持个人对共同体的认同感,为保持个人对社会正义的信心,平均分配几乎成为唯一的分配形式。中国的3年粮食匮乏时期(1959~1961年)也实行了食物配给制度,社会稳定得以维护。坚持食物权的优先性、坚持基本食物权优于非基本食物权、坚持食物匮乏条件下的平等分配有利于改善食物权的配置状况,促进食物分配的合理化。如果食物权配置不合理,即使在粮食供给充足的情况下也可能发生饥饿现象,在粮食生产形势恶化的情况下,饥饿现象就会更严重。如果食物权配置合理,除极端特殊的情况(如遭围困的情况)外,不管粮食生产形势好坏都不会发生饿死人的悲剧。第四,在义务教

育阶段,每一个学生的受教育权应得到平等保护。国家应为每一个学生提供尽量同等的教学服务。在义务教育阶段划分重点学校和非重点学校、重点班和非重点班的做法不符合当代义务教育制度的要求。第五,在公立医院内部,每一个病人的就医权应得到平等保护。公立医院应为每一个病人提供平等的医疗条件。公立医院内部划分特殊病房和一般病房的做法不符合当代公立医院制度的要求。

财产权(物权、债权、知识产权中的财产权部分)为不同主体享有而产生的权利冲突适用权利平衡原则。例如,在一般情况下,不同所有制企业的财产、公共财产与个人财产应当予以平等保护,不应按照财产主体的身份区别对待。在特殊情况下,为了追求最大利益,优先保护某些主体(如国有经济主体或弱势主体)的财产权利属于法律的特例。

二、言论自由权与其他人格权之间的冲突可适用权利平衡原则

言论自由权、肖像权、名誉权、隐私权等权利都属于人格权的范畴。按照权利位阶理论进行审查,它们之间并不存在位阶关系。学术界关于言论自由权与其他人格权谁优先的问题是围绕如下两个案例展开的。

案例一,贾桂花诉北京青年电影制片厂侵犯肖像权案(以下简称贾案)。在电影《秋菊打官司》中,有4秒钟时间出现村民贾桂花的形象,贾桂花脸上长有麻子,因此遭人耻笑。贾桂花以摄制组所在的北京青年电影制片厂侵犯其肖像权为由向北京市海淀区法院提起诉讼。法院认为摄制组的行为不构成侵权。

案例二,邱满囤诉5位科学家侵犯名誉权案(以下简称邱案)。河北农民邱满囤自称发明了特效鼠药。5位科学家根据科学原理,在未经检验的情况下在报纸上发表文章,批评邱氏鼠药含有违禁的化学物品,将对环境造成危害。邱满囤以5位科学家侵犯其名誉权为由将5位科学家告上法庭。法庭

在未对邱氏鼠药进行检验的情况下判决邱满囤败诉。[1]

关于言论自由权与其他人格权谁优先的问题,有如下几种观点:

第一种观点认为,言论自由权优于其他人格权(肖像权、名誉权、隐私权等)。苏力援引制度经济学和经济分析法学的思想方法来解决权利冲突问题。他说:"言论自由的重要性不在于其被规定为公民的基本权利,从根本上看,而在于这种规定的制度效用。"[2]他认为,确认言论自由的优先性有利于优化整体权利的配置。以上两案件的判决结果采纳了类似苏力的言论自由权优于肖像权、言论自由权优于名誉权的观点。笔者不赞成言论自由权优于其他人格权的观点。理由在于:第一,在现代法治社会中,已确立言论自由权优于公共人物的人格权的制度,足以防止公共权力的腐败,维护社会公共生活的透明、公正。没有必要确立言论自由权优于普通公民人身权的制度。第二,在现代信息技术日益发达的今天,实行言论自由权优于普通公民人身权的制度不利于维护公民的人格权利益(如隐私利益),背离了人的需要。

第二种观点认为,其他人格权优于言论自由权。有学者认为:"当新闻批评的自由与人格权的保护之间发生冲突的时候,法律向人格权的保护倾斜,着重保护人格权不受侵犯。"[3]笔者不赞成人格权优于言论自由权的观点。实行人格权优于言论自由权的制度不利于保障公民的言论自由。人的认识存在局限性,不宜对行使言论自由权的人提出过于苛刻要求,否则将会损害言论自由,损害社会利益。

第三种观点认为,言论自由权和其他人格权应当平衡,即应当予以平等保护。有学者认为:"言论自由权与人身权是两种同等重要的法律权利,两者不存在主次之分和何者优先的问题。言论自由优先配置不符合我国法律规

---

〔1〕 贾案和邱案案情参见苏力:《秋菊打官司的官司、邱氏鼠药案和言论自由》,载苏力:《法治及其本土资源》,中国政法大学出版社 2004 年版,第 187 ~ 189 页。

〔2〕 同上书,第 201 页。

〔3〕 杨立新:《隐性采访和人格权保护》,载《河南政法管理干部学院学报》2001 年第 5 期。

定，也不符合我国国情。”[1]作者主张对言论自由和名誉权、肖像权等人格权予以平等保护。关于贾案，关文认为，制片厂对贾氏的肖像权造成一定损害，法院应支持原告的诉讼请求。关于邱案，关文认为，5位科学家在未对邱氏鼠药进行鉴定的情况下，在报纸上对邱氏鼠药进行批评，是违背科学道德的行为。然而是否认定5位科学家的行为侵犯了邱满囤的名誉权，还要看司法鉴定的结果。法院应委托有关单位对邱氏鼠药进行鉴定，然后作出裁判。如果邱氏鼠药确实含有违禁的化学物质（氟乙酰胺），就可以不认定构成侵犯名誉权；反之，就可以认定构成侵犯名誉权。我国的法院应适当保留审判中的职权主义因素（纠问程序因素），法院应查明事实，收集证据，然后作出裁判。对于英美法系的当事人主义的审判程序，中国可以吸收，但不宜完全照搬。

笔者赞同言论自由权与人格权平衡论。理由在于，我们无法根据权利位阶理论确定言论自由权与一般公民的人格权之间存在位阶关系。因此，应适用权利平衡原则解决这两种权利的冲突。

第四节　最大利益原则

最大利益原则，是指在发生权利冲突的情况下，应当按照利益最大化的原则配置权利，即优先满足较大利益，同时，也应当尽可能满足较小利益。该原则是在利益衡量论的启示下形成的。

最大利益原则体现在如下几个方面。

一、成本低的方案优于成本高的方案

以搬迁为例。在“三费”排放权利冲突案中，企业排放达到法定标准的“三费”仍有可能对居民造成危害。这就需要对居民住宅或者工厂实施搬迁，于是产生了居民的居住权与工厂的处所权的冲突。是选择搬迁居民住

---

〔1〕 关今华：《权利冲突的制约、均衡和言论自由权优先配置质疑——也论〈秋菊打官司〉案、邱氏鼠药案和言论自由》，载《法学研究》2000年第3期。

宅,还是选择搬迁工厂呢? 根据传统的民法理论,工厂作为加害方有停止侵害的义务,要通过搬迁实现工厂与居民区的分离就应当搬迁工厂。经济分析法学派代表认为美国法官波斯纳则对这一传统观点提出了挑战。波斯纳认为法院应选择成本最低的搬迁方案。搬迁居民住宅的成本低,就搬迁居民住宅;搬迁工厂的成本低,就搬迁工厂。[1]

二、权利的双赢有利于实现最大利益

例如,《武松打虎图》著作权与商标权冲突案。山东景阳冈酒厂未经《武松打虎图》著作权人的许可使用该图取得了注册商标,已经使用了8年,在社会上具有一定影响。1997年商标评审委员会撤销了该商标。该厂因此遭受了巨大的经济损失。[2] 该案的解决方式虽然合法但却无效率、不合理。该案最好的解决方式是引入补偿法则,由商标权人给予著作权人充分的补偿,并获得继续使用该商标的权利。如果双方不能达成和解协议,法院也可以作出类似判决。

再如,阿本德诉MCA公司侵犯著作权纠纷案。原告Abend享有一部小说的使用权,被告MCA公司未经许可使用了该小说拍摄电影。如果严格适用保护在先权利原则,法院应判决被告停止侵权并支付赔偿金。但是,这种判决对当事人双方和整个社会都不利。1988年美国联邦第九巡回区上诉法院作出判决:允许被告继续使用该小说,并向原告支付足额的补偿费。该判决是知识产权法中的补偿法则(制度)的典型例证。补偿法则是指在排他性不强的权利冲突中,在后权利侵犯了在先权利的情况下,可以要求在后权利人向在先权利人支付足额的补偿费,于是,可以承认在后权利的合法性。补偿法则适用于不同类型的知识产权之间的冲突,如著作权与商标权、外观设计专利权之间的冲突。不同类型的知识产权的利益排斥性不强。在这类权利冲突中,实行补偿法则有利于实现社会利益的最大化。在本案中,法院并

---

〔1〕 参见[美]波斯纳:《法律的经济分析》(上),蒋兆康译,中国大百科全书出版社1997年版,第86页。

〔2〕 参见冯晓青、杨利华:《知识产权权利冲突及其解决原则》,载《法学论坛》2001年第3期。

没有机械地适用保护在先权利原则,而是引入补偿法则。补偿法则与保护在先权利原则并没有实质上的对立。补偿法则是与保护在先权利原则并存的制度。该判决兼顾了原告和被告的利益,同时也实现了社会利益的最大化。[1] 相对于保护在先利益原则,补偿法则属于例外情况,其适用应该有严格的条件限制,不宜过于频繁地适用。

三、在公共利益与个人利益发生不可调和的冲突的特殊情况下,公共利益优于个人利益

传统的团体本位论主张公共利益在任何情况下都优于个人利益,个人应当无条件地服从团体。团体本位论的积极作用在于:有利于发展爱团体的美德。团体本位论的消极作用在于:压抑个人的潜能和创造性,导致民穷国弱;导致团体利益的虚幻性;导致团体成为压迫个人的异化力量;导致掌握公共权力的人对不掌握公共权力的人的支配。而现代法治则重视保护个人的利益,承认个体本位、权利本位的合理性。罗尔斯认为:"社会的每一个成员都被认为是具有一种基于正义、或者说基于自然权利的不可侵犯性……由正义保障的权利不受制于政治的交易或社会利益的权衡。"[2] 团体本位论和个体本位论作为两种相互竞争的范式在历史上存在着此消彼长的关系,二者各有一定合理性。法律实践对这两种范式应当兼收并蓄。处理公共利益与个人利益关系的办法是:第一,将个人利益与公共利益的平等保护作为一般原则。第二,将公共利益的优先保护作为特别原则。只有在上述公共利益与个人利益发生不可调和的冲突的特殊情况下,考虑到公共利益(必须是真实的公共利益)较大,个人利益较小,才优先保护公共利益,抑制甚至是舍弃个人利益。这样,既没有破坏同类案件同类处理的法治原则,又可以保证公共利益在总体上处于领先地位。公共利益没有必要在一切领域都处于领先地位。为了公共利益而限制个人利益的做法不应当频繁采用,否则不仅会破坏同类案件

---

[1] 参见刘红:《我国知识产权权利冲突解决途径探析》,载《知识产权》2004 年第 6 期。

[2] [美]罗尔斯:《正义论》,何怀宏译,中国社会科学出版社 1988 年版,第 25 页。

同类处理的法治原则，而且会使真实的社会利益受到损害。

例如，在征收制度中，存在着国家的征收权和个人的财产权之间的冲突。可以将财产权分解为对有形财产的占有权和对财产价值的拥有权两种成分，然后区别对待。第一，国家的征收权优于个人对有形财产的占有权。国家的征收权与个人对有形财产的占有权是不可调和的。为了实现公共利益，必须保障国家的征收权，舍弃个人对有型财产的占有权。个人无权抗拒国家对有形财产的合法征收，而仅有权通过诉讼等合法手段抵制国家的非法征收。第二，国家的征收权和个人对财产价值的拥有权的冲突是可以调和的，在一般情况下应当适用平等保护原则。在个人财产被征收的情况下，个人享有要求充分、合理、及时的补偿的权利。

又如，在专利实施的强制许可制度中，出现了专利权人和取得强制实施许可的人在实施权上的冲突。可以将专利权分解为实施权和收益权两个方面，然后区别对待。第一，国家的专利实施权优于个人的专利实施权。在专利的实施权方面，法律规定了公益性强制实施许可制度——在国家出现紧急状态或者非常情况时，或者为了公共利益的目的，国务院专利行政部门可以给予实施发明专利或实用新型专利的强制许可。法律通过规定公益性强制实施许可制度剥夺了专利权人实施专利的权利。第二，在专利的收益权方面，则应对专利权人的利益予以充分的保障。

再如，随着人口的膨胀，发生了个人的生育权与全社会的发展权、幸福权之间的冲突。

为实现全社会的公共利益，必须推行计划生育的国策，必须对个人的生育权作出必要限制。

四、紧迫的利益优先于非紧迫的利益

利益的紧迫性在不同的场合和事物发展的不同时段有可能发生变化。立法机关和法院在进行利益衡量时，应考虑利益的紧迫性。

在救灾、打击犯罪、防御侵略等重大社会利益面前，高位阶的权利也可以依法作出必要限制。当这类情况发生的时候，消防队员不得以生命权、健康

权、安全权受到威胁为理由拒绝执行救灾命令。士兵不得以生命权、健康权、安全权受到威胁为理由拒绝执行作战命令。但也应注意保护相关人员的生命权、健康权、安全权,防止不必要的伤亡。

犯罪纪录片播放案(德国,1973 年)是支撑本论点的较好例证。某罪犯犯抢劫罪被判有期徒刑。在罪犯即将刑满释放时,电视公司播放了反映当年犯罪情节的纪录片。该罪犯向法院起诉,要求电视公司停止播放。法院支持了罪犯的诉讼请求。在罪犯服刑过程的不同阶段,权利配置方案有所不同。在罪犯服刑期间前期和中期的大多数时段,遏制犯罪的社会利益高于罪犯的隐私利益,新闻媒体公布犯罪分子的肖像、隐私是合法的,言论自由权优于罪犯的肖像权、隐私权。在罪犯服刑期限即将结束时,罪犯回归社会的利益比新闻媒体通过行使言论自由权遏制其犯罪的利益更大。保护罪犯的肖像权、隐私权有利于其回归社会。[1] 在这一阶段,罪犯的回归社会权、肖像权、隐私权优于电视公司的言论自由权。

关于罗伊诉韦德案。得克萨斯州的一名化名罗伊的妇女因被强奸而怀孕。可是该州的法律禁止堕胎(为保护孕妇生命而必须堕胎的情况除外)。罗伊不得不将孩子生下来送给了他人。1973 年美国联邦最高法院以 6∶3 的多数意见裁定:得克萨斯州的法律过于宽泛地限制了妇女的生育选择权。布莱克门法官在判决意见中按照胎儿发育规律将妇女妊娠的过程分为三个阶段。第一阶段,前 3 个月,堕胎危险性较小,妇女可以自行堕胎。第二阶段,中间 3 个月,堕胎危险性增大,政府可以出于保护妇女健康的目的限制堕胎。第三阶段,后 3 个月,胎儿离开母体有独立存活的可能性,政府出于保护胎儿生命的目的应禁止堕胎。

在上述三个阶段中,不同利益的紧迫性程度是不同的,因而,相互冲突的权利的优先地位也是不同的。在第一阶段,胚胎未成人型,妇女享有充分的堕胎权(属于生育自由权,人格权),法律和政府不得干预。在这一阶段,为

---

〔1〕 参见林来梵、张卓明:《论权利冲突中的权利位阶——规范法学视角下的透析》,载《浙江大学学报》2005 年第 6 期。

实现妇女的堕胎权就必须舍弃胚胎的生命权。可见,生命权并不是始终优于人格权。在第二阶段,胎儿已成人型,但离开母体不能存活,法律和政府可以为保护妇女健康限制堕胎。在这一阶段,妇女的健康权优于妇女的堕胎权和胎儿的生命权。在第三阶段,胎儿离开母体可以独立存活,法律和政府应禁止堕胎。在这一阶段,为保障胎儿的生命权就必须舍弃妇女的堕胎权。

五、言论自由权优于公共人物的人格权

(一)言论自由权优于公共人物的名誉权

沙利文诉纽约时报案。1960 年某天,《纽约时报》刊登题为《请倾听正在高涨的呼声》的政治广告,描述了警察镇压一场反对种族歧视的非暴力抗争运动的情形。文中有些细节不够真实(例如,马丁·路德·金只被逮捕过 4 次,而不是 7 次)。亚拉巴马州蒙哥马利市负责警察事务的市政专员沙利文向亚拉巴马州最高法院控告《纽约时报》侵犯其名誉,犯有诽谤罪。亚拉巴马州最高法院认为,《纽约时报》不能证明其广告的真实性,判决其向原告支付 50 万美元的惩罚性赔偿金。1964 年联邦最高法院 9 位法官一致支持推翻亚拉巴马州最高法院的判决。布伦南法官在判决意见中指出:公共人物要想在侵犯名誉权诉讼中获胜,必须证明被告有“实际恶意”(明知叙述不实或全然不顾是否不实),公共人物负举证责任。[1] 如果亚拉巴马州最高法院的判决生效,将会使言者担心承担过重的法律责任而缄口不言。联邦最高法院的判决将会使言者放心大胆地监督政府和公共人物的行为。言者对政府和公共人物的批评很难做到绝对真实,法律不宜对言者提出过于苛刻要求。关于公共人物的范围,笔者认为,公共人物是指具有较高的公共职务和因公众关注而获得巨大利益的人。不能将某种职业的从业者一概地归入公共人物的范围。职业仅是确定公共人物的参考因素。

(二)言论自由权优于公共人物的隐私权

在 20 世纪 30 年代,美国法官丹尼尔在迈尔文诉瑞德案的判决理由中指

---

〔1〕 参见邱小平:《表达自由——美国宪法第一修正案研究》,北京大学出版社 2005 年版,第 150 页。

出:“公职候选人私生活对选民公开,乃是公共利益所必须。在此种情况下,其隐私权并不存在。”[1]政府官员隐私权克减的理由在于:第一,政府官员的年龄、学历、健康状况、财产来源等信息的公开,让公众了解,有利于政府官员的选拔和对政府行为的监督。政府官员隐私权克减是保护公民言论自由权和知情权、维护良好的公共生活秩序的需要。第二,政府官员可以从良好的声望中获得利益,足以弥补隐私权克减造成的损失。政府官员的隐私权克减并不违背公平正义的原则。政府官员以外的其他公共人物(文化、艺术、体育方面的明星)的隐私权克减也体现类似的道理。

苏文中关于保障言论自由权的重要性的论述是很精彩的。在现代社会中,言论自由具有巨大的社会效益。科学研究领域的言论自由促进了科学技术的进步,政治法律领域的言论自由保证了民主法治制度的运行,文学艺术领域的言论自由带来了大量的精神产品,社会生活领域的言论自由遏制着人性中黑暗的一面、维护着人的尊严。总之,保障言论自由权是实现各种权利的前提,对促进整体的社会利益具有重要意义。因此,各国纷纷将言论自由作为宪法保护的公民的基本权利。法律保障公民的言论自由的方式应当合理。法律没有必要规定言论自由权优于所有公民的人格权,只需规定言论自由权优于公共人物的人格权,保证社会公共生活的廉洁就足以维护社会的基本秩序了。

六、环境要求高的权利优于环境要求低的权利

环境要求高的权利,是指在较高的环境条件下方能实现的权利。环境要求低的权利是指在较低的环境条件下就可以实现的权利。二者的区分是相对的。例如,师生的教学权、安宁权对时空环境条件的要求较高,难以调整;而小商贩的叫卖权对时空环境条件要求较低,容易调整,小商贩只能在离学校一定距离的地方行使叫卖权。师生的教学权优于小贩的叫卖权。在保障师生的教学权、安宁权的前提下,对小商贩的叫卖权也应当予以保护。同理,

---

[1] 李先波、杨建成:《论言论自由与隐私权之协调》,载《中国法学》2003 年第 5 期。

市民的通行权优于游行集会者的游行权、集会权。

因为维护法律的一般性、稳定性、权威性也体现社会的最大利益，法律解释的克制主义有利于维护法律的权威，所以，法律解释的能动主义不可能彻底战胜法律解释的克制主义，应为法律解释的克制主义留有空间。最大利益原则与法律解释的能动主义是密切相关的概念，适用最大利益原则应有严格的限定条件，不宜频繁适用，否则将会对法律的一般性、稳定性、权威性造成危害。

权利位阶原则与最大利益原则的协调。法律实践中存在大量的权利优先配置的情况，但并不是一切权利优先配置的情况都可以纳入权利位阶原则的范畴。权利位阶原则仅适用于保护维持有尊严的生活所不可缺少的权利（包括生命权、自由权、基本财产权等），包括两个人格权的比较、人格权与财产权的比较、基本财产权与非基本财产权的比较、基本居住权与非基本居住权的比较。

最大利益原则适用非人格利益（主要包括财产利益，也包括社会利益）的衡量。适用最大利益原则的常见情况包括：物权优于债权；有担保的债权优于无担保的债权（有担保的债权因取得其他主体的支持而处于优先地位）；在后遗嘱优于在前遗嘱（在后遗嘱因更能体现立遗嘱人最新的意思表示而处于优先地位）；知识产权法中的"保护在先权利"（在先权利因为优先取得而获得优先地位）；公证遗嘱优于一般遗嘱（公证遗嘱因获得国家的证明而获得优先地位）。这些权利优先安排有利于维护历史形成的经济社会秩序，体现了社会的整体利益，可以放在最大利益原则的统率下。

第五节　保护弱者原则

保护弱者原则，是指在弱者的权利与其他主体的权利发生冲突的情况下，法律应优先保护弱者的权利。由于自身因素和社会因素的作用，人类的个体在竞争中分化为强者和弱者是一种自然的现象。相对于雇主，工人（尽管人数较多）是弱者。相对于公司大股东，小股东是弱者。相对于大公司，小公司是弱者。相对于财力雄厚、人员众多、高度组织化的生产者和销售者，消费者是弱者。相对于多数人,少数人是弱者。相对于整个社会,处于困难和危险状态的个人是弱者。此外,弱者还包括妇女、儿童、老人、失业者、残疾人、少数民族等。在社会生活中,由于人们的角色和所处环境的变化,每个人都有可能成为弱者。如果忽视保护弱者的利益,每个人的利益都有可能受到侵害。

保护弱者原则的理论渊源是实质平等理论。形式平等是规则的平等,要求对强者与弱者实施平等保护。在弱者处于不利地位的条件下,单纯强调形式平等将会使弱者在竞争中处于不利地位。实质平等是结果的平等,要求给予弱者以特权,对弱者实施差别保护,从而使其不利地位得到弥补。因为法治理念强调规则的权威,所以形式平等较实质平等居于优先地位。因此,保护弱者原则在解决权利冲突的原则体系中居于相对靠后的地位。

保护弱者利益的意义在于:可以使弱者的正当利益得到实现,使弱者脆弱的心灵得到抚慰;可以使包括强者在内的全社会收获和谐稳定的利益,有利于实现全社会的整体利益、长远利益。正如通常所说的“民安则国安”“民安则天下安”。

弱者权利的法律保护包括如下方面。

一、弱者权利的立法保护

美国一位法官曾有一个形象的说法:一部宣布狮子与公牛平等的法律就是压迫。由于狮子与公牛存在着事实上的不平等,如果没有给予公牛以特权,仅在法律上宣布狮子与公牛平等并没有真正改变公牛的弱势地位。为了改变弱者的不利地位,必须在立法上给予其必要的特权,对弱者实行差别保护。这种做法虽然不符合形式平等的要求,但却有利于实现实质平等。

1. 通过限制合同关系中强势方的合同解释权而保护弱势方的利益

为防范一些大公司通过格式合同的订立和解释维护自己一方的利益,《合同法》第41条关于格式合同的解释条款规定:“对格式条款有两种以上解释的,应当作出不利于提供格式条款一方的解释。格式条款与非格式条款不一致的,应当采用非格式条款。”这样,接受格式合同一方在订立合同过程中的不利地位就可以在解释合同的过程中得到一定程度的矫正。

2. 通过规定强势主体负举证责任而保护弱势主体利益的情况

第一,对污染受害者的保护措施之一就是规定污染企业负举证责任(举证责任倒置)。污染企业无论是超标排污还是达标排污,只要是给污染受害者造成损害,就应该承担赔偿责任。第二,对产品质量责任事故受害者的保护措施之一就是让产品制造者负举证责任。第三,对医疗事故受害者的保护措施之一就是让医院负举证责任。第四,对受到损害的行政相对人的保护措施之一就是让行政机关负举证责任。

3. 通过规定强势主体负连带责任而保护弱势主体利益的情况

例如,为保护消费者利益,《消费者权益保护法》第 35 条、《产品质量责任法》第 43 条都作出了类似的规定:因商品缺陷给他人造成损害的,由商品的生产者、销售者承担连带赔偿责任。

二、弱者权利的司法保护

在理想法意义上,法院作为正义的维护者,不应成为维护强者利益的工具,而应成为维保护弱者利益的保护神。

第一,孙素芬诉某期货公司返还保证金案。某期货公司上海营业部工作人员姚某某采用伪造财务专用章的手段收取上海市民孙素芬保证金 10 万元。2003 年 4 月孙素芬发现其资金账户部分资金被动用,于是要求该期货公司返还保证金。该期货公司辩称未收到这笔保证金,拒绝承担返款责任。本案有两种处理方案:第一种方案是,姚某某伪造财务专用章的手段收取保证金的行为属于欺诈行为,应当承担返款责任,期货公司不承担责任。第二种处理方案是,孙素芬作为客户,处于弱势地位,无法识别姚某某收取保证金的行为是属于个人行为还是属于职务行为。法律应当对弱势主体给予特别保护。法院应当判决期货公司承担返款责任,追究姚某某的相关法律责任则另案处理。两种处理方案都具有合法性,法官应当行使自由裁量权作出选择。笔者认为,法律应当向保护弱势主体利益的方向倾斜,法院应当判决期货公司承担返款责任。笔者的论点也符合民法的表见代理的规则。[1]

第二,借用身份证透支手机费案。有人利用他人身份证(可能是借的、捡的或是偷的)办理手机登记,透支大额话费并失踪。电信公司要求身份证持有人支付话费,被拒绝。个人相对于电信公司处于弱势主体的地位。作为组织的电信公司比个人更有条件防范恶意透支,减少恶意透支造成的损失。在个人与电信公司的权利冲突中,法院应优先保护个人的权利。[2]

第三,上下班途中遇车祸雇主是否应当承担责任的争论。在本问题上,不同的利益集团有不同的观点。雇主集团认为,雇主不应承担责任。雇员则认为,雇主应当承担责任。笔者认为,处理本问题应当考虑如下两个原则:第一,考虑保护弱者原则。雇员一方是弱者,按照人道主义的要求,法律应当优先保护弱者的利益。因此,应当通过立法确认雇主一方承担责任。第二,考虑利益妥协原则。雇主与雇员在利益要求上都不应当走极端,彼此都应当作出让步。在立法环节优先考虑了雇员集团的利益,在司法解释环节就应当重点考虑雇主集团的利益。在司法解释上应当对"上下班途中"的词句作出严格解释,而不宜作出过于宽泛的解释。例如,下班以后没有回到原住地,而是在访友途中遭遇车祸,雇主就不应当承担责任。

第四,保险合同争议条款的解释。《保险法》第30条规定:在各方对保险合同的条款的解释发生争议的情况下,法院或仲裁机关应当作有利于被保险人和受益人的解释。

第五,当行政机关的权力与行政相对人的权利发生冲突时,应当对法律作出有利于行政相对人的解释。有学者认为:"当公法出现漏洞时,一般而言,作有利于被告人或相对人的理解,以体现法律限制公权力的法治原则。"[3]

当公共利益与处于困难和危险状态的弱者的利益发生冲突时,公共利益应当作出让步。有学者指出:"以个人利益而言,一旦在宪法和法律中加以确

---

〔1〕 参见李声炜:《法官行使自由裁量权的实证分析》,载《河南政法管理干部学院学报》2006年第4期。

〔2〕 参见王克金:《权利冲突论》,载《法制与社会法制》2004年第2期。

〔3〕 李同民:《法律解释与漏洞解决》,载《河北学刊》2007年第1期。

定,就具有广泛的社会性。虽然在个案中它以'个人'的面目出现,如个人的隐私权、言论自由权等,但它实际上代表的是国家和社会之间的权力界限,承载着社会上一般人对法律的要求与期望。"[1]公共利益也不是绝对的。保护弱者利益原则构成了对上述最大利益原则中的公共利益优先保护原则的限制。

第六节 权利克制原则

权利克制原则,是指为了兼顾彼此对立的各方利益,应当克制权利的过度膨胀,使相互冲突的权利都得到满足。即使高位阶的权利也应当尽量保持克制,以使低位阶权利得到一定程度的实现。有学者指出:"在利益平衡的过程中,要兼顾各方当事人的合法利益,尽可能实现各方利益的共赢。无法实现各方利益共赢时,要清理各方利益在法律价值体系中的位序,合理确定分配比例,在确保优位利益实现的同时,努力把让位利益的牺牲程度降到最小。"[2]该学者将利益分为优为利益与让位利益两大类,并主张在优先保障优位利益的同时,也应当尽量保障让位利益的实现。如果不是绝对必须,尽量不要在相互冲突的权利之间作出取舍。

一、权利克制原则的理论渊源

(一)克制主义

宗教改革家加尔文认为,上帝是财富的所有者,而人只是上帝财富的拥有者、管理者。他说:"任何人所拥有的财富都不是偶然的,而是由万物的主宰所分配的。所以,任何人都不应当向他人炫耀自己的财富,因为如此一来,上帝的主权就受到破坏。"[3]这段话包含两个方面的启示:第一,所有权是有限的。财富不仅属于个人,而且属于社会、属于人类。所有权人只有合理处分财富的权利,没有任意浪费财富的权利。这与中国传统的"反对暴殄天

[1] 胡玉鸿:《关于"利益衡量"的几个法理问题》,载《现代法学》2001年第4期。
[2] 公丕祥:《法律体系形成背景下能动司法的新作为》,载《人民司法》2012年第1期。
[3] 侯健、林燕梅:《人文主义法学思潮》,法律出版社2007年版,第126页。

物”的思想是一致的。第二,财富不是用来炫耀的。财富不仅应当为持有人所享用,而且应当造福社会、造福人类。

中国传统理论在消费观念上主张节俭,反对“暴殄天物”;[1]在利益关系上主张让利,“君子喻于义,小人喻于利”。[2]

《论语》中的“不患寡而患不均,不患贫而患不安”的观点也具有一定的合理性。基本生活条件的保障、基本财产权的均等化,财产和收入两极分化的可控性是社会稳定的前提条件。

(二)权利相对论

西方后现代主义法学对近现代法学的一些基本观念提出了质疑,“后现代法学则指出,权利正是现代人的陷阱”。[3] 权利是相对的,而不是绝对的。权利在合理限度内的行使是有益的,权利的超限度行使则是有害的。权利膨胀(或称“权利滥用”“权利扩张”)是指超出合理限度主张权利、行使权利。权利膨胀是由于人的求利本性的扩张和法定权利的界限模糊造成的。权利膨胀推动人们争夺个人利益、小团体利益,将会导致资源破坏和环境污染。权利过度扩张是造成生态危机的重要原因。

权利绝对论只认识到了权利的积极作用,未认识到权利的消极作用,认为权利行使越充分越好。权利绝对论的哲学基础是个人主义。权利相对论认识到了权利有积极和消极两个方面的作用。权利相对论的哲学基础是个人主义、团体主义、人类主义的妥协。笔者赞同权利的相对论。权利不是绝对的,而是相对的。权利不是行使得越充分越好,而是适度行使为好。实现人与人的和谐的前提是建立合理的权利义务体系。实现人与人的和谐可以为实现人与自然的和谐创造条件。为了保护生态,必须克制权利的膨胀,强调人的生态义务(责任)。人的生态义务是社会义务的重要内容。

人追求利益、主张权利的活动的过度膨胀具有许多消极作用:第一,加剧

---

[1] 《尚书·武成》。

[2] 《论语·里仁》。

[3] 信春鹰:《后现代法学:为法治探索未来》,载朱景文主编:《当代西方后现代法学》,法律出版社 2002 年版,第 28 页。

资源掠夺和环境破坏。资源是有限的，环境的承载力也是有限的，以疯狂地掠夺资源和破坏环境为代价的增长不可能长期持续下去。人类必须对近现代的经济增长方式进行认真的反思，并对与之配套的法律制度作出认真的调整，以实现可持续的增长。第二，加剧人际关系紧张。例如，财产权的绝对化将导致财富的过度集中，富人可以支配穷人，穷人的自由权和平等权受到威胁；将导致穷人和富人之间的冲突加剧，富人的安宁权得不到实现。穷人为生计担忧，富人为安全担忧。在这种情况下，财产已经成为支配人、奴役人的异化力量。

权利本位论在推进权利保护制度的同时，也具有一定的副作用。一种观点认为，权利行使得越充分越好。笔者不以为然。权利当行使则行使，当克制则克制。权利的行使与克制同样不可忽视，就如同我们在开车出行之前既应当修好发动机也应当修好刹车一样。人文主义法学应当充分吸收对近现代进行反思的各种理论观点的合理因素。

权利是法律保护的正当需要、正当利益。为了抑制人追求利益、主张权利的活动的消极作用，人文主义法学主张"克制人的需要和利益的过度膨胀"，并据此提出了本书的"权利克制原则"。为了兼顾各方利益，必须对权利，甚至是某些高位阶的权利（生命权、安全权除外）作出适当限制，以使其他权利得到一定程度的满足。

人追求利益、主张权利的活动既具有积极作用，也具有消极作用。一方面，人追求利益、主张权利的活动具有启动权利保护制度和利益协商制度、推动法律运行和法律进化的积极作用。另一方面，人追求利益、主张权利的活动也具有上述许多消极作用。人文主义法学主张"克制人的需要和利益的过度膨胀"，根据该原则主张抑制权利的消极作用。

（三）低熵社会观

热力学第二定律指出，物质与能量只能沿着从可利用到不可利用的单一方向转化。热力学中的"熵"是衡量系统无序性的指标，"负熵"是衡量系统有序性的指标。系统的熵的总趋势是不断增大，因此，热力学第二定律也成为熵增加原理。熵的世界观就是在热力学第二定律的基础上建立起来的。

熵的世界观对地球的未来持悲观主义立场。该学说认为,物质与能量将会从可利用朝向不可利用的方向转化。人类如果不能克制不断加速的资源消耗,地球资源将在最近几代人手中接近枯竭。为了让人类的历史尽可能地延长,让后代人也有资源可以利用,人们就必须将资源的消耗降低到最低限度。

根据熵增加原理,可再生资源的再生过程也需要消耗能量,也会造成地球生态系统的无序程度。熵增加虽然是一个不可避免的过程,但理性的人类可以将物质与能量的使用保持在尽可能低的水平,尽量减少不必要的物质与能量的浪费,建立低熵社会。只有这样,才能减慢熵增加的过程,为人类社会的可持续发展保持必要的生态条件。

熵的世界观认为,局部的有序性增加是以环境的无序性增加为代价的。"无论在地球上还是宇宙或任何地方建立起任何秩序,都必须以周围环境里的更大混乱为代价。"[1]人类的活动使局部变得更有序,而使环境变得更无序。随着人类干预自然能力的不断增长,自然的无序性正在逐步增长。例如,过于追求建筑的美观(有序),就会消耗更多的物质与能量,排放更多的污染,从而造成环境更加无序。再如,过于追求社区的美观,就会加剧周围的无序;过于追求城市的美观,就会使乡村无序。现代城市文明对乡村文明采取了以邻为壑的态度,从乡村攫取了过多的资源,又将过多的污染排放到乡村,加剧了乡村的混乱。要遏制自然的无序性不断增加的趋势,人类就必须改变有害于自然的行为方式,将自己的行为控制在无害于自然的限度内。熵的世界观启示我们应当处理好局部生态利益与相邻方和整体的生态利益关系,实现生态正义(包括资源正义与环境正义)。

根据熵的理论,人类的生存不可避免地造成生态损耗,不可避免地造成地球生态系统的混乱程度不断增加。因此,理性的人类应当注意自己的行为对生态的影响,节制自己有损生态的行为,使人类的历史尽可能地延长。低

[1] [美]里夫金、霍华德:《熵:一种新的世界观》,吕明等译,上海译文出版社 1987 年版,第 4 页。

熵社会的倡导者认为："低熵世界观的主导道德原则是将能流降低到最低限度。人们认识到，占有多余物质财富便不可弥补地减少了世界的宝贵资源。……低熵社会贬低物质消费的重要性。节约成了警世名言。"[1]"低熵社会"与我国倡导的"节约型社会"具有相似性。

熵的世界观论者认为："低熵经济是必需品的经济，而不是奢侈品和鸡毛蒜皮的经济。遵照这一格言，生产应以维持生存必需品为中心内容。"[2]他们所谓的"低熵经济"就是今天常说的"低碳经济"。他们所谓的"低熵社会"就是今天常说的"低碳社会"。传统文明下的经济具有低熵经济的特征。低熵经济的主要目的是满足人的必要需求，而不是营利。低熵经济虽然也追求营利，但营利的目的是保证经济的运行。低熵经济与低熵社会具有如下特征：第一，生产使用的原材料着重使用可再生资源，将不可再生资源的使用降低到最低限度。第二，生产区、居住区、休闲区在保持功能分区的基础上相互连接，减少交通流量。第三，工人参与企业的民主管理，将资本支配人的现象降低到最低限度。

(四)生态中心主义

生态中心主义认为，人类只是生态系统中的一个普通的成员，应当放弃自我中心的态度。生态中心主义者、挪威生态学家纳什认为："生命形式的丰富性及其多样性是生命世界的价值本身，也是它的价值的实现。人类除了维护生存的需要外，没有权利损害它们的这种多样性与丰富性。"[3]生态中心主义认为，自然生态能够进化出复杂的结构和完备的功能，比人工系统更精巧。强调自然生态具有整体性和脆弱性，一旦遭到破坏难以恢复。人类应当尽量减少对自然的干预，放慢改造自然的步伐。随着人类能力的增强，人类已经不能再忽视自己的行为对自然的消极影响，人类应当节制自己的行为，尊重生物的多样性，与其他物种和谐相处。人类不仅应当爱护其他生命，而

---

〔1〕［美］里夫金、霍华德：《熵：一种新的世界观》，吕明等译，上海译文出版社 1987 年版，第 186 页。

〔2〕同上书，第 198 页。

〔3〕夏基松：《简明现代西方哲学》，上海人民出版社 2006 年版，第 526 页。

且应当爱护非生命物质。

生态中心主义者主张保护自然物的权利。美国学者利奥波德提出了“大地共同体”的概念，认为人不是大地共同体的征服者，而是大地共同体的普通成员；保护大地共同体是人应尽的义务。[1] “大地共同体”的思想有利于改变单纯从经济利益的角度将自然看成财产的狭隘观念，有利于克制任意掠夺自然、破坏自然的行为。生态中心主义认为，人只是生态系统中的一个普通成员，人与其他自然物应当是平等的，人类应当尽可能地尊重自然物的平等权利。有学者指出：“作为一种哲学主张——生态主义，即将人视为生态一员来思考人与自然的关系。”[2] 自然物（包括人）平等思想有利于矫正人类盲目的自信、绝对的自我中心。

自然物包括自然界中动物、植物、无生命物质（如大地、水、空气）等。自然物具有存在的权利。自然物的权利，是指自然界的各种实体都享有在自然状态中保持持续存在的权利。承认自然物的权利为人类权利的行使设定了界限，为人类利用自然的行为制定了规则。人有尊重自然物的义务。

荒野是指未经人类活动改造过的自然地貌，包括草地、沙地、湿地、山地等。荒野属于天然自然。荒野具有生态价值、审美价值、旅游经济价值、科学研究价值等，也具有存在的权利。在改造自然、形成人工自然的过程中，应当尽量尊重自然物的天然状态。尊重原有的地形地貌，不宜任意围海造田、围湖造田、填平天然池塘河道，不宜任意削平山川、丘陵。应当尊重原有的动植物分布。应当树立“天然自然（未经人类改造的自然）也是美的”审美观念。在发展人工自然的过程中，应当尽可能为天然自然留有充分的空间，实现天然自然与人工自然并存、互补。保护自然物的权利有利于抵制生态损耗高的权利的膨胀。

保护动物权利是保护自然物权利的重要组成部分。动物是自然物的一部分。佛家的“不杀生”是指不杀害或伤害有情众生（有幸福和痛苦感受的

---

〔1〕 参见姜言秀：《人与自然和谐相处的道德原则——美国哲学家利奥波德的大地伦理思想论析》，载《理论学刊》2006 年第 2 期。

〔2〕 郑少华：《生态主义法哲学》，法律出版社 2002 年版，第 1 页。

生命),包含保护动物的思想。生态中心主义的保护动物权利的思想是一种更为彻底的保护动物的思想。有学者指出:“承认动物权利,把公正意识拓展至非人类存在物,在一定意义上还可以说是人类在面临严重生态危机下的一种积极的自我拯救。”[1]人类作为有智慧的生命应当尽到保护自然的责任。自然物没有理性,没有权利意识,不能自己主张权利,保护自然物权利的诉讼需要人作为诉讼代理人。民间环保组织以及其他团体、公民都可以作为自然物权利的代理人。

在西方国家,自然物(包括动物)权利保护制度已经正在逐渐生成。一方面,通过立法在一定程度上承认了动物等非人主体的权利和法律主体的地位;另一方面,在司法上,国家通过一系列的司法判例保护动物等非人主体的现实权利。[2] 自然物权利诉讼制度与环境公益诉讼的区别在于:环境公益诉讼的直接目的在于保护人的权利。而自然物权利诉讼制度的直接目的在于保护自然物的权利。建立自然物权利诉讼制度,意味着即使没有受害人,只要是自然物受到损害,就可以对侵害人提起诉讼。建立自然物权利诉讼制度将会使动物、植物、无生命物质等自然物受到更为周到的保护。

(五)生态社会主义

单纯依靠技术进步不可能从根本上解决生态问题。技术主义,是指夸大技术在增进人的幸福和推动社会进步方面的作用的思想倾向。技术主义将改善生态的愿望寄托在技术进步上。改进技术、提高资源使用效率在改善生态上的积极作用是暂时的。从长远来看,改进技术、提高资源使用效率增强了人们破坏生态的能力,将会对生态造成更大的压力。技术主义忽视了技术的消极作用,未能找到生态危机的根本原因。有学者指出:“如果不了解资本主义制度的反生态本质,不了解资本主义生态危机的不可逆性,容易被技术

---

〔1〕 陈庆超、陈建平:《效用与崇高:从动物权利理论看人与自然正义》,载《中州学刊》2007年第3期。

〔2〕 参见李拥军、郑智航:《从斗争到合作:权利实现的理念更新与方式转换》,载《社会科学》2008年第10期。

所带来的生态危机的局部的、暂时的缓解现象所迷惑。”[1]资本主义是造成科学技术不当利用的重要原因。

单纯依靠市场经济也无法解决生态问题。市场经济具有反抗习惯的束缚、抵制权力的异化、促进思想和制度的进步、提高资源使用效率等方面的积极作用，应当予以肯定。同时，市场经济也具有如下消极作用：过度追求财富和利润、过度追求高消费、过度依赖经济增长、忽视公平分配、引发过度竞争、引发两极分化。市场经济提高资源使用效率在改善生态方面的积极作用也是暂时的。从长远来看，市场经济增强了人们破坏生态的能力，将会对生态造成更大的压力。在各种经济类型中，市场经济对生态的破坏最严重。市场文明在保护生态方面的劣势需要由其他文明加以弥补。极端的经济自由主义（市场原教旨主义）夸大了市场的积极作用，忽视了市场的消极作用。有学者指出：“全球化趋势已经对世界上大多数人的全面发展构成严重挑战。目前全球化的过程，实质上是资本主义生活方式和价值观念在全球范围内急剧扩张的典型表现。”[2]资本主义是造成生态危机的根本原因。要解决生态问题就必须改变资本主义的生产方式和生活方式。

空想社会主义者提出的社会改革方案包括如下内容：实行公有制度、民主管理、公平分配、生活简朴、劳动时间较短、休闲时间较长。

生态社会主义主张生产人们确实需要的耐用而且无污染的产品，终止奢侈品生产，缩减生产规模，缩短工作时间、增加闲暇时间，尊重生存方式多样化。[3] 有学者指出，要消除生态危机，就必须“在马克思主义的理论指导下，把保护环境的生态运动与社会主义运动相结合”。[4] 资本主义不可能解决生态问题，只有社会主义才能解决生态问题。

有学者指出：“追求人与自然和谐相处的法学理论即调整论不主张一个

---

〔1〕 陈食霖：《人与自然的矛盾及其化解——评福斯特的生态危机论》，载《国外社会科学》2007年第2期。

〔2〕 李龙主编：《人本法律观研究》，中国社会科学出版社2006年版，第112页。

〔3〕 参见唐宏：《人与自然和谐发展：从资本主义到生态社会主义》，载《兰州大学学报》（社会科学版）2007年第3期。

〔4〕 夏基松：《简明现代西方哲学》，上海人民出版社2006年版，第350页。

模式……主张和提倡多个模式、多种方法、多条途径、多种主义、多种学说、多种理论的百花齐放、百家争鸣。"[1]通过了解多种范式,可获得对人与自然的关系的更全面、更合理的认识。凡是有利于人与自然的和谐,有利于人的幸福的主张都应当采用兼收并蓄的态度,不宜采取支持一方、反对另一方的简单化的做法。生态哲学、生态伦理学(或称环境伦理学)的研究对象包括人与自然的关系以及与此相关的人与人的关系。生态哲学与生态伦理学是环境资源法学的理论基础。人文主义法学的人与自然关系理论应当吸收生态哲学、生态伦理学的研究成果。吸收各种范式的优点,可以提出增进人与自然和谐的系统化的方案。人文主义法学在各种范式中可以发挥协调作用。

(六)人与自然和谐论

人类是生命进化史上出现的第一种能够对自然环境产生深刻影响的动物。在工业文明(社会)产生之后,人类改造自然的能力空前增强,人类活动对自然的消极影响进一步增强。人类在适应自然和改造自然的过程中曾经作出过许多过于激进的行为,例如,20 世纪 50 年代的"大跃进"造成了巨大的资源浪费和生态破坏(如"大炼钢铁"对森林资源的破坏)。近年来,个别地方的城市建设和交通基础设施建设的"大跃进"也对生态造成了消极影响。伴随着这些过于激进的行为,人类也曾经提出过许多过于激进的口号,例如西方的"人为自然立法""人是自然的主人",再如我国的"人定胜天""征服自然""改天换地""向自然界开战""革地球的命"等。这些口号在肯定人的能动性的同时,也忽视了人的局限性。人类的不当行为加剧了生态破坏,造成了人与自然的失和,具体表现在资源枯竭、环境污染、物种灭绝、生态破坏、灾害频发等方面。

人与自然的失和引发了人们对人与自然关系的重新认识,也引发了人类对人的地位和能力的反思。第一,人受自然力的制约。人类只是宇宙演化、地质演化、生命进化过程中偶然产生的结果。如果适合人类生存的自然条件消失了,人类历史也就终结了。人在巨大的自然力面前是脆弱的。人类应当

[1] 蔡守秋:《论追求人与自然和谐相处的法学理论》,载《现代法学》2005 年第 6 期。

认识到自身的脆弱性,克服盲目自大的心理。第二,人受自然规律的制约。恩格斯指出:“我们统治自然界,绝不像征服者统治异民族一样……我们对自然界的整个统治,是在于我们比其他一切动物强,能够认识和正确运用自然规律。”[1]人相对于自然物的解放是指,在认识自然规律的前提下,在保证人与自然和谐的前提下,对自然物进行改造与控制,从而使人获得自由。第三,人受生态“瓶颈”的制约。人类的不当行为造成了资源枯竭和环境破坏。人类生存和发展的条件正在面临威胁。地球上的不可再生资源是有限的,总有用尽的一天;地球的环境的可承受能力也是有限的,总有无法承受的一天。人类至今未曾找到地球以外可供自身生存和发展的空间。人类只有放慢消耗不可再生资源的速度,珍惜地球家园,才可能使人类历史尽可能延长。人的能力是有限的,对人的能力不能盲目乐观。

如果人类不能克制自己的贪婪欲望、规范自己的生产和消费行为,将会导致对自然资源的掠夺和对环境的破坏,导致生态危机,进而破坏自身的生存环境。恩格斯认为:“不要过分陶醉于我们对自然的胜利。对于每一次这样的胜利,自然界都报复了我们。每一次胜利,在第一步都确实取得了我们预期的结果,但在第二步和第三步却有了完全不同的、出乎意料的影响,常常把第一个结果又取消了。”[2]在资源环境“瓶颈”和人际和谐“瓶颈”的制约下,传统的经济增长模式、分配模式、消费模式是不可能持续的。当前的金融危机既对我国经济提出了挑战,也为我国调整经济增长模式、分配模式、消费模式提供了机会。

人类应当克制向自然索取的欲望,控制开发、利用自然的强度和速度,做到循序渐进,防止过度发展对生态的破坏和对人心灵宁静的干扰。当代人应当将丰富的资源和清洁的环境留给后代人,实现代际公平、代际和谐。应当确定合理的发展速度,使人类文明进步的步伐更加稳健。人类保护自然的行动需要人类的集体智慧和协调行动。人类改造自然的活动应当体现生态意

---

〔1〕［德］恩格斯:《自然辩证法》,载［德］马克思、恩格斯:《马克思恩格斯选集》(第3卷),人民出版社1972年版,第518页。

〔2〕同上书,第517页。

识。生态意识包括节约资源的意识和保护环境的意识。生态意识是公民意识的重要组成部分。

(七)代际正义论

近代自然法思想家潘恩认为:“人权平等的光辉神圣原则(因为它是从造物主那里得来的)不但同活着的人有关,而且同世代相继的人有关。根据每个人生下来在权利方面就和他同时代人平等的同样原则,每一代人同它前代的人在权利上都是平等的。”[1]

二、权利克制原则在实践中的表现

无论是具有位阶关系的权利冲突,还是不具有位阶关系的权利冲突,在多数情况下,相互冲突的权利是可以并存的。相互冲突的权利之间存在非此即彼的冲突的情况只是少数特例。人文主义法学主张,各个权利主体有必要树立宽容精神,彼此作出让步。

(一)财产权的克制

根据文化多样性法哲学范式的两向思维方法,财产权具有正、反两个方面的作用。一方面,财产权具有促进保护财产、激发人们创造财富的积极作用。另一方面,财产权也具有加剧争夺财产的竞争的消极作用。在财产权合理行使的情况下,财产权的积极作用是主要的;而在财产权绝对化的情况下,财产权的消极作用就会逐渐增强。针对所有权的消极作用,有必要提出“财产权的克制”的主张。所有权的克制是人文主义法学的“权利克制原则”在所有权领域的具体体现。而民法的“禁止权利滥用原则”着重要求守望法律的边界,不逾越合法与非法的界限。因此,“所有权克制原则”比“禁止权利滥用原则”在权利克制方面提出了更高的要求。

在传统法律中,绝对所有权观念占统治地位,人们可以宣布某物是我的,并任意浪费财富,导致对资源的掠夺和环境的破坏。将财产权绝对化将会导致财产权的膨胀,引发利益秩序的混乱,引发对资源的掠夺和对环境的漠视。

[1] [英]潘恩:《潘恩选集》,马清槐译,商务印书馆1981年版,第140页。

在现代法律中,相对所有权观念正在逐步取代绝对所有权观念。在现代相对所有权观念下,财富不仅是个人的,而且是国家的、全人类的。地球是全人类共同的家园,地球上的财富是全人类共同的财富。财富的所有者只能合理地消费财富,而不能任意浪费。所有权的行使不得损害他人利益和社会公共利益。

财产权是相对的,而不是绝对的。理由在于:第一,财产权人应当将一部分财产利益返还给社会。财产权的取得利用了全社会的公共资源。根据公平原则,财产权人使用全社会的资源应当向全社会交付租金。财产利益转移的措施之一是对收入和财产征税,如所得税、遗产税、赠与税等。笔者作为所得税的纳税人认为,纳税是公民的义务,是为实现整体利益作出的必要的让步。第二,财产的一部分价值来源于公共资源,财产权人有合理使用财产的义务,没有浪费财产(暴殄天物)的权利。克制财产权膨胀,可以弱化人们占有非必需品的欲望。第三,财产权取得的范围应当受到限制。例如,矿山国有化,或国有资本控股,同时对国有资产的使用和收益分配实行严格地监督,有利于资源的保护、合理开发和有效利用,防止资源的破坏和浪费。公海中的资源、南极、外层空间是全人类共同的资源,一些国家滥用全人类公共资源的做法是没有法律依据的。

在法治社会,克制财产权一般采用柔性调节手段。例如,对较高的收入征收所得税,对高额的遗产征收遗产税,对奢侈性消费征收消费税,对超过基本居住面积的部分征收土地占用税等。为防止私人对资源的不合理开采、利用,应当实行资源的国有化(如矿产资源、渔业资源国有化),同时也应当防止国有企业的从业者借垄断优势谋求私利。南极、外层空间应当是人类共有的资源。在法治社会中,一般不宜采用刚性调节手段调节利益矛盾。通过上述措施,可将阶层之间的分化控制在社会可接受的限度内。因为各阶层之间的矛盾是各种利益矛盾中的最主要的矛盾,所以,促进各阶层之间的和谐是建设和谐社会的根本保证。

(二)居住权的克制

居住权的过度膨胀将加剧社会矛盾,不利于实现人与人的和谐。居住权的过度膨胀将会占用更多的土地,使更多的失地农民的生存权和发展权受到威胁;在煤矿百万吨死亡率不可能消除、短时间内难以明显降低的情况下,居住权的过度膨胀引起的过度的能源消耗将使更多的矿工的生命权受到威胁。居住权的过度膨胀还将加剧资源的消耗和环境的破坏,不利于实现人与自然的和谐。传统的住房政策是按人分类的,不同的人享受不同的政策,结果造成了人与人的不平等,加剧了社会冲突。根据权利位阶原则和权利克制原则,笔者主张,住房政策应当按照需求层次和居住权的不同层次分类。应当按照权利位阶原则,将居住权分为不同层次(对应着不同的需求层次),对不同层次的居住权实行不同的政策,而每个人应当是平等的。不同层次的居住权不同对待,同样的人同样对待。

首先,基本住房权是指居住小户型、实用坚固的住房的权利。应当在有管理的情况下允许公民自建住房,允许住房市场的存在。单一的国家供房体制将会导致住房供应的不足和政府对社会的过度控制。国家在土地、税收、财政、信贷等方面的政策应当鼓励建设中小户型、实用坚固的住宅。公民居住基本住房应当减免土地占用方面的税费。当一个人不能从市场的渠道实现基本居住权时,国家应当为其提供基本的居住条件。国家应当对基本居住权的实现承担保底责任。廉租住房是国家履行补充保障义务的一种可供选择的形式。为提高廉租住房的使用效率,国家可以对廉租住房收取一部分象征性的租金。对于交纳象征性租金仍有困难的人,还可以减免。

其次,为保护资源(特别是土地资源)的使用效率,为保护人类的生存环境,对非基本居住权应当予以适度克制。国家政策应当鼓励人们选择中小户型普通住宅,而不应当鼓励人们选择大户型豪华住宅。国家政策应当遏制房地产投机炒作,回归住房满足居住需求的真实用途。

应当规定最低居住面积标准,对最低居住面积以下的住房不征税;对超过最低居住面积的部分征收梯级累进税,有利于引导人们选择中小户型住房。克制居住权有利于促进土地的集约利用、保护耕地、节约建筑材料和能源,减少废物的排放。

(三)安宁权的克制

安宁权的克制。在钢琴噪声污染案中,一方面,根据权利位阶原则,安宁权优于娱乐权,应当优先保护居民的安宁权;另一方面,根据权利克制原则,居民也应当适当克制安宁权,使他人的娱乐权得到一定程度的满足。可以在某些不过分影响居民安宁权的时段内,以不过分影响居民安宁权的方式行使娱乐权。居民也应当予以谅解。在许多类似的权利冲突中,权利边界极为模糊,很难通过立法划定一条清晰的边界。通过立法强行划定权利边界并不能达到提高解决纠纷的效率、最终制止争端的作用。最佳的方式是通过协商或调解手段解决纠纷,次佳的方式是通过诉讼手段解决纠纷。

笔者提出解决权利冲突的原则体系的过程运用了数学的公理方法。每一个原则就相当于一个公理。在法律实践中,权利冲突原则的运用是变化多端的。多原则可以在一个方案中得到综合运用。例如,在破产清偿程序中,人身债权优于财产债权、工资债权优于其他债权的命题来自权利位阶原则,而国家税收优于其他债权的命题则来自最大利益原则。

同一权利的冲突也会随着条件的变化而适用不同的原则。例如,两个生命权的冲突适用权利平衡原则。理由在于,现代社会崇尚平等价值,不承认两个生命个体存在价值差异,两个人的生命价值被看成相同的。而多数人的生命权与少数人的生命权发生冲突时,多数人的生命权优先保护,这一情况适用最大利益原则。

第五章 民间法也是法

第一节 民间法释义

一、民间法的理论渊源

日本学者千叶正士提到了国家法与民间法的划分。他认为，存在两种意义的法：一种法可以称为正式法、官方法、国家法；另一种法称为非正式法、非官方法、民间法。[1] 我国学者梁治平在研究清代习惯法时使用了“民间法”一词。他说：“社会不能容忍无序或至少不能容忍长期的无序，结果是，在国家法所不及和不足的地方，生长出另一种秩序，另一种法律。这里可以先概括地称之为民间法。”[2] 国家法在构建秩序上具有局限性，总是存在国家法鞭长莫及或力不从心的领域，民间法可以填补国家法的真空，弥补国家法的不足。

民间法研究主要包括法人类学与法史学两条路径。法人类学运用田野调查方法，研究当代仍处于原始封闭状态的社会的原始法。而法史学则重视通过研究考古证据和历史文献，研究人类社会早起的原始法。而一种说法称当代社会的“原始法”是早期社会的原始法的活化石。

---

〔1〕 参见［日］千叶正士：《法律多元——从日本法律文化迈向一般理论》，强世功译，中国政法大学出版社 1997 年版，第 2 页。

〔2〕 梁治平：《清代习惯法：社会与国家》，中国政法大学出版社 1996 年版，第 32 页。

法人类学是研究民间法的主要路径。法人类学是他者社会的法律进行比较研究而形成的科学。如果说法律社会学侧重研究主流社会的法律，那么，法人类学则侧重研究各种类型的非主流社会的法律。法律多元论认为，不仅国家法是法，而且民间法也是法。民间法具有约束行为、调整社会关系、为国家法提高信息资源的积极作用，有其存在的合理性。

法律多元(Legal Pluralism)是法人类学的一个重要概念。法律多元，是指多种类型的法律既相对独立、自我发展又相互依存、互相借鉴的状态。民间法是法律多元中的重要一元。在法律多元之下，不仅法律的类别是多元的，而且形成法律的主体也是多元的。有学者指出："人类学家通过初民社会规范的调查，强调规范的复杂性与文化价值的多元性，为法律多元提供了研究的广泛基础。"[1]法人类学从多元视角对各种类型的社会的法律进行比较，能够认识非主流社会的法律的合理性和主流社会的法律的局限性，为完善主流社会的法律提供借鉴，为治理者提供参考。相比较而言，国家法更富有现代性，而民间法则更富有传统性、原始性。

法律一元论则认为，只有国家法是法，不存在民间法。法律一元主义造成治理手段的贫乏和简单化。

二、民间法的传统性

按照组织的现代化特征，可将民间组织分为传统型民间组织和现代型民间组织。传统型民间组织是靠血缘关系和地缘关系结成的社会组织，包括家族、部落、实行长老统治的传统村落、同乡会、行会等。传统型民间组织内部通行的具有普遍约束力的规则属于民间法。

民间法的种类包括：具有约束力的家族规范、礼俗规范、风俗习惯、传统的行业规范、传统的社区规范等。民间法的概念并不严格区分法律与道德、风俗习惯。

---

〔1〕 肖光辉：《法律多元与法律多元主义问题探析》，载何勤华主编：《多元的法律文化》，法律出版社 2007 年版，第 74 页。

民间法的形成途径以自发形成为主导途径，以传统社会组织制定为辅助途径。传统民间社会自发形成的规范和传统民间社会组织也具有制定规范的功能（如村规民约）。只要民间法不违背国家法，国家就应当予以包容。

国家法更多地体现陌生人社会的普遍价值，而民间法更多地体现熟人社会的特别价值。民间法传承着传统社会的尊卑贵贱的等级秩序。尽管不同的民间社会等级分化程度不同，但在存在等级这一点上是相同的。在中华法系各国，由于受到儒家宗法等级思想的影响，群体成员有尊卑贵贱之分的等级秩序被看成是天经地义的。在藏族地区的"赔命价"习惯中，不同等级的命价是不同的。[1] 这一例证体现了民间法的等级性。民间法还体现着远近亲疏的差序格局，传承着传统社会的和谐观念。民间法在规范上的体现就是禁止性规范较多，而授权性规范较少。

在中国古代，县官亲自升堂问案就是以绝大部分纠纷已通过非讼方式得到解决为前提的。在当代社会，将民间法运用于解决纠纷的意义在于：可以将大量纠纷化解在民间社会，从而减少立案数量；可以提高基层国家机关解决纠纷的效率，从而减少积案。

而现代型民间组织则是按照自由民主法治原则结成的社会组织，包括现代意义上的社区组织、社团组织。现代社会组织的规范（如公司规范、现代社团规范、现代社区规范）则不属于民间法的范畴。现代社会组织的规范的形成途径以制定（理性建构）为主要途径，以自然形成为辅助途径。现代型民间组织的规则不属于此处讨论的民间法。

三、民间法的定义

民间法的约束力来自熟人社会道德信息的快速传递所产生的舆论压力、民间权威的推动、社会组织的强制等方面。处于民间社会的人们如果不遵守

---

〔1〕 参见杨方泉：《民族习惯法回潮的困境与出路——以青海藏区"赔命价"为例》，载中国人民大学书报资料中心《复印报刊资料》（法理学、法史学）2004 年第 10 期。

民间法将会产生不利后果，其中最轻微的后果就是信誉评价的降低导致未来合作利益的损失。民间法的约束力虽不及国家法的强制力那样强烈，但也不是可以随意违反的。那些不具有约束力的习惯（如饮食习俗、节日燃放鞭炮的习俗）本身不属于民间法。但是，国家对于不具有约束力的习惯的政策也可以纳入民间法研究范畴。例如，本书讨论的“民间法”也涉及了国家对饮酒习惯、节日燃放鞭炮习惯的政策组合。

民间法是指民间社会范围内具有普遍约束力的习惯规则。例如，订婚送彩礼的习惯就是具有普遍约束力的民间习惯，即民间法。“民间法”是与“国家法”相对应的概念。

法人类学家从法律多元角度提出法定义。美国人类学家霍贝尔认为：“法律可以定义如下：这样的社会规范就是法律规范，即如果对它置之不理或违反时，照例就会受到拥有社会承认的、可以这样行为的特权人物或集团，以运用物质力量相威胁或事实上加以运用。”[1] 在原始社会、他者社会中那些带有强制性和一般性的行为规则就是法律。

“习惯法”是与“民间法”既相近似又相区别的一个概念。国家习惯是国家机关运行过程中形成的具有约束力的习惯，而民间习惯是民间社会形成的具有约束力的习惯。只有具有约束力的民间习惯才能成为民间法。

四、民间法的研究方法

（一）田野调查方法

法人类学家的一项重要工作就是到处于原始封闭状态的社会，收集解决纠纷的典型案例，发现其中实际起作用的规则和解决纠纷程序。美国人类学家霍贝尔重视案例研究，他收集了世界上许多处于原始状态的民族的纠纷解决案例，写成了《原始人的法》一书。他认为：“案例方法的结果却与真实生活联结在一起。……只有案例方法导致真正的法理学。”[2] 他认为，人类学

---

〔1〕［美］霍贝尔：《原始人的法》，严存生等译，法律出版社 2006 年版，第 27 页。

〔2〕同上书，第 35 页。

研究方法的重点应实现从规则研究到案例研究(事实研究)的转变。本书也采用了法人类学的实证研究、案例研究的方法,试图通过从案例得出理论,用理论解释案例,将法的实证研究和法的形而上学研究结合起来。由于其田野调查重视案例的收集和研究,因此,法人类学的田野调查方法也可以称为案例研究方法。

(二)比较方法

法人类学家通过对多元社会的法律规则进行比较,能够发现各种规则的合理性与局限性,供治理者参考。比较方法的运用使法人类学家对法律的认识具有多元视角,不受单一视角的限制。法人类学家能够认识到国家法的限制和民间法的合理性,主张用民间法弥补国家法的不足,有利于促进国家法的完善,也有利于促进治理的改善。

五、国家法与民间法的互动

传统的国家法一元主义否认民间法存在的合理性,总是试图用国家法同化民间法,而法律多元论则强调国家法与民间法的融合。苏力认为:"在国家制定法与民间法发生冲突时,不能公式化地强调以国家制定法来同化民间法,而应当寻求国家制定法和民间法的相互妥协和合作。"[1]

国家法与民间法在许多情况下都存在相反相成的关系,二者既存在竞争,也存在交流与互动。

国家法与民间法的并存与互动有利于促进法律的统一性和多样性的合理结合。国家法着重强调法律是普遍知识,着重强调法律的统一性;而民间法则着重强调法律是地方性知识,着重强调法律的个别性、多样性。法律的统一性和多元性是一对永恒存在的矛盾。强调其中任何一性而忽视另外一性都是错误的。

国家法与民间法的互动有利于促进法律的进化。法律多元有利于克服各自的局限性。多种法的竞争与自由选择促使法逐步作出有利于人的幸福

---

〔1〕 苏力:《法治及其本土资源》,中国政法大学出版社2004年版,第64页。

的调整。例如,在妇女缠足的习俗和一些少数民族中存在的文身习俗消亡的过程中,国家法发挥了重要作用。国家法的存在有利于克服民间法的蒙昧性。

1978年10月16日村民闹者被生产队派遣看守草山,与另一牧民才秀因牲畜吃草发生争执。才秀用木棍击打闹者头部,闹者则用刀刺中才秀肩部和胸部,致其伤重死亡。甘德县法院以故意伤害(致死)罪判处闹者有期徒刑3年。1981年2月25日闹者获假释出狱,遭到被害人亲属的追杀,不得不逃回县公安局看守所。后经宗教人士和部落头人的调解,赔偿"命价"6000元,被害人亲属方才罢休。[1]

甘南藏族自治州的司法机关在处理索要命价的案件中,主持当事人双方对命价数额进行协商,将命价数额控制在合理的范围内。在刑事附带民事诉讼中认可事先商定的命价数额并在量刑时考虑这些事实,作出适当的处罚。[2] 在司法实践中,通常用刑事附带民事赔偿制度改造赔命价的民间法,将一定数额的命价作为刑事附带民事赔偿,而对于过高的命价要求则不予支持。这一判决方案是国家法与民间法相互融合的良好范例。

当前,"民间法"已成为当今法学研究的一个范式,在它的周围聚集了大量的学术资源,具有强大的号召力。

在我国实行的"坚持以人为本、全面协调可持续的科学发展观"的鼓舞下,有学者主张树立"人本法律观"。树立人本法律观"有利于法律从异化的统治工具回归服务于人的正义事业。"[3]体现以人为本的法学也可以称为人本主义法学或人文主义法学(笔者已另文阐述)。人本主义法学应关注法学研究中的热点问题,加强同其他法学研究范式的对话,说明哪些法律思想和法律制度体现"以人为本"。加强人本主义法学与民间法范式的对话可以撞

---

〔1〕 参见王铭铭、王斯福主编:《乡土社会的秩序、公正与权威》,中国政法大学出版社1997年版,第440页。

〔2〕 参见衣家奇:《"赔命价"一种规则的民族表达方式》,载中国人民大学书报资料中心《复印报刊资料》(法理学、法史学)2006年第9期。

〔3〕 李龙:《人本法律观简论》,载中国人民大学书报资料中心《复印报刊资料》(法理学、法史学)2005年第3期。

击出许多法学理论和法律实践的思想火花。人本主义法学也应关注法律实践中的疑难问题,提出解决问题的意见。

第二节 国家法对民间法的态度

民间法包含多种成分,国家法应当根据民间法的不同成分采取不同态度。国家法对民间法采取单一的肯定或否定的态度是简单化的,必然产生不良后果。国家法作为主流文化应当具有更多的尊重理性、保障人权等优良品性。国家法应当对民间法的不同成分进行合理性判断,并进而采取不同的策略,因此国家法对民间法的策略必然是多元的。国家法对民间法的态度包括国家法对民间法的不同成分(因素)所采取的不同策略的组合。

一、国家法对民间法中有益成分的承认

(一)国家法对民间社会自发形成的规则的承认

例如,搭伙养牛案。村民甲和村民乙达成一个口头合同:甲承担主要出资,乙出资300元购买一头耕牛。甲负责喂养,并承担牛受伤或死亡的损失。乙只用牛,不负责喂养,也不承担牛死亡的损失。多年来该合同一直得到履行。后来,乙认为当年的口头协议是"搭伙"合同,要求分割财产。法官考虑到我国的民法并未列举"搭伙"合同的类型,按"合伙"合同作出了判决。[1]合同履行的情况可以证明当年的口头协议是搭伙合同,而不是合伙合同。在法律没有规定搭伙合同的情况下,可按照民间的搭伙习惯审理案件。

按照搭伙习惯审理案件更符合当事人的真实意思表示,更符合民法的意思自治原则,更有利于解决纠纷,终止争端。在民事司法方面,发现民间法并适用民间法应是法官的一项重要职责。

搭伙合同的规则是典型的民间法规则,它不是国家制定的,而是民间自发形成的。民间法可以为国家法的制定(立法)提供借鉴(成功的经验和失败的教训)。许多国家法就是在总结民间法的基础上形成的。有学者认为:

---

〔1〕 参见苏力:《送法下乡》,中国政法大学出版社2000年版,第201页。

“吸收习惯也是保持制定法富有生命力，使之与社会保持地气，尊重人民的首创精神的一种不可缺少的渠道。”[1]如果国家法在制定过程中不注意从民间法中汲取资源，甚至对民间法采取排斥的态度，单纯依赖理性建构（脱离民间法实践的理性建构自然是空中楼阁）和法律移植，国家法就有脱离实际、走向僵化、脱离大众的危险。“破四旧”（旧思想、旧文化、旧风俗、旧习惯）运动由于没有划清传统文化中的有益因素和有害因素，也产生了摧残传统文化的消极作用。一个民族在走向现代化的过程中不能割断传统与现代的联系，应当注意尊重传统，注意保留传统的风俗习惯中的有益因素。民间的搭伙习惯就是传统文化中存在有益因素的一个例证。民间法产生于民间社会，吸收了无数人的智慧，体现了民间社会的制度创新能力。发挥民间法的作用有利于发挥民众的积极性、主动性、创造性。民间法可以作为国家法借鉴的资源。

又如，国家法对民间送彩礼习惯的尊重。民间的订婚送彩礼的行为意味着婚约的成立。

载有送彩礼内容的婚约是以未来共同生活为条件的赠与合同，在一般情况下国家法也应予以尊重，而不是一概否定。

再如，国家法对儿子女儿继承权利和赡养义务不均衡习惯的尊重。该习惯是，儿子继承遗产并承担赡养义务、女儿不继承遗产也不承担赡养义务。该习惯未违背相关当事人的自由意志，符合民法的公序良俗原则，国家法也应予以尊重。

民间法作为与国家法竞争的规范体系，促使国家法借鉴民间法的合理性，实现自我完善。国家法与民间法等多元规则的互动有利于促进全部规范体系的进化。

（二）国家法尊重传统生产生活方式

关于阿米绪人的权利。美国的阿米绪人大部分居住在宾夕法尼亚州和俄亥俄州。他们有独特的宗教信仰和回归自然的生活方式。他们认为，孩子

---

[1] 苏力：《当代中国法律中的习惯》，载中国人民大学书报资料中心《复印报刊资料》（法理学、法史学）2001年第8期。

读书读到14岁就足够了,15岁就应当到农田里干活了。但美国各州的法律规定强制教育的年龄应为16岁。阿米绪人的习惯与美国的法律产生了冲突,学生们被押上了校车,家长们被逮捕。阿米绪人通过不断的请愿、诉讼维护他们的权利。1972年联邦最高法院宣布,州政府强制施行教育法侵犯了阿米绪人的宗教信仰自由。沃伦大法官在判决意见中指出:“没有任何理由假设今天的多数就是正确的,而阿米绪和类似他们的人就是错误的。一种与众不同甚至于异僻的生活方式如果没有干涉别人的权利或利益,就不能仅仅因为它不同于他人就遭到谴责。”[1]笔者对本案的看法包括如下三点:第一,法律应当尊重人们选择生活方式的权利。现代工业文明下的集体化、标准化的生产泯灭了个人的创造性;工作时间长、劳动强度大、生活节奏快造成了人的身心疲惫;过度竞争给人造成巨大的心理压力。现代工业文明与传统农业文明应当并存。传统农业文明在与现代工业文明的竞争中显示出脆弱性,应当予以尊重和保护。法律不要强迫人们接受现代工业文明,应当尊重人们选择传统农业文明的权利。第二,不宜过度追求高学历,应当尊重受教育者的选择权。在现代市场经济中,富人因不知足而不快乐,穷人因无法过上富足而有尊严的生活而不快乐。激烈的竞争、快节奏的生活、知识的爆炸、规则的泛滥使人们感到巨大的压力。田园生活是一种回归自然的生活方式,是一种可供选择的文化类型,是厌倦市场竞争的人士的心灵归宿。第三,科学文化素质的提高应当是一个渐进的过程。人的幸福是最高目的,教育是为人服务的手段,脱离人的幸福的教育是压迫人的力量。科学文化素质的提高应当为人的幸福这一最高目的服务。教育事业的发展应当与社会需要相适应。教育的外延扩张超过了社会的实际需要,将会造成公共教育资源的浪费,将会造成家庭教育投资的浪费,将会造成学历贬值,也将给受教育者造成痛苦。第四,国家法在能够维护法律秩序的前提下应当尽可能地容忍特例。我国允许民族自治地方实行某些特殊的法律(如携带枪支、刀具,允许抢婚风俗存在等)就没有威胁到整体的法律秩序。

---

[1] 周思远:《少数人的权利,要保护吗?》,载《大科技》(百科探索)2006年第1期。

(三)国家法尊重传统习惯

关于美国禁酒失败例。1919年《美国宪法》第18条修正案发布了“禁酒令”。该条规定:“凡在合众国及其管辖土地境内,酒精饮料的制造销售或转运,均应禁止。”禁酒令无法消除人们对酒的需求,无法杜绝人们的饮酒习惯。执法机关在执行禁酒令时采取了暧昧的态度。一方面,执法机关为了应付立法机关的要求,有选择地处罚了一部分违反禁令的人。另一方面,执法机关怀疑禁酒令的可行性,对另一部分违反禁令的人持放任态度。这种情况既造成了执法秩序的混乱,损害了法律的权威,也没有达到禁止酒的生产和销售的目的。1933年美国宪法第21条修正案废止了禁酒令。禁酒令“实际上是将一种固有的生活方式置于违法犯罪的境地。因此法律所面临的就不是一两起犯罪,而是大规模的不断涌现的违法行为。”[1]在一般情况下,法律无法杜绝某种需要及相关的风俗习惯、生活方式、文化类型。法律要强行杜绝某种需要及相关的风俗习惯、生活方式、文化类型,将要付出巨大的执法成本,将导致法律不能得到切实的执行,并最终伤害法律的权威。严重背离民间法的国家法将被规避,甚至被突破。法律只应杜绝那种明显有害的需要,如对毒品的需要,这是法律的一种特殊情况。

我国民间有节日燃放鞭炮的风俗习惯,在增加喜庆气氛的同时也造成了许多人身伤亡和财产损失。完全禁止燃放鞭炮将会付出巨大的执法成本,并且禁令未必会被有效遵守。正确的做法是设立禁放区,限制装药量等。再如,我国存在的土葬风俗加剧了人多地少的矛盾。法律完全禁止土葬风俗是很困难的,但却可以对土葬风俗加以限制、引导。可以划分土葬区和火葬区,禁止在火葬区建坟。还可以限制每一座坟墓的用地面积。又如,法律为了限制吸烟的危害,可以规定禁止吸烟的场所、限制烟草广告的发布范围等措施。作为公法部门之一的行政法也应对风俗习惯进行审查,区分不同的情况区别对待。国家法对上述民间习俗不应徘徊于禁止和放任两个极端,而应实行分类管理,合理引导,以体现国家法对人的弱点的矫正和弥补。

---

[1] 王肃元、冯玉军:《国家制定法与民间法的供求分析》,载《甘肃社会科学》1999年第2期。

(四)国家法尊重民间社会的自主权

关于孟母堂被禁例。2005年在上海松江出现了一所名为“孟母堂”的私立学校。其教学内容突出中国古代的《论语》《易经》等典籍。全国各地许多家长送子女来该校学习。2007年上海市教委认为,该校未办理审批手续,违反了《义务教育法》的有关规定,属于违法办学,责令停办。[1] 首先,应当落实地方和学校的教育自主权,体现教育的特殊性。长期以来,国家对民办教育规定了过高的准入标准(俗称“门槛”)和过于烦琐的审批手续,在教学内容、课程设置、课时安排、教科书等方面有过于严格的要求。该做法的弊端在于:限制了公民兴办社会组织的自主权利;限制了社会组织的自治权利;限制了公民的受教育选择权,限制了公民为子女选择受教育的机构和方式的权利。国家对民办教育的政策应当相应作出如下调整:第一,降低门槛,简化手续。国家法规定的准入标准和审批手续应当合理,不能过高。第二,降低教学管理方面的统一要求。国家对教学管理方面的统一要求不宜过高。上海市教委应对“孟母堂”的办学条件进行审查,如果某些方面未达到国家法的要求,可责令其整改,不宜简单地叫停。其次,国家应当对教育事业实行统一管理,体现教育的统一性。教育的统一性有利于防止教育管理的混乱。

关于孙大午集资案。孙大午是河北省徐水县农民企业家,大午集团创始人。为解决资金短缺而向当地农民集资。2003年徐水县检察院以涉嫌“非法集资”逮捕孙大午。孙大午自己和家人的生活非常简朴,但确热心资助教育事业和慈善事业。在孙大午的高尚道德的感召下,社会各界和公共舆论展开了营救孙大午的行动。国家法规定了“非法吸收公众存款罪”(《刑法》第176条),严厉禁止民间集资行为。中小企业只能向银行贷款,而银行又不愿意贷款给中小企业。导致中小企业、私营经济对资金的需求不能得到满足,导致民间集资行为禁而不绝。有学者指出:“相对于中小企业融资难而言,涉及民间集资的成文法及由此产生的金融监管体制,是阻碍生产力发展的恶

[1] 参见张步峰、蒋卫君:《现代私塾“孟母堂”能否见容于法治》,载《法学》2006年第9期。

法、恶体制。”[1]在这种情况下,民间集资行为受到民间法的调整。国家法对民间集资行为可以进行管理,但不宜彻底禁止。在逐步开放外资金融业务的形势下,国家法将会逐步放宽对民间集资行为的限制。相关民间法的存在为国家法对民间集资行为的管理积累了经验。只有尊重民间社会的自主权,民间社会的规则创新、制度创新能力才能得到保持。为发挥民间法的作用,国家法的作用空间应当有所收缩,为民间社会保留必要的作用空间。

对涉性违法的管理应当由国家与社会作出分工。国家仅通过行政法和刑法对于具有严重社会危害的涉性违法犯罪实施处罚,而对于没有严重社会危害的涉性行为则可以通过民间法实施管理。例如,宗教组织可以规定成员不得结婚,该规则是事先公布的,而且尊重成员加入和退出的自由。在事先公布,并尊重成员加入和退出自由的前提下,宗教组织禁止成员结婚的规定就与国家法的婚约自由原则并未发生直接的冲突。同理,学校、军队可以在法定婚龄之上适当提高允许结婚的年龄,但其前提是,限制成员婚约自由的规则必须事先公布,并尊重成员加入和退出的自由。学校适当提高允许结婚年龄的规则有利于提高学生的学习效率,军队的类似规则有利于提高军队的战斗力。

传统法治理论认为,国家法规范越多越好,“法网恢恢,疏而不漏”。国家法至上论设想用国家法管住人们行为的每一个细节、管到社会生活的每一个角落。例如,靠不断增加的国家法遏制矿难频发、污染频发、教学质量下滑、拖欠农民工工资。凡事都要立法的做法具有如下弊端:第一,导致了国家法的泛滥,压缩了公民自由权利空间,压抑了社会的自治权利,损害了民间社会创立新规范的动力机制。第二,增加了行政管理的成本,加重了全社会的负担。公民为应付不断的检查、评比付出了高昂的金钱、时间等成本。有学者认为:“传统的习俗、民间的权威被消灭,从而无从发挥作用,赤裸裸的暴力

〔1〕 宋一欣:《我国商法实践中的民间法、习惯法问题》,载《山东大学学报》2006年第2期。

就成了维持统治秩序的唯一手段。"[1]社会问题的最终根源不是监管问题，而是权利保护问题。法治社会的法的运行的指导思想应是着重确认权利和保护权利，发挥人的积极性，实行人本管理，而不是着重规定义务和制裁，靠不断膨胀的国家法规范进行管理。

二、国家法对民间法中不完善成分的容忍

(一)国家法对民间法中体现的人的道德弱点的容忍

在人道主义和人权思想的影响下，现代法律的一个发展趋势是强制性的弱化。现代法律严格区分人的恶性和弱点。对于源于人的恶性的危害社会的行为(恶行)，如果有必要，可以施加法律制裁。而对于源于人的弱点的基本没有社会危害性的行为，则不宜采用制裁措施。人本主义法学的一个重要原则是"宽容人的弱点"原则。

例如，国家法应适度宽容"亲亲相隐"的习惯。中国古代法律中的"亲亲相隐"的制度是指国家法允许亲属之间互相不证明犯罪的制度(反对皇帝的犯罪除外)。有限的"亲亲相隐"制度存在的理由在于：第一，亲情对民间法产生重大影响。亲情是人性、人的情感需要的重要组成部分，国家法应当予以适度尊重。人们为照顾亲情而忽视公共利益是人的道德上的弱点，国家法应当予以适度宽容。第二，制裁亲属之间的容隐行为给社会带来的痛苦大于给社会带来的幸福。国家法应该在一定限度内允许亲属之间的容隐行为，这一点可以作为一项一般原则。为了维护公共利益，可以将危害国家安全罪和公务员的职务犯罪作为两个例外情况区别对待。

再如，国家法应适度宽容不出庭作证行为。当前，在司法审判中，证人出庭率较低，致使新《刑事诉讼法》中关于证人出庭作证义务的规定无法实行。造成这种状况的部分原因在于：人们因害怕打击报复而不敢出庭，因不愿意负担经济、时间上的损失而不愿意出庭。在一般情况下，人们的求利心比正义感更强烈。这些都体现了人们的道义勇气和社会责任方面的弱点。人们

---

[1] 刘军宁：《保守主义》，中国社会科学出版社1998年版，第210页。

的道德上的弱点是客观存在的,不可能通过法律予以消除。法律应宽容人们道德上的弱点,不宜通过法律手段强制人们出庭作证。有学者问道:“在如今纷纷鼓噪刑事被告都有沉默权的时候,你又凭什么理由剥夺一个证人的沉默权?”[1]如果将出庭作证规定为法律义务,用法律手段制裁拒不履行出庭作证义务的人,将会使许多人被推向违法犯罪者的行列,不利于法律集中资源办大事。现代管理学中的人本管理思想认为,管理的重点不是惩罚不良行为,而是激励优良行为。在人本管理的启示下,笔者提出了人本主义法学的“鼓励人的优点”原则。法律不宜强制人们出庭作证,而应当完善证人保护和奖励制度,使证人生命、健康不至于受到威胁,财产利益(直接利益和间接利益)不至于遭受损失。完善的证人保护和奖励制度将会鼓励更多的人出庭作证。

(二)国家法对轻度违背国家法的民间法容忍

人的行为非规范性是指人的行为未完全达到国家法的要求,这是人的弱点的一个具体表现。人的行为非规范性的成因在于:第一,国家法对人的要求不切实际。人们达到一定年龄就有结婚的要求,如果法定婚龄规定得越高,选择未婚同居的人就会越多,选择瞒报年龄登记结婚的人就会越多。为达到控制人口的目标而提高法定婚龄的做法是似是而非的。从我国香港特区、台湾地区这些与我们同根同种的地区的经验来看,控制人口的主要途径是提高社会化养老的水平、改变人们的生活方式和生育观念。第二,人们对国家法的熟悉程度有限。第三,人性中的道德、意志等方面的弱点,使人们未能按国家法的要求行动。在任何社会中,人们的行为都不可能完全达到国家法的要求,民间法都有生存的空间。因此,国家法也应宽容人的行为非规范性的弱点。

例如,买卖房屋未过户例。在某省的一个山村,村民甲因住房面积小希望购买村民乙的房子。在丙的主持下,双方订立了买卖合同。甲向乙支付了价款,乙向甲交付了房屋。但双方因不愿意交付登记费而没有履行过户登记手续。人们选择适用民间法的原因在于:国家法的交易成本高于民间法。在

[1] 苏力:《送法下乡》,中国政法大学出版社2000年版,第167页。

乡土社会,国家法应尊重买卖不动产不履行过户登记手续的民间法。[1] 在乡土社会,这种做法引发一方或双方不守合同的道德风险并不高。原因在于:乡土社会是一个熟人社会,违背合同的行为将会导致信用评价的降低,将会使其他经济交往无法进行,其后果比追究法律责任更严重。在乡土社会,国家法应承认未过户登记的房屋买卖合同的有效性。这种做法可以作为不动产过户登记制度的一个特例而存在。

再如,国家法对民间法不接受诉讼时效制度的适度宽容。国家法的诉讼时效制度要求权利人在法定的期间内向法院提起诉讼,对于超过诉讼时效的案件,法院不予受理。维护诉讼时效规则的权威有利于防止证据的灭失,有利于敦促权利受损者及时提起诉讼,有利于促进纠纷的及时解决。诉讼时效规则属于实体法中的程序规则。维护诉讼时效规则的权威是程序正义的要求。在一般情况下,应当尊重诉讼时效制度的权威。为了维护诉讼时效制度的权威性,对于熟悉法律的当事人、对于诉讼标的数额不大的财产争议案件,应当严格执行诉讼时效制度。但是,在遵守诉讼时效规则将会导致明显不公正结果的情况下,就不应当机械地加以适用。应当赋予法官一定的自由裁量权,由法官在说明理由的情况下决定不严格执行诉讼时效制度。因为规则是不完备的,所以,凡有规则的地方就应当有特例。诉讼时效规则也应当容忍特例。特殊情况下不遵守诉讼时效规则是实体正义的要求。国家法的时效制度在许多民间社会没有被普遍接受。乡民们普遍认为,欠债还钱是天经地义的。如果法院不按照民间习惯办事,乡民们可能就会认为法院收了债务人的好处,枉法裁判,甚至会围攻法院、报复法官。法院也不得不迁就乡民们的意愿,致使基层法院在审理债务纠纷时并未严格执行国家法的诉讼时效制度。在乡土社会,对于超过诉讼时效的债务纠纷,法院仍应受理。法院可以通过调解来解决债务纠纷,以使国家法的诉讼时效规则和民间法不承认诉讼时效规则达成妥协。

---

〔1〕 参见马得华:《民间法与国家法冲突与融合的经济分析》,载谢晖、陈金钊主编:《民间法》(第4卷),山东人民出版社2005年版,第492页。

又如,重庆保安讨要加班费案。皮某、吴某于2001年8月同时到中国银行重庆垫江支行(以下简称A银行)当保安。2005年11月30日两人同时被解聘。二人要求A银行支付4年的加班工资。二人保留4年的值班记录作为证据。当地劳动争议仲裁委员会裁决A银行向两位保安支付加班费。A银行不服裁决向法院提起诉讼。A银行认为,他们的请求已经超过了诉讼时效。法院的一审判决认为,两位保安的大部分诉讼请求超过了诉讼时效,不予支持。[1] 笔者认为,本案可以作为不适用诉讼时效制度的一个特例。理由如下:第一,保安来自乡土社会,对诉讼时效制度缺乏了解。第二,他们在利益和权利问题上不是很精明,未能及时提起诉讼有碍于面子的原因。第三,4年加班费对于维持本人和家属的生活具有重要作用。如果拒付工资数额较少,可以严格执行诉讼时效制度,作为一个教训,有利于增强他们的法律意识。但是,本案中4年的加班费对于两位保安来说不是小数目。如果法院判决保安败诉,乡土社会的人就会认为法院偏袒恶意欠债的小人,加剧乡民对法律和法院的不信任。相同数额的财产给不同的人带来的幸福总量不同,对于富人来说,只能算作一笔小的开支,带来少量的幸福。但对于保安及其家属却意味着很长一段时间生活上的保障,带来大量的幸福。诉讼时效制度是一种来源于西方、盛行于城市的制度。严格执行诉讼时效制度就意味着城市文明对乡土文明的压迫和同化,必将引发两个文明的对抗。城市文明与乡土文明应当对话,因为不同文明的对话有利于促进社会和谐。任何规则都是对已发生事实进行不完全归纳,但不可能预见未来的一切情况,都是不完备的,因此,凡有规则的地方就应当有特例。诉讼时效制度是实体法中的程序规则。在诉讼时效制度上也应当赋予法官一定的自由裁量权,由法官在说明理由的情况下决定在哪些情况下不严格执行诉讼时效制度。赋予法官程序自由裁量权有利于在保持程序权威性、稳定性的前提下不断发展程序规则。可见,诉讼时效制度也不是绝对的。类似本案的情况可以作为国家法的诉讼

---

[1] 参见杨波:《讨薪超过时效视为弃权》,载律师维权网:http://www.lawyerwq.com/Item/7885.aspx.,最后访问日期:2016年11月20日。

时效制度的例外情况。

相对于较高级别的自治组织和国家机关，基层自治组织和基层国家机关与民间社会的关系更为密切，其行为受到民间法的影响更大。要发挥民间法的作用，就必须适度宽容基层自治组织和基层国家机关的行为的非规范性。

（三）国家法对基层自治组织轻度违背国家法的行为的容忍

1．“杀猪封山”的习惯

“杀猪封山”是在安徽徽州（黄山市）农村地区存在的一种封山育林的习惯。每年由村民们商定一个具体的日期，在这一天，大家共同集资买一头猪，分吃猪肉。这一天以后，禁止上山伐木，发现有人违背禁令，就将他家的猪杀掉由村民分吃。[1] 这一习惯就是村民们关于封山育林的村规民约。强制吃掉他人的猪是村规民约规定的处罚措施。从国家法的角度来看，这种处罚措施侵犯了盗伐林木者的财产权，是违法的。但是，从社会效果的角度来看，该习惯在保护资源、保护环境方面比国家法更有效。

基层自治组织的某些管理行为不符合国家法的要求（具有非规范性），但却为民间法所允许，为当事人和公众所接受，国家法应持宽容态度。民间法的惩罚措施应当满足如下条件：第一，民间法不得任意剥夺他人的生命、自由，不得任意逮捕、关押、强制劳动。因为国家法重视人的生命和自由的价值。在电影《被告山杠爷》中，山杠爷对虐待公婆的儿媳作出捆绑、游街的处罚是国家法所不容的。第二，民间法不得包含过高的财产处罚。因为过高的财产处罚与剥夺自由的处罚具有较高的通约性。国家法对于民间法中过于严厉的处罚措施不应支持。第三，非规范的管理行为能产出较好的社会效果。为发挥民间法的作用，国家法应当容忍民间法保留一定的处罚措施。一定数额内的罚款、罚没财物之类的处罚措施并不过于严厉，而且能够防止盗伐林木造成的更大的损失，国家法应当予以宽容。

---

〔1〕 参见春杨：《徽州田野调查的个案分析》，载中国人民大学书报资料中心《复印报刊资料》（法理学、法史学）2006年第6期。

2. 魔鬼训练营例

徐向阳开办的“徐向阳教育训练工作室”被外界戏称为“魔鬼训练营”。训练营专门招收有网瘾、逃学、打架等严重不良习惯的学生。该训练营没有“老师”，只有与学生共同生活的“管带”。该训练营采取长途行军等办法磨炼学生的意志，采取打手心等惩罚手段管理学生。但是，被打的学生认为这是“为自己好”，称徐向阳为“魔鬼父亲”，并认为，只有徐向阳才能使他们痛改前非，重新做人。[1] 严格按照国家法，打手心的惩罚手段是不合法的。在现代法治社会中，国家法只禁止违背社会公共利益的私权利转让行为。国家法允许公民通过协议转让或克制私权利。只有国家法作出变通，徐向阳的训练营才能开办下去，才会有更多的问题少年得到矫正。

（四）国家法对基层行政机关轻度违背国家法的行为的容忍

关于赤膊抓贼例。在河北唐山某村，一天晚上，有一盗贼跳墙进入某村民家中，持刀逼迫女主人交出钱来。女主人持剪刀与盗贼搏斗，将盗贼打退，并在追赶的过程中将盗贼的后背扎伤。公安机关考虑到该村民家白天赶集卖猪得款的情况，判断盗贼出自本村。公安机关在村委会的配合下要求村里所有的成年男子晾出后背验伤。用这种办法成功地将盗贼抓获。按照国家法，公安机关要求村里所有的成年男子晾后背验伤的侦查方法是违法的。而按照民间法，村里的成年男子并没有觉得自己的权利受到了侵害，反而称赞公安机关破案有办法。如果严格按照国家法的要求，不采用这一侦查方法，办案的效率就会降低，甚至可能导致无法破案。基层行政机关的某些执法行为违背国家法，但却为民间法所允许。

违背国家法却可以被接受的执法行为必须满足以下条件：第一，执法行为违法的程度较低，不得任意剥夺公民的生命、自由、财产。第二，必须得到乡民们的同意。乡民们的权利意识也较为模糊。乡民们认为，过于计较所谓的“权利”，将会被他人认为是待人苛刻、不近人情，导致自己在群体中被孤立。乡民们对权利的行使持克制态度，即使主张权利，也会保持在“不撕破脸

[1] 参见中央电视台《新闻调查》2007 年 1 月 23 日播出《问题少年训练营》。

皮”的限度内。乡民的和谐观念强调个人对群体的依附、个人对群体尽义务，缺乏自由意识、自主意识、独立意识。乡民们的和谐观念是团体本位的，而不是个体本位的。乡土社会的秩序是团体本位的秩序。对权利的适度克制有利于维护乡土社会的秩序。适度克制权利的秩序有其合理性的一面。第三，必须有利于维护整体法律秩序，符合全社会的最大利益。为了提高办案效率，国家法应允许执法者和法官在尊重宪法和法律的整体权威的前提下，对法律的个别规范作出变通。

（五）国家法对基层法院轻微违背国家法的行为的容忍

关于拘留第三者案。某村民M长期在外打工，他的妻子与第三者发生了婚外情。M得知后多次打骂第三者，并威胁到了第三者及其家人的人身安全。第三者到法院起诉要求M停止侵害。在法院的调解下，双方达成了调解协议：第三者接受拘留的决定，M停止侵害。[1] 在本案中，拘留这一公权力的行为成了调解协议的内容。在国家法意义上，这种做法是不合法的。但是，只有这种做法才能使村民M感到挽回了“面子”，决定停止侵害，从而避免了伤害、杀人等更为严重的违法犯罪行为的发生。从利益衡量论的角度来看，为了避免较严重的违法行为而包容较轻微的违法行为符合社会的最大利益，这种做法是可以被社会接受的。基层法院的某些审判活动不符合国家法的要求，但却为民间法所允许。可以被接受的非规范的司法行为必须满足的条件与上述非规范的执法行为必须满足的条件相当。

按照民间法的要求，应允许基层法院的司法活动保留某些传统司法的特征。在民间法的作用下，基层法院的审判活动的特点与非基层法院有所不同。有学者记述了发生在陕西北部某镇派出法庭参与的“依法收贷”的案例。[2] 为达到追回贷款的目的，办案程序的许多环节不符合国家法的要求。如果严格依法收贷，贷款就将难以收回，国家的金融秩序就难以得到维护。在拖欠国家贷款还不较为普遍的情况下，运用轻度不符合国家法的手段收贷

---

〔1〕 参见苏力：《送法下乡》，中国政法大学出版社2000年版，第243～244页。

〔2〕 参见强世功：《一项法律实践事件的评论》，载王铭铭、王斯福主编：《乡土社会的秩序、公正与权威》，中国政法大学出版社1997年版，第488页。

就可以被容忍。我国基层法院的审判活动应当吸收马锡五审判方式的经验：第一，主动调查研究。在该案中，法院在信用社（原告）未起诉的情况下主动立案违背了司法的被动性原则（诉讼中的“不告不理”）。第二，重视调解。在调解过程中，随着民间法作用的发挥，国家法得到合理的变通。第三，简化程序，巡回审理，方便群众。在民间法的作用下，基层法院的审判活动具有主动性、重视调解、重视发挥民间法的作用、简化程序等特点。而较高级别的法院则应当主要吸收西方法律文化中的司法的中立性、独立性、被动性、追求程序正义观念。基层法院和较高级别法院在价值倾向性上是有区别的。

在司法调解过程中发挥民间法的作用有利于终止争端、恢复秩序。调解制度是民间法进入法律实践的重要渠道。达成调解协议的过程是一个变通国家法的过程。有学者指出：“如果法院不管乡民的实际情况，盲目兜售和刻板推行国家法，有可能适得其反，造成国家法在乡土社会的信任危机。”[1]国家法的合理变通不但不会损害国家法的权威，反而有利于树立国家法在乡土社会中的权威。为了提高尽快达成调解协议，并促使当事人执行调解协议，提高调解的效率，法院在主持达成调解协议的过程中，可以邀请民间非正式组织的代表人物（如家族权威、宗教领导人）参加。在解决民间纠纷的过程中，调解往往比判决更能达到止争的效果，解决纠纷的效率更高。

因为国家法不能解决所有的社会问题，所以，国家法应当为民间法保留生存空间（民间恶法除外）。我国《立法法》第 75 条第 2 款规定：“自治条例和单行条例可以依照当地民族的特点，对法律和行政法规的规定作出变通规定，但不得违背法律或者行政法规的基本原则。”我国《婚姻法》第 50 条规定：“民族自治地方的人民代表大会有权结合当地民族婚姻家庭的具体情况，制定变通规定。”国家法的推行要考虑到民众的接受能力，要注意与民间法的协调。

相对于刑法，民法与风俗习惯的关系更为密切。作为民法的基本原则之一的公序良俗原则就是指民法对全社会普遍公认的道德标准和风俗习惯的

---

[1] 田成有：《乡土社会中的民间法》，法律出版社 2005 年版，第 141 页。

尊重。国家法对搭伙、婚礼、婚约等民间习惯持一概否定的态度,不仅不利于解决纠纷,而且会加剧纠纷,导致暴力性私救济行为的增多,甚至可能使民事案件转化为刑事案件。

民法对风俗习惯的尊重不是绝对的。原因在于:第一,正如国家法一样,民间法也有良恶之分。第二,民事案件的审判除考虑公序良俗原则外,还要考虑自愿原则、公平原则、诚实信用原则等其他原则。法院在审判案件的过程中,不能直接适用民间法,而应当首先对民间法的合理性和合法性进行审查,以确定民法对某项风俗习惯尊重与否以及尊重的程度。审查意见应当以书面的形式公布,接受全社会的监督。

新中国成立以后,“移风易俗”政策在改变旧风俗(如包办婚姻、宗族处罚权)的过程中发挥了积极作用,但也走向了另一个极端,一些基本无害的甚至好的风俗习惯也受到了压制,这对建立包括民间法和国家法在内的社会规则体系非常不利。一味地压制甚至吞噬民间法将会引发民众对国家法的抵触情绪,加大执法成本。国家法的推行要考虑到民众的接受能力,要注意与民间法的协调。发挥多种社会规范的调整利益、维护秩序的作用,有利于促进国家法与民间法的进化,有利于保持社会发展的渐进性、稳定性、连续性。

法律的权威首先是国家法的权威。在司法过程中,国家法应该得到优先适用。但是,国家法的优先适用不是绝对的。国家法只可以禁止违背社会公共利益、违背法律的基本精神、违背法律的整体秩序的民间法和民间的纠纷解决方式。在此前提下,应最大限度地尊重当事人选择规范和纠纷解决方式的权利。如果适用国家法将导致显失公正、显失合理的判决结果,就应当选择适用民间法了。法官在审判过程中考虑民间法,行使自由裁量权有利于防止国家法的僵化。司法不应单纯实行克制主义(单纯实行克制主义被称为机械主义),而应引入能动主义,实行克制主义与能动主义的有机结合。不合理的国家法被规避的现象每时每刻都在大量发生。

传统法治理论认为,国家法的权威越高越好。后现代法学和民间法理论对国家法的权威提出了质疑。因为法律的合理性是有限的,所以,法律权威不是绝对的。过于强调国家法的权威将会使国家法成为压迫人的异化力量。

传统法治理论具有国家法霸权主义的理论倾向。人本主义法学既崇尚国家法的权威,又反对将国家法的权威绝对化。新法律工具主义将法律和权力作为增进人的幸福的手段,人本主义法学对此予以支持。发挥民间法的作用,最大限度地尊重人们选择适用民间法的权利,有利于防止国家法的异化。

但是,也应当注意,国家法对民间法的尊重是有限度的。对于民间法中有严重危害的成分,国家法不予承认。例如,民法尊重订婚送财礼的风俗,对于彩礼按赠予财产处理,但对于借婚约索要财务的行为则不予支持。再如,在存在抢婚风俗的地区,如果抢婚事实得到当事人的承认,并且未造成严重后果,可以不予追究。“对于这类出于民族习俗的行为,除手段残忍、致被害人重伤、死亡或者造成其他严重后果外,不宜作为强奸罪、奸淫幼女罪处理。”〔1〕

三、国家法对民间法中有利于减轻惩罚的成分的吸收

民间法的存在有利于保持法律的多样性,为公民与政府提供选择规范的可能性。有学者认为:“法律多元意味着法律应该有多种中心,多个层次,在一定的条件下存在着两个或两个以上可供人们适用的法律规范。”〔2〕当民间法过于严峻时,人们可以更多地选择适用国家法;当国家法过于严峻时,人们可以更多地选择适用民间法。这样,可以减轻法律的严峻性造成的幸福的减损。

(一)建立刑事和解制度可以减轻对犯罪人的处罚

刑事和解制度可以作为调解制度的重要组成部分,是民间法进入刑法领域的一条重要渠道。传统的刑事公诉制度将犯罪视为对国家利益和社会公共利益的侵害,对被害人的地位重视不够。这是一种社会本位的刑法思想。有学者指出:“刑事和解制度的引入,最为关键的便是此种观念的突破和转

---

〔1〕 梁华仁等:《论刑法在少数民族地区的变通》,载《政法论坛》2001 年第 2 期。

〔2〕 肖光辉:《法律多元与法律多元主义问题探析》,载何勤华主编:《多元的法律文化》,法律出版社 2007 年版,第 66 页。

换,即由国家本位价值观转变为个人本位价值观。”[1]刑事和解制度将犯罪首先看成对个人利益的侵害,然后才看成对国家和社会利益的侵害,是一种个体本位的刑法思想。

因为国家法离不开强制措施和制裁措施,所以,国家法有严峻性的一面。吸收民间法的合理因素建立刑事和解制度与民间法出罪减刑制度,有利于减轻国家法的严峻性给人造成的痛苦。

关于交通肇事和解例。司机夏某甲与母亲、哥哥、嫂子、侄女(夏某乙)共同生活,一家人感情很好。为了在租住的房子旁边盖一个厨房,夏某甲与母亲要在夜里去拉沙子。还未睡觉的夏某乙也闹着要去。车开到采沙厂附近停了下来,夏某甲收拾车厢,夏母和夏某乙下了车。夏母自己去看沙子,与夏某乙分开了。夏某甲收拾完车厢后开车去装沙子,觉得车轧到了东西,下车后发现车从夏某乙身上轧过,导致夏某乙死亡。夏某甲深感自责,主动到公安机关自首。夏家人原谅了夏某甲,向法院递交了请求书,希望从轻处罚。法院以交通肇事罪判处夏某甲有期徒刑 8 个月,缓刑 2 年。[2] 在夏家人看来,夏某乙的离去已经使他们陷入痛苦之中了,如果判夏某甲重刑,将会给他们带来新的痛苦。法院考虑到犯罪嫌疑人已得到受害方的谅解,充分尊重夏家人的感情,作出以上判决是合适的。在过失犯罪可适用刑事和解制度上比较容易达成共识。

建立刑事和解制度具有重大的社会意义。第一,建立刑事和解制度有利于法院监督和解协议的合法性。由于人们寻求体现最大利益的纠纷解决方案的愿望极为强烈,导致国家法试图杜绝刑事案件的“私了”成为不可能。不如像大禹治水那样,变堵截为疏导,将刑事案件的“私了”转变为刑事和解制度。在刑事案件的“私了”过程中,法院无法监督和解协议的内容的合法性。与刑事案件“私了”的不同之处在于:第一,在刑事和解制度下,法院可以主持达成和解协议的过程,监督和解协议的合法性。第二,建立刑事和解

---

〔1〕 杜宇:《作为间接法源的习惯法——刑法视域下习惯法的立法机能之开辟》,载《现代法学》2004 年第 6 期。

〔2〕 参见《亲情的天平》,载《今日说法》2007 年 4 月 19 日。

制度有利于减少侦查、公诉、庭审等环节的人力和物力，节约诉讼成本，增进社会效益。第三，建立刑事和解制度有利于化解加害人和受害人之间的纠纷，促进社会和谐。

关于耕牛被盗索赔案。20世纪90年代初，四川茂县发生一起偷牛案，法院以盗窃罪判处被告有期徒刑3年并赔偿受害人500元经济损失。受害羌族村民对判决极不满，为此数度上访。被害人认为法院判不判刑无所谓，一定要被告人赔偿自己耕牛被盗发生的全部损失，要么就让被告为他家做3年苦力。[1] 在这一具体的案件中，民间法提出了一个与国家法相竞争的处理方案。按照国家法的判决，被告将被监禁3年，原告的损失得不到全额赔偿。而民间法的处理方案并没有对社会利益造成根本的损害，而且对双方当事人都有利，更符合当事人的意愿。对于处刑较低的犯罪和过失犯罪可以尽量采用刑事和解协议的方式处理。民间法的处理方案至少在一些少数民族地区是被广泛接受的。

刑事和解制度涉及了一个深入的理论问题——人身利益与财产利益是否具有可比性（可通约性）问题。可区分如下情况提出不同的处理意见：

第一，生命利益与财产利益不具有可比性。因此，死刑（生命刑）案件不适用刑事和解制度。

第二，整体自由利益与财产利益不具有可比性。因此，无期徒刑、长期自由刑的大部分刑期不适用刑事和解制度。

第三，部分自由利益与财产利益则具有一定的可比性。二者的可比性与自由利益的受损害程度成反比。自由利益受损害的程度越低，自由利益与财产利益的可比性就越高。自由刑越轻微，自由利益与财产利益的可比性就越大。因此，可能判处较轻刑罚（管制、拘役、短期自由刑）的案件可适用刑事和解制度；虽然长期自由刑案件的大部分刑期不适用刑事和解制度，但是，其中有限的期间内可适用刑事和解制度。

---

〔1〕 参见王勇：《国家法和民间法的现实互动与历史变迁》，载中国人民大学书报资料中心《复印报刊资料》（法理学、法史学）2002年第12期。

在司法实践中应当防止刑事和解制度的滥用,否则,将会导致有钱的犯罪人和无钱的犯罪人所受的处罚不同,将会危害法律面前人人平等原则和同类案件同类处理的法治原则。

(二)建立民间法出罪减刑制度可以取消不必要的定罪和处刑

民间法出罪减刑制度是指对按照国家法构成犯罪的人,在不违背社会公共利益的前提下,按照民间法不认定犯罪或处以较轻的刑罚的制度。现代刑法的罪刑法定原则反对按照民间法对行为人入罪加刑,但并不反对按照民间法对行为人出罪减刑。民间法出罪减刑制度与罪刑法定原则的共同目的在于减轻刑法的严峻性给人造成的痛苦,二者都是刑法人道主义的重要组成部分。民间法出罪减刑制度是民间法进入刑法领域的又一条重要渠道。

国家在少数民族地区的刑事政策中已经包含了民间法出罪减刑制度。例如,我国的一些少数民族地区存在抢婚风俗,其中经常伴随着非自愿的性行为。对于风俗习惯允许的抢婚行为,法律无法彻底禁止。如果抢婚的事实未造成严重后果,且得到当事人的认可,就可以承认婚姻的有效性。除手段残忍恶劣、致被害人重伤、死亡或者造成其他严重后果外,不宜作为强奸罪处理。[1] 如果刑法完全无视这些风俗习惯,就会导致少数民族群众对整体国家法制度的抵制。再如,少数民族地区存在"刀耕火种"的耕作方式,其中经常伴随着毁林烧荒的行为,不宜简单地按照盗伐林木罪或滥伐林木罪处罚。对于毁林烧荒行为未造成严重后果的,可不按犯罪处理;对于造成严重后果的,可根据情节从轻处理。又如,生活在人烟稀少地区的居民有携带武器自卫的习惯,对于这类行为也不宜简单地认定非法持有枪支弹药罪。[2]

在汉族地区,国家法的影响相对较大,民间法的影响相对较小,需要按照民间法出罪减刑的情况不及少数民族地区多发,但也是经常发生的。因此,在汉族地区建立民间法出罪减刑制度也是有必要的。

---

〔1〕 参见梁华仁、石玉春:《论刑法在少数民族地区的变通》,载《政法论坛》2001年第2期。

〔2〕 参见王学辉:《从禁忌习惯到法起源运动》,法律出版社1998年版,第246页。

1. 根据婚约的习惯可不认定犯罪的情况

例如，强奸成婚案。一位男青年爱上了另一个村子的女青年。一天，男方邀女方约会，女方接受了。在约会期间，男方与女方强行发生了性关系。女方父母向当地派出所报了案。在警察正式逮捕男方之前，男方父母来到女方家中请求私了。双方达成协议：男方娶女方，并赔偿5000元。尽管男女双方都未达到法定婚龄，他们还是通过熟人关系领取了结婚证。但是，这一规避法律的私了被政府发现了。婚姻被宣告无效，男青年被判刑。[1] 如果按照国家法处理本案，男方将被判刑，女方的名誉将受到损害，一桩姻缘将被拆散。这种结果对双方都是不利的。按照民间的婚约习惯，在本案中，男女双方的关系虽然经历了一些波折，但最终还是实现了和解，达成了婚约。这使男方行为的社会危害性被化解了。按照民间婚约习惯而不是按照国家法处理本案，男方可以免于牢狱之灾，女方的名誉也可以最大限度得到保全。当他们达到法定婚龄，领取结婚证以后，就成为合法夫妻了。因此，通过民间的婚约习惯解决纠纷符合双方当事人的最大利益，也未损害社会根本利益，符合中国人"宁拆十座庙，不破一门婚"的心理期待，是一种可以为社会接受的最佳的纠纷解决方案。这种解决办法适用于熟人社会，而不适用于陌生人社会。在熟人社会，道德的约束力量较为强大，类似的婚姻协议能够得到较好的遵守。在熟人社会，风俗习惯具有强大的力量，以致像刑法这样包含对人身、自由、财产的严厉处置的刑法也不得不在一定程度上尊重风俗习惯。

2. 根据婚礼的习惯可不认定犯罪的情况

关于婚礼后的诉讼案。1999年在安徽省凤阳县，女青年吉某和男青年李某经人介绍相识。在父母的催促下，吉某不情愿地与李某按当地风俗举办了婚礼，但并未领取结婚证。婚后，吉某拒绝同房。李某强行与其发生了性关系。吉某向凤阳县法院状告李某。凤阳县法院认为李某的行为构成强奸罪，判处有期徒刑3年。乡民们普遍认为，法院的判决实属荒唐，即使吉某的

---

[1] 参见苏力：《法治及其本土资源》，中国政法大学出版社2004年版，第45页。

父母也不支持法院的判决。[1] 1994年2月1日生效的《婚姻登记管理条例》不再承认事实婚姻,不再认可婚礼的习惯。现行国家法以领取结婚证作为婚姻成立的要件。《婚姻登记管理条例》的指导思想认为,应当通过不承认事实婚姻的办法矫正人的不规范的婚姻行为,使人的婚姻行为符合国家法的规定。按照现行国家法,李某的强奸罪成立。

按照民间法的要求,按当地风俗举办婚礼就意味着婚姻成立了,不存在强奸的问题(我国立法未明确规定婚内强奸)。《婚姻登记管理条例》要求人的婚姻行为必须达到国家法的要求,对人的婚姻行为的合规范性提出了过高的要求。国家法不承认事实婚姻的做法体现了国家法对民间法的不宽容。只要不违背婚姻法的婚姻自由、一夫一妻的原则,符合婚姻法规定的实质要件,就应当认定为事实婚姻,承认婚姻的有效性。婚姻关系具有合同关系的部分属性,是一种涉及人身关系的特殊合同。既然合同法承认事实合同,婚姻法也应当承认事实婚姻。现代刑法理论认为,在不违反公共利益的前提下,可以依照民间法出罪减刑。学术界对本案的判决有两种不同的观点:第一种观点认为,出于尊重民间婚礼习惯的考虑,可以在认定李某有罪的前提下从轻判决。第二种观点认为,对于按照风俗习惯举办婚礼后的非自愿性行为不宜简单地认定构成强奸罪。应当认定李某无罪,可以要求李某作出适当的赔偿。

国家法永远不可能完全同化民间法。国家法的统一性与民间法的多元性是一对永恒的矛盾。因此,研究国家法与民间法的关系将是一个永恒的课题。民法学领域中的"利益衡量论"和刑法学领域中的"法益衡量论"也都主张,在多种规范和纠纷解决方式并存的情况下,应选择体现全社会和当事人最大利益的规范和纠纷解决方式。有学者认为:"正是由于法律多元的存在,因此,人们可以选择其自愿遵循的规则,选择能获得更为有利后果的规则。"[2] 当国家法或者民间法之中的任何一个占据一统天下地位,人们没有

[1] 参见中央电视台2000年6月9日《社会经纬》栏目《婚礼后的诉讼》。
[2] 苏力:《法治及其本土资源》,中国政法大学出版社2004年版,第47页。

选择余地时，都会出现规则的异化。在规则异化的情况下，人成了规则的奴隶，而不再是规则的主人了。法律多元主义是西方法社会学、法人类学提出的一个概念。国家法与民间法的竞争是法律多元格局的重要组成部分。构建多元规则体系有利于防止国家法和民间法的异化，有利于促进国家法与民间法的进化，有利于保持社会发展的连续性、渐进性、稳定性。国家法与民间法的竞争形成的法律多元化、规则多元化、解决纠纷方式多元化的格局将为人们提供一个宽松和谐的良好环境。

四、国家法对民间法中有明显危害的成分的禁止

关于同宗恋人被杀案。湖北省大悟县刘河村只有两户为外姓，其余都是刘姓。1988 年该村男青年刘甲、女青年刘乙结伴外出打工，产生恋情，刘乙怀孕，双方准备结婚。二人属于同一个宗族，已出五服，符合婚姻法规定的结婚条件。但双方家人和同宗的人都认为他们做了伤天害理的事，败坏了宗族的声誉。刘甲的父亲刘祖应和母亲黄甲、刘乙的哥哥刘高明、村支部书记刘丙、村主任刘丁、民兵连长刘戊等人密谋杀死二人，将尸体秘密掩埋。1999 年刘河村发生了少数人聚众闹事事件，加上村内刘姓宗族内部各支系争夺公共权力，使村内秩序较为混乱。大悟县成立了刘河村综合整治工作组进驻该村，使这一尘封 11 年的血案浮出水面，相关责任人都受到法律的严惩。通过民主程序产生了新的两委班子后，刘河村恢复了往日的平静。[1]

本案折射出传统民间法包含的许多缺陷。

（一）传统民间法包含非理性因素

“同姓不婚”的民间法规范是原始禁忌的组成部分。该规范中禁止近亲结婚的内容符合现代优生学的规律。但是，禁婚的范围有不当之处。在同一宗族内部，禁婚范围过大。而在姨表亲属方面，又没有禁婚的规定。许多农村存在“闹人命”的习俗。已婚妇女在婆家非正常死亡，不管婆家人有无责任，也不严格区分故意杀人、故意伤害致死、过失致人死亡、意外事件致人死

---

〔1〕 参见黄河：《苦命鸳鸯怎奈宗族势力的血刃毒刀》，载《现代农业》2000 年第 2 期。

亡,娘家人都要来婆家闹事。某些少数民族的证据制度中存在的神明裁判制度,可能导致证据认定的错误。

(二)传统民间法包含非人道、侵犯人权的因素

第一,传统民间法要求家庭、家族、亲属之间承担连带债务责任(如父债子还等)和连带损害赔偿责任。其中包含家族制因素。而现代法律强调责任自负原则。传统民间法规定无力偿还债务的人或其家庭成员去为债权人作苦力,其中包含为现代法律所反对的奴隶制因素。

第二,传统民间法用过于严酷的手段处罚有道德过错的人,这种做法混淆了法律和道德的界限,混淆了犯罪与道德过错的界限。在处罚措施方面,传统民间法用剥夺生命、健康、自由等手段维护同姓不婚的规定,违背了国家法的罪刑法定原则。民间法在规范人类的婚姻秩序方面出现了矫枉过正的倾向,这是不符合人文精神的。传统民间法采用剥夺生命、健康、自由的处罚措施(关押、游街、拷打、过高的罚款、抄家、开除村籍、处死等)保证实施,属于过于严酷。相对于民法,刑法对风俗习惯的审查相对严格。现代刑法的罪刑法定原则主张按照刑法典定罪量刑,反对按照风俗习惯定罪量刑。

第三,传统民间法中的纠纷解决方式包括打斗、群体械斗、复仇等暴力性私力救济方式是落后的纠纷解决方式。

第四,传统民间法承认宗族执法权。而国家刑事法律规定审判权和执行权由国家专门机关行使,不允许民间社会对行为人定罪处刑。

民间法是群体本位、权力本位的法,而现代国家法则深受个体本位、权利本位思想的影响。发挥国家法的作用有利于清除民间法中束缚自由、个性、创造性的内容。例如,国家法除可以认可一定数额以内的罚款外,对其他处罚方式不应支持,对构成犯罪的行为还应当作出刑事处罚。相对于民法,刑法对风俗习惯的审查相对严格。现代刑法的罪刑法定原则主张按照刑法典定罪量刑,反对按照风俗习惯定罪量刑。发挥国家法对民间法的矫正作用有利于防止民间法的异化,保障人的幸福。

第六章　法律与道德的关系

法律与道德的关系问题是法理学中最繁难、争议最大的问题之一,对它的解释常伴随着激烈的思想交锋。法律与道德的关系存在两面性:一方面,法律与道德存在相对分离的一面,分析法学家着重研究此方面。另一方面,法律与道德也存在密切联系的一面,自然法学家和社会学法学家并不严格区分法律与道德。法律与道德之间不仅存在相对分离的一面,而且存在密切联系的一面。认识到法律与道德关系的两面性已逐渐成为各个学派的共识。尽管对这一问题的不同回答作为学派观点的特色和学术研究分工的需要将会长期存在。

第一节　法律与道德的相对分离

康德认为:法律所制约的是外部的自由,道德所约束的是内在的自由;法律是强制的,道德是自愿的。[1] 康德观点的理论贡献在于认识到道德实施的非强制性,认识到法律与道德实施方式的不同。

分析法学派创始人奥斯丁主张区分严格意义上的法和非严格意义上的法。他认为:道德规则“没有法律制裁作为后盾……不是严格意义上的

---

〔1〕 参见张宏生、谷春德主编:《西方法律思想史》,北京大学出版社1990年版,第268页。

法。"[1]古典分析法学家虽然将法的价值、道德逐出了法理学园地，但是，他们主张法律与道德的相对分离、反对以法律手段强制实施道德、承认道德的多元性的思想在客观上为市场道德和法的价值的发展提供了宽松的外部环境。

一、法律与道德的调整范围上的区分

从罗马法到法国民法典，从古罗马五大法学家到近代自然思想的复兴，西方自古有重视法律和法学研究的传统。这为法律与道德走向相对分离准备了制度和思想的条件。分析法学家系统地提出了法律与道德相对分离的思想。分析法学创始人奥斯丁批评了自然法学说"将实际存在的由人制定的法和实际存在的社会道德混同起来"的倾向，主张应区分法律与道德。新分析法学派代表人物哈特认为，严格区分法律与道德是以奥斯丁为代表的古典分析法学的重要理论成果，应该予以继承。西学东渐以来，我国法学界逐渐接受了法律与道德相对分离的思想，但同时也存在许多理论分歧。

区分法律的调整范围和道德的调整范围的标准至少有如下三个：

1. 考虑社会关系的重要性

法律只应该调整那些对于维护社会秩序最为重要的社会关系。例如，任何国家法律都规定了不杀人、不偷盗、不诈骗、信守合同等内容。对于那些维护社会秩序具有一般影响的社会关系，如友谊关系、恋爱关系则由道德来调整。

2. 考虑行为的社会危害性

社会危害性较大的行为由法律来调整，社会危害性较小的行为则应由道德来调整。例如，在欺诈的情况下订立的严重的不公正的合同应由法律来调整，而由于合同双方的信息不对称而订立的轻微的不公正的合同则应由道德来调整。再如，以营利为目的，制造、传播网上淫秽信息的行为应由法律来调整。而私下观看网上淫秽信息的行为则应由道德来调整。又如，重婚行为应

---

[1] [英]约翰·奥斯丁：《法理学的范围》，刘星译，中国法制出版社2002年版，第9页。

由公法来调整，一般违反夫妻忠实义务的行为（如婚外情行为）应由私法来调整（国家不宜主动介入），有感情、无金钱交易的婚外情行为则应由道德来调整。在中国传统礼教中，非婚的性行为是按照犯罪来处理的。在清末礼教派和法理派关于“无夫奸”是否构成犯罪的争论中，礼教派仍然坚持礼教的这一传统观点。而法治派则主张非婚性行为不应当承担刑事责任。现代刑法领域的一种观点是将没有受害人的犯罪非犯罪化。这一观点体现了刑法与道德的相对分离的思想。关于同性恋婚姻的态度。传统法学思想没有严格区分法律与道德的界限（如自然法学家和儒家），主张用法律手段推行“道德共识”。他们所理解的“道德共识”就是社会的流行习惯。既然同性恋不符合“道德共识”，那么就可以通过法律手段予以禁止。而新分析法学家哈特则认为，因为同性恋者并没有侵害他人利益和社会公共利益，所以立法机关就没有必要通过禁止同性恋的法律；既然法律并没有明文规定同性恋为非法，那么政府就无权通过法律手段予以禁止。

关于女大学生状告母校案。2002 年西南某大学一男生李某、一女生张某外出旅游时发生了性关系。张某经诊断已怀孕作了手术。学校认为二人发生“不正当性行为”属于“道德败坏”，作出勒令退学的处分。二人向重庆市南岸区法院提起诉讼，要求学校撤销勒令退学的处分，并以侵犯隐私权、名誉权为由要求学校赔偿损失 100 万元。法院希望通过调解解决纠纷。但双方未达成协议。法院给学校下达了暂停执行勒令退学处分决定的司法建议书。[1] 后来，该女生父亲通过权威人士说情，该校不再提及处分的事。在本案中，原告和被告双方存在如下争议：两位学生认为，有感情的、无金钱交易的非婚同居行为无害于社会，属于个人自由的范畴，法律保护其隐私权、名誉权，学校无权干预。校方认为，二人的行为是不道德的，违反了学校的纪律。为严肃学校纪律、维护学校的正常管理秩序，应该对二人作出处分。原告和被告双方的争论体现了两种道德观念的争论。

---

〔1〕 参见秦前红：《关于“女大学生怀孕案”的事后评说》，载中律网：http://www.148 com.com/html/2239/372776.html.，最后访问日期：2016 年 11 月 6 日。

3. 考虑行为在道德层次体系中所处的位置

按照行为标准的高低不同,可将道德分为三个层次,由低到高依次为邪恶道德、市场道德、奉献道德。其中,市场道德和奉献道德可以合称善良道德。善良道德的不同层次与法律的关系是不同的。首先,法律对人们的要求与市场道德是接近的,二者都要求人们做到平等互利、等价有偿。因此,市场道德是法律的主要信息来源。市场道德所设定的义务可以转化为法律义务。其次,法律对人们的要求与非基本道德差距较大。因此,法律鼓励奉献行为,但一般不设定奉献的义务。

法律义务与道德义务的区别。孟子认为,人都有“恻隐之心”,行人见到幼儿掉入井中一定会去救助。孟子所谈到的是道德上的救助义务,而法律对救助义务的要求则较为谨慎。如果是成年人带幼儿游玩的情况,成年人则具有救助的法定的或约定的义务。专业的救助人员具有救助的法定的或约定的义务。如果行人与幼儿没有任何关系,其就没有救助的义务,法律不宜惩罚一般的见危不救者。原因在于,法律上的惩罚不得滥用。滥用惩罚既会加剧人的痛苦,也不利于集中力量制止社会危害更大的违法犯罪行为。

人具有道德上的弱点,这是人的一种客观本性。人文主义要求法律宽容人的道德上的弱点。一方面,法律不宜对人们的行为提出过多、过高的道德要求。另一方面,法律应对人们的道德错误持宽容态度。对于大多数人,至少是相当多的人难以做到,包括立法者也难以做到的行为,不宜设定法律义务,而只能提出道德上的要求。例如,公务员立法应对公务员道德上的弱点持宽容态度。公务员法对公务员提出的道德要求只要能够保证公共利益的实现就可以了,不必提出过高的道德要求。公务员立法中应贯彻公务员个人道德和公务员的职业道德分开的原则。公务员法对公务员的行为提出过高的道德要求的副作用至少包括如下方面:第一,可能导致公务员道德上的弱点被他人要挟利用。一些公务员担心个人隐私被公开而为违法行为网开一面,甚至被拉入犯罪集团。第二,可能导致公务员的个人隐私被其他公务职位竞争者利用,不利于维护公务员管理秩序。因此,在这种意义上,对人的行为提出过高要求的法律也是恶法。

二、以法律手段制裁“不道德行为”的消极作用

原始社会既然没有严格区分法律与道德,也就没有严格区分什么样的规则可以强制实施,什么样的规则不适合强制实施。古代社会的法律与道德未能割断原始社会习惯的脐带,未将现代社会规则(道德和法律)的实施方式和原始社会习惯的实施方式相区别,违反道德的行为可能受到法律制裁,违反法律的行为也可能被从轻处理。在法律与道德未完全分化的情况下,以法律手段制裁“不道德行为”的观点具有广泛影响。朱熹主张“明刑弼教”,中国传统法律中规定“十恶”、尊卑相犯同罪异罚等制度目的在于维护封建礼教。英国法官德夫林也认为法律有维护公共道德的职能,应对违反公共道德的行为施加法律制裁。

以法律手段制裁“不道德行为”的观点隐含如下不可靠的理论前提。

(一)将主流道德绝对化

主流道德是完美无缺的,排除了多元道德对话的可能。实际上,任何道德都只具有相对的合理性。在开放的社会中存在多种道德标准。法律应尊重道德的多元性,尊重人们选择多种道德生活的自由权利。功利主义者密尔认为,一个人的行为只要不违反他人利益和社会公共利益,法律就不应禁止,他的行为就是自由的。这就意味着,一种违背道德的行为,却不一定违背法律,他人和社会可以给予道德谴责,但不可以采用法律手段加以干涉。道德的是非应由民间社会以讨论的方式加以解决。这样,可以使人们保持活泼、开朗的心态,并为社会发展营造宽松的条件。另外,一个社会也存在主流道德。主流道德标准是公众共同接受的道德标准。《中共中央关于公民道德建设实施纲要》中提出的社会公德、职业道德、家庭美德就是当今中国的主流道德,是维护社会稳定的精神纽带,是对公民进行道德教育的依据。但也应注意不要混淆道德和法律的界限。道德只有经过立法程序的加工才能形成法律规范。对于未形成法律规范的道德规范,不可用法律手段强制实施。

(二)过度相信公众的道德判断

实际上,公众的道德判断也可能是错误的。理由如下:

第一,公众的道德判断受到风俗习惯的影响,未经过细致的思想加工,其中存在大量的非理性、非正义、侵犯人权的因素。在单一封闭的文化体系内部,由于缺乏与其他道德体系的比较、交流,公众的道德判断可能受到风俗习惯的影响,存在更严重的缺陷。例如,等级思想、对个人权利的轻视就是中国传统道德中存在的不合理因素的具体例证。

第二,公众容易受到激情、偏见的驱使,作出错误的道德判断。例如,在传统社会中,公众的道德判断(通常被称为"义愤""公愤")对司法判决的影响较大。再如,在我国,人们更关心罪犯受到惩罚的结果,而不强调追究以非法手段收集证据的行为。法律有良法和恶法之分,道德也有善良道德和邪恶道德两种不同成分。在法律与道德良性互动问题上,既要以善良道德为评价标准对法律作出审查,也要以良法为评价标准对道德、风俗习惯作出审查。长期以来,学术界对前者较为重视,而对后者的研究则较为薄弱。立法者和法官应对公众的道德判断的合理性作出审查,应注意抵制公众的不良道德判断对判决的影响。立法者和法官不应该完全迁就、迎合公众的道德判断。

用法律手段制裁"不道德行为"的做法也确实具有抑制某些有害的行为(如不赡养父母的行为)的积极作用,但消极作用更大。

(三)忽视了以法律手段制裁不道德行为的消极作用

以法律手段制裁"不道德行为"是法律与道德相混同的重要体现。以法律手段制裁"不道德行为"的消极作用表现在如下方面。

1. 将会造成对公民权利的侵犯

以法律手段强制实施道德,将导致对不道德行为的立案、调查、取证,将会侵犯到公民的隐私权、住宅权、名誉权等权利。

中国传统法律为维护封建道德,不惜牺牲人的生命、自由与幸福。例如,宋明理学主张"存天理,灭人欲""饿死事小,失节事大"。这种观点将社会规范对人的欲望的控制推向了背离人的幸福的极端。唐代以前,中国婚姻道德仍处于形成时期,人们已经具备了耻辱观念,但违反道德的行为也常常发生,故有"脏唐臭汉"之说。但在这一时期,人们(特别是妇女)也享有较多的婚姻自由,妇女在结婚、离婚上具有较多的自主权。宋代与明代(伴随着宋明理学的兴起）是中国婚姻道德的确立时期，一方面，婚姻道德水平提高了；另一方面，人们的婚姻自主权也几乎被剥夺了。为表彰妇女在丈夫死后不再改嫁（为丈夫守贞节）、侍奉公婆、抚养子女的行为，由地方政府逐级申报，由皇帝批准，建立贞节牌坊，作为对其行为的表彰。一些大家族禁止寡妇再婚，对越轨者动用私刑的做法也得到了封建国家的认可。贞节制度不仅是个人行为，而且也是政府行为、法律行为。贞节制度是封建压迫制度的组成部分，已为现代法律所摒弃。

2. 将会加重公民的精神负担

道德过错的社会危害性较小。让具有道德过错的行为人承担舆论谴责的后果就可以了，不必让行为人承担接受法律制裁这样更为严重的不利后果。对一般违反道德的行为施加法律制裁将会使更多的人面临被制裁的危险，因此，这种做法是不符合人文精神的。在现代法治社会中，应该严格区分法律的强制实施方式和道德的非强制实施方式。法律靠国家强制力量保证实施，道德靠社会舆论的谴责和人们的内心信念保证实施。在现代社会中，法律和道德的职能分工类似于戏剧上的角色分工，法律扮演着刚性的角色，道德扮演着柔性的角色，法律和道德的角色不能混同。法律和政府在道德发展的过程中所起的作用应是为道德的发展提供宽松的外部环境，如保障言论自由，扩大舆论监督的范围，发挥社会自治组织的舆论监督作用。道德的发展具有相对独立性、稳定性、连续性。推动道德发展的措施必须适合道德自身特点和发展规律，不宜干扰道德的正常的进化过程。

3. 将会导致自然形成的上下关系绝对化

人类社会中存在一些自然形成的上下关系（管理与被管理的关系），如父母与子女的关系、长辈与晚辈的关系、老师（师傅）与学生（包括徒弟）的关系、雇主与雇员的关系、上级与下级的关系。早期儒家比较看重对上下关系的调整，他们强调父慈子孝、君正臣忠，双方的权利义务具有对等性，并没有将上下关系绝对化。早期儒家的这些思想可以为后世所继承。既强调下对上的尊敬，也强调上对下的爱护。例如，道德既要求子女尊敬父母，也要求父母爱护子女；既要求学生尊敬老师，也要求老师爱好学生；既要求雇员尊敬雇主,也要求雇主爱护雇员;既要求下级尊敬上级,也要求上级爱好下级。后来的儒家学者则将上下关系绝对化。董仲舒的"三纲"主张君为臣纲、父为子纲、夫为妻纲。宋明理学主张"父子君臣,天下之定理,无所逃于天地之间。"后期儒家将父子关系、君臣关系绝对化,对尊上只授予权利,不施加义务;对于卑下只施加义务,不授予权利;在法律上公然认可不平等,将宗法等级制度看成天然合理的。这种将上下关系绝对化的道德思想属于道德的异化,应当加以克服。

4. 将会造成道德的僵化,不利于道德的进化

前述观点可以称为道德理想主义。道德理想主义的温情脉脉面纱掩盖着对人的摧残。戴震的"以礼杀人"、鲁迅的"礼教吃人"都是对礼教压迫人的批判。

道德与法律的混同既是道德异化的原因,也是法律异化的原因。因此,消除道德与法律异化的措施之一是实行道德与法律相分离。"道德是道德,法律是法律";"孔子的归孔子,国家的归国家"。现代国家的政府是有限政府,国家的教化职能应当是有限的。国家的职能是制定法律、执行法律、审判案件、宏观调控。国家应当集中力量履行自己的职能。

用法律手段制裁不道德行为(此处的不道德行为是指不构成违法和犯罪的不道德行为)的做法是一把"双刃剑",具有正、副两方面的作用。正作用是某些确实有害的行为(如不赡养父母的行为)得到了有效的遏制。

但是,用法律手段制裁不道德行为的副作用则更大。由于人们对有害行为的判断未必可靠,导致了某些有益的行为(如争取权利的行为)也受到了遏制。正、副作用相比较,副作用远大于正作用。法律常识仅看到了以法律手段制裁不道德行为的快捷性,而法律科学则揭示了其中更大的副作用。混同传统未认识到以法律手段强制实施道德的副作用。用法律手段制裁不道德行为与用冬天的气候消灭毒草的方法一样是不恰当的。冬天的气候既不适合毒草生长,也不适合鲜花生长。如果用冬天的气候消灭毒草,鲜花也会随之凋零。

三、法律与道德关系的不同传统比较

原始社会的习惯(氏族或部落的规则)是处于混沌未分状态中的社会规范,其中包含法律、道德、宗教3种社会规范的种子。其中依靠共同体的强制力加以推行的行为规则(如某些习惯规定了逐出氏族、处死等严厉的制裁措施)是最早的法律的雏形。其中依靠社会舆论和人们的内心信念加以推行的行为规则就是最早的道德雏形。世界各个国家、各个民族的古代法都未能摆脱原始社会的习惯的影响,其共同特点是在法律规则中混杂着大量的道德规则、宗教规则。古代社会法律与道德关系的共同特点是法律和道德不分化。东西方法律制度在起点上具有相近性。随着历史的发展,东西方法律与道德的关系朝向不同的方向发展了。在西方,法律与道德走向相对分离的趋势不断增强,逐渐形成法律与道德相对分离传统(以下简称相对分离传统)。在19世纪,随着法律与道德走向相对分离,法学与伦理学、政治学实现了学科分化,形成了一个独立的学科群。在古代中国,法律与道德相混同的特征不断加强,形成了法律与道德相混同的传统(以下简称混同传统)。在中国学术传统中,人们的兴趣主要集中在文学、人生、儒家伦理、历史、人治政治等领域,对法学、市场道德、法治政治、逻辑学、自然科学等领域投入的研究力量明显不足。中西法律与道德的关系自始就朝着不同的方向发展,差异越来越大,可谓南辕北辙。中西法律与道德关系的不同走向对中西文化传统产生了不同影响。

(一)西方法律与道德相对分离传统的后果

1. 相对分离传统促进了法律规则的进化

相对分离传统重视对法律规范的研究,使法律规则的研究取得了很多重大理论成果。表现在如下方面:第一,法律规则的逻辑结构的完备化。奥斯丁指出:"社会伦理规则……没有法律制裁作为后盾……不是严格意义上的法。"[1]其含义是,规定法律制裁的规则才是唯一真正的法律规则。制裁条

〔1〕［英］约翰·奥斯丁:《法理学的范围》,刘星译,中国法制出版社2002年版,第9页。

款是法律规则得以成立的必要要件，是法律规则与道德规则的主要区别。不包含制裁部分的“规则”不是真正的法律规则。例如，如果只规定作证义务，而未规定对不作证行为的制裁，或者只规定禁止吸烟，而未规定对吸烟行为的制裁，则这些规则不是完备的法律规则。第二，法律规则的分类的细致化。传统社会的立法指导思想是重视强制履行义务。因此，在传统社会的法律规则中，义务性规则（包括命令性规则和禁止性规则）占绝对优势。义务性规则主要规定义务和制裁，权利不被关注。现代社会的立法指导思想是重视保护权利。因此，在现代社会的法律规则中，授权性规则大量增加，特别是在民商法中，授权性规则占主导地位。授权性规则主要规定权利，将权利作为目的，将义务和制裁作为保障权利实现的手段。授权性规则给公民的自由留下了宽广的空间。第三，法律规则的含义的精确化。法律规则是立法机关经过法定程序正式制定或认可的，其含义具有精确性。而道德规则是在社会生活中自发形成的，未经过细致的加工，其含义具有模糊性。法律与道德的相对分离可以避免将道德规则的模糊性带给法律规则。随着法律与道德走向相对分离，法律规则、道德规则、宗教规则逐步形成了各自相对独立的规则系统。

2. 相对分离传统促进了法律体系的更新

第一，相对分离传统促进了民商法的发展。首先，法律与道德的相对分离减弱了道德调控社会生活的力度，为民商法的发展提供了广阔的空间，具体表现在商法分支的大量增加和民商法条文的不断细化等方面。其次，在相对分离传统中发展起来的权利、平等等法的价值促进了民法的基本原则的形成，并进而促进了民法的法律规则的发展。例如，在罗马法中，家长权逐渐被监护权取代。父母作为监护人对未成年子女享有监护权，但不得滥用监护权，即不得侵犯被监护人的合法权益。子女对父母负有赡养义务、尊敬义务，但没有绝对服从的义务（不同于忠孝）。可见，在西方的婚姻家庭立法中，夫妻之间、父母子女之间的关系较平等。第二，相对分离传统促进了各个公法部门的产生和发展。例如，相对分离传统促进了刑法的更新。其原因之一在于，在相对分离传统中产生的人权等法的价值促进了刑法的基本原则的形成，并进而促进了刑法的具体法律规则的发展。其原因之二在于，现代刑法限制国家权力的扩张，不再充当强制推行道德的工具，刑法只调整对社会秩序构成严重危害的行为，而未对社会秩序构成严重危害的行为则由一般法律和道德来调整。这种做法导致了刑法的调整范围的收缩和刑法的法典化。再如，相对分离传统促进了宪法、行政法、诉讼法的产生和发展。原因在于，忠、服从的道德观念妨碍了限制国家权力的思想的产生，妨碍了宪法的产生。宪法是伴随着限制国家权力，争取人权和民权的运动而产生的。限制国家权力，保护人权和民权也就成了宪法的重要内容。宪法的产生带来了国家政治生活和法律生活的法治化、规范化。

（二）中国古代法律与道德相混同传统的后果

1. 混同传统造成了法律规则的模糊性

法律规则经过了立法机关的正式加工，其含义具有精确性。而道德规则是在社会生活中自发形成的，其含义具有模糊性。法律与道德不分化就会将道德规则的模糊性带给法律规则，使法律规则的精确性无法提高。法律规则的模糊化的后果有二：第一，加剧了国家权力的膨胀和官员行使权力的任意性。国家权力扩张的一种途径就是通过官员解释含义模糊的法律规则而实现的。博登海默指出："如果法律规则与道德要求之间的界限是不明确的或极为模糊不清的，那么法律的确定性和可预见性就必定会受到侵损。"[1] 第二，导致公民自由权利的萎缩和公民义务的增加，降低了法律的预见性，使公民无法按照法律自由地安排自己的生活，加剧了公民对权力的依附。

2. 混同传统抑制了法律体系的进化

第一，混同传统不利于民商法的发展。首先，混同传统未产生对民法的需求。在古代中国，在法律与道德关系上，对道德的重视弱化了对法律的需求。在法律内部，对刑法的重视又弱化了对民法的需求。民事关系（契约关系、婚姻关系、继承关系等）主要由道德（包括"礼"）调整。刑法也起到一定

---

〔1〕［美］博登海默：《法理学——法律哲学与法律方法》，邓正来译，中国政法大学出版社 1999 年版，第 377 页。

的调整民事关系的作用。其次,未产生现代民法的精神。例如,传统道德中包含的个体不独立、意志不自由、权利不平等、交易不等价的倾向不利于合同的广泛使用和合同法的发展。再如,“夫为妻纲”“父为子纲”(“孝”)阻碍了平等的夫妻关系、父母子女关系的建立,阻碍了现代婚姻家庭法律制度的发展。第二,混同传统不利于宪法、行政法、诉讼法等公法部门的产生和发展。中国传统道德中所包含的忠君敬上的思想要求对国家权力(由君主权力、政府权力代表)绝对服从,对国家利益绝对服从。这种思想抑制了公民的自由权利,导致了国家权力的膨胀,同现代公法保护私权、限制公权、平等保护国家利益和个人利益的指导思想是背道而驰的。在这种思想背景下,民主思想、有限政府思想、行政诉讼思想和国家赔偿思想难以产生和发展。上述原因造成了中华法系的诸法合体、刑法为主的传统得以长期保持。

混同传统不仅不利于道德和法律两个规范系统各自相对独立的发育,而且不利于道德与法律的发展。

法律与道德相分离是人类文明的重要成果。由于我国法律与道德相混同的历史较为漫长,相对分离的历史较为短暂,造成了我国的法学研究与法律实践上对法律与道德相对分离这一文明成果吸收得不够。所以,应继续补法律与道德相对分离的一课。

法律与道德的相对分离问题是法律与道德关系问题的一个重要组成部分。法律与道德的相对分离是人类法律文明和道德文明的重要成果,在法学和伦理学领域都意味着一场思想革命。法律与道德的相对分离使法律与道德成为各自独立的规范系统,促进了法律与道德的发育和发展。法律与道德的相对分离促进了人类的法律思维从常识走向科学的进程,也促进了人类社会由人治走向法治的进程。

第二节　道德的不同层次与法律的关系

学术界在谈论法律与道德关系时常提到“道德法律化”“法律道德化”“道德的法律强制”之类的说法。这些说法的缺陷是未将道德区分为不同的层次,未认识到不同层次的道德与法律之间的不同关系。要进一步推进依法治国的进程,就必须深入研究道德与法律相结合的内在机制。

一、道德的层次体系

一种流行的道德层次说为"两层次说"。哈特将道德分为基本部分和非基本部分。基本道德是任何社会都必需的限制和禁令,是维持社会生活所必需的最低限度的道德,其他道德则是非基本的。[1]

富勒将道德分为"义务道德"和"愿望道德"。首先,义务道德是维护社会秩序所必需的道德。义务道德与法律最接近,都是对人们提出的最低限度的要求。他说:"在义务的道德中,惩罚应当是优先于奖励的。我们不会因为一个人遵从了社会生活的最低限度的条件而表扬他或者授荣誉给他。……而将注意力集中在未能遵从这些条件的人身上,对其表示谴责,或者施以更有形的惩戒。"[2]义务道德法律化的立法模式是"义务 + 制裁模式"。其次,愿望道德是以最高道德境界为目标的道德。他认为,愿望道德与法律没有直接的相关性。他说:"我们没有办法强迫一个人去过理性的生活。我们只能做到将较为严重和明显的投机和非理性表现排除出他的生活。"[3]由于人类道德弱点的存在,强迫人们过至善生活将会造成国家权力的膨胀和私人领域的萎缩,将会造成强制的过度使用和痛苦的加剧。

我国一些学者将道德分为"常人道德"(又称"底线道德")和"圣人道德"。以上学者的两层次说仅是对善良道德的分层,在其分层体系中未涉及蒙昧道德(又称不良道德),因而"两层次说"具有不完备性。冯友兰先生提出了道德的"四层次说"。他将道德分为"自然境界""功利境界""道德境界""天地境界"4 个层次。[4] 其中的"自然境界"涉及了蒙昧道德,因而其分层学说更加完备。但其中的"天地境界"则显得过于神秘,不能反映现实社会中人们的实际道德水平。

---

〔1〕 参见张文显:《二十世纪西方法哲学思潮研究》,法律出版社 1996 年版,第 430 页。
〔2〕 [美]富勒:《论法律的道德性》,郑戈译,商务印书馆 2005 年版,第 37 页。
〔3〕 同上书,第 12 页。
〔4〕 参见冯友兰:《中国哲学简史》,北京大学出版社 1985 年版,第 389 页。

可将善良道德分为基本道德、非基本道德两个层次。

（一）基本道德

基本道德，又称底线道德，是维护社会秩序所必需的道德。基本道德包括：不杀人、不偷盗、公平、诚实、信用、尊重人权、协商、合作、秩序、权利义务责任相统一、公平竞争、个人与集体国家之间的利益互不侵犯。基本道德强调人们相互提供便利，互不侵犯。基本道德的精神是公平，即权利义务的统一。职业道德（包括公务员的职业道德）属于基本道德。因为：一定职业的从业者为他人提供商品和服务是与得到的利益（或合同利益，或工资利益）相对应的。而一定职业的从业者为他人提供超越职业道德以外的帮助（如某刑警大队收养孤儿之类的事例）则不属于职业道德和基本道德的范畴，而属于非基本道德的范畴。基本道德的精神是公平，即权利义务的统一。确立基本道德是确定道德标准和划分道德层次的关键。

（二）非基本道德

非基本道德是超过基本道德要求的道德。非基本道德包括全心全意为人民服务、大公无私、只求奉献不求索取、个人利益服从集体国家利益、重辞让轻竞争、见义勇为等思想和行为。非基本道德的基本精神是奉献，即重个人对社会的义务。非基本道德的基本精神是奉献，即重个人对社会的义务。非基本道德是社会对人们的行为提出的较高的道德要求。

其中，基本道德、非基本道德统称为善德。基本道德是道德体系的中间层次，是善德体系的最低层次。道德层次与法律的关系问题的研究重点是善德的两个层次与法律的关系，每个层次与法律的关系各有不同。

二、基本道德与法律的关系

确立基本道德是确定道德标准和划分道德层次的关键。《民法通则》第7条规定的“民事活动应当尊重社会公德”原则隐含公民服从社会公德的法律义务。该条提到的“社会公德”应当理解为基本道德，而不应当理解为非基本道德。应通过以下几点加深对基本道德与法律关系的理解。

(一)基本道德是法律的主要信息来源,是法律的道德基础的主体

基本道德与法律在行为模式和对人们行为要求的高低上具有如下相似性。第一,基本道德与法律在行为模式(权利义务内容)上较为接近,它们都强调权利至上、意志自由、主体地位平等、权利义务的平衡、利益的等价交换。第二,基本道德与法律同是对人们行为的较低要求。学术界一种通行观点认为,法律是道德的最低限度。这一观点的意思是,基本道德与法律同是对人们行为的最低要求。对于基本道德以及由基本道德转化而来的法律的要求,大多数人通过适当努力即可做到,实施的阻力不大。博登海默指出:“那些被视为是社会交往的基本而必要的道德正当原则,在所有的社会中都被赋予了具有强大力量的强制性质。这些道德原则的约束力的增强,当然是通过将它们转化为法律规则而实现的。”[1]因此,基本道德义务可以转化为法律义务,基本道德规范可以转化为法律规范,基本道德原则转化为法律原则,基本道德是法律的主要信息来源。例如,诚信属于基本道德,可以转化为民商法的法律原则和遵守合同义务的法律规则,可对构成违法的不诚信行为进行法律制裁。基本道德是法律的道德基础的主体。又如,在经济法律制度上,不能规定私有制企业服从公有制企业,而只能规定不同所有制企业平等的法律地位。再如,在行政法律制度上不能规定个人利益服从国家利益,而只能规定个人与国家利益互不侵犯。个人与国家之间利益互不侵犯恰是行政诉讼制度得以产生的思想基础。如果片面强调个人利益服从国家利益,则不利于行政诉讼制度的健康发展。正因为基本道德具有为法律提供主要信息来源的作用,所以,应运用理性确定哪些道德为基本道德,不宜将非基本道德的内容划入基本道德的范畴。在民主开放的社会中人们对基本道德的认识会更富于理性。而且,随着社会的发展,人们对基本道德的认识也会向着更加合理的方向发展。

基本道德转化为法律的条件包括:第一,某些基本道德行为对社会生

---

[1] [美]博登海默:《法理学——法律哲学与法律方法》,邓正来译,中国政法大学出版社1999年版,第374页。

活具有较大影响。第二，单纯采用道德手段不足以制止的违反基本道德的行为。例如，当前经济领域背信现象大量出现，已经严重妨碍了经济的健康发展，信用立法就显得非常必要。对社会生活影响较小的基本道德规范没有必要，也不可能都转化为法律规范。例如，一方虽然利用信息优势隐瞒了商品或服务的瑕疵，但程度较轻，且未违反法律的强制性规范，法律无力查处，只能由道德加以调整。再如，基本道德要求消费者为保护环境而减少使用塑料包装材料，但法律却无法强制消费者减少使用塑料包装材料。

基本道德也有相对于法律的独立的作用空间。在法律与道德的调整范围问题上，存在两种主要观点：一种是交叉论，认为法律的调整范围与道德的调整范围之间的关系是交叉关系。其代表人物博登海默认为："法律和道德……控制的领域却在部分上是重叠的。……道德中有些领域是位于法律管辖范围之外的，而法律中也有些部门在很大程度是不受道德判断影响的。"[1]交叉论认为存在不受道德影响的法律部门，如交通法、环保法、卫生法等技术性法规以及诉讼法等程序性法规。另一种是包含论，认为道德的调整范围和法律的调整范围之间的关系是包含关系，法律所调整的领域是道德所调整的领域的一部分。包含论认为，不存在不受道德影响的法律部门。技术性法规、程序性法规都涉及人权、正义、秩序等价值，而这些价值既是良法追求的目标，也是善良道德追求的目标。所以，笔者赞成包含论。道德的调整范围和法律的调整范围之间的关系是包含关系。道德调整一切社会关系，法律只调整其中一部分社会关系，为法律调整的社会关系也为道德所调整。但是，为道德所调整的社会关系则不一定为法律所调整。通常所说的"法律的调整范围和道德的调整范围的区分"问题的实质是确定哪些社会关系可纳入法律的调整范围，由法律和道德共同调整，哪些社会关系不宜纳入法律的调整范围，而只能由道德来调整。并不是所有的基本道德规范都可以成为法律规范，如

---

〔1〕［美］博登海默：《法理学——法律哲学与法律方法》，邓正来译，中国政法大学出版社 1999 年版，第 379 页。

基本道德要求消费者为保护环境而减少使用塑料包装材料，但法律却无法强制消费者减少使用塑料包装材料。

正因为基本道德具有为法律提供主要信息来源的作用，所以，应运用理性谨慎划定基本道德和非基本道德的界限而不宜将非基本道德的内容划入基本道德的范畴。在民主开放的社会中人们对基本道德的认识会更富于理性。而且，随着社会的发展，人们对基本道德的认识也会朝着更加合理的方向发展。

基本道德是产生法治的肥沃土壤，是孕育法治的温床。基本道德建设和法治建设是一组不可偏废的配套工程。在社会主义市场经济条件下，必须清楚地认识到，基本道德（互利观、权利义务统一观）也是社会主义道德的重要组成部分。

（二）基本道德与现代法的价值相互促进、相辅相成

基本道德和法的价值具有内在的一致性：首先，基本道德与法的价值一样，都尊重个人的正当利益，既反对个人的绝对利益，也反对漠视个人的利益；二者都支持争取权利的行动，都认识到无原则放弃权利就是对滥用权力和侵权行为的妥协退让；都鼓励个性的张扬。其次，基本道德与法的价值一样，都鼓励正当竞争，既反对不正当竞争，也不要求人们必须放弃竞争。再次，基本道德与法的价值一样，都要求在社会生活中遵循自由自愿、诚实信用、平等互利、协商一致、等价有偿、公平交易等原则。基本道德与法的价值对人提出的要求不高，但却更容易做到，更具有大众性、普遍性。法律史（例如罗马共和制时期的法律史和英国法律史）表明，基本道德是现代法律思想、法律制度的道德基础。权利、人权、自由、平等、正义、法律公益论正是在劣势主体（主要是平民）向优势主体（主要是贵族）争取正当利益的过程中产生的。基本道德为争取正当利益的行动提供了充分的思想营养。推动法治历史的动力不是来自绝对的利己者，也不主要来自英雄人物，而是主要来自大量的理性的求利者。重视基本道德是西方法治文明兴盛的原因之一。

中国传统中基本道德和法的价值因素未得到有效的传承。墨家的“兼相

爱,交相利”的思想具有基本道德的思想倾向,是中国文化传统中同平等、公平、人权思想最接近的表述。张国华认为:墨家思想“不愧为我国古代思想文库中的一块瑰宝。其可贵就贵在他们反映一些古代劳动人民的思想感情和愿望,以及他们敢于对维护贵族统治的周礼进行批判的精神。”[1]墨家的平民意识也是法的价值发展的条件之一。由于受到统治者的排斥,墨家思想未得到传扬。农民起义军提出的“等贵贱,均贫富”的口号包含平等思想的萌芽。明末清初启蒙思想家黄宗羲提出以“天下之法”取代“一家之法”的主张包含了民主、良法思想的萌芽。曹雪芹的《红楼梦》对女子的颂扬冲击了封建礼教,包含了男女平等思想。中国的基本道德、平民道德和法的价值始终处于萌芽形态,未形成理论体系,未形成大众的思想意识。农民起义过程中和成功后效法前朝建立等级制度便是例证。

儒家有重视非基本道德,轻视基本道德的倾向。重视奉献也是传统美德的一部分,但强调到极端则会抑制了平等、公平等法的价值的产生。例如,过于强调服从、克制将会抑制权利文化的生长,使人们习惯于对滥用权力行为、违法行为妥协退让,在客观上纵容了滥用权力行为、违法行为。长此以往,会造成个性的萎缩,养成逆来顺受、委曲求全的国民性格。再如,过于强调熟人社会的道德(忠、孝、义等)将会造成在规则的制定上袒护小圈子的利益,在规则的实施上,不能坚持普遍性、一贯性。张国华认为:“在中国历史上的各种糟粕中,流毒最深的莫过于因受封建专制主义和宗法等级观念长期盛行的影响所派生的独断专行和目无法纪。”[2]基本道德和非基本道德就像一服药或一组调味品,各种成分配比适当才会取得最佳的效果。某一种成分加入过量则会适得其反。

市场经济、法治、基本道德在精神实质上一脉相承。因此,社会主义市场经济呼唤法治,也呼唤基本道德。基本道德也是社会主义道德的重要组成部分,是发展非基本道德的基础条件。

---

〔1〕 张国华:《中国法律思想史新编》,北京大学出版社 1991 年版,第 100 页。

〔2〕 同上书,第 17 页。

三、非基本道德与法律的关系

(一)在一般情况下,非基本道德不能转化为法律

非基本道德与法律在行为模式和对人们行为要求的高低上具有明显差异。非基本道德虽然完美,但却不是所有的人能够充分做到、经常做到。只有少数人充分做到、经常做到,而大多数人只能有限度做到、偶尔做到。

非基本道德转化为法律的实质不仅使法律对人们提出过高的道德要求,使人们面临随时遭受法律制裁的危险,将会扩大法律的打击面,降低法律集中力量办大事的效能。博登海默指出:“任何可被用来维护法律权利的强制执行制度是无力适用于纯粹道德要求的。”[1]在一般情况下,非基本道德义务不能转化为法律义务,即法律一般不规定奉献义务,不通过国家强制力敦促人们奉献。此为一般原则。例如,捐助属于非基本道德,则不可以转化为法律规范,即法律不规定捐助的义务,不得对不捐助行为实施制裁。

(二)在特殊情况下,经法律特别列举,也可以将非基本道德转化为法律

这种情况应作为特例,而不应作为一般原则。对于法律上的这种特例,博登海默也作出了法律上的预言:“也许在将来的某个时候……帮助处于严重危难中的人的义务,会在某些适当的限制范围内从普通的道德领域转入强制性法律的领域。”[2]一些国家的刑法中有见危不救罪的规定,就是将非基本道德转化为法律的特例。有学者指出:“法、德、意、西班牙、奥地利、加拿大、美国等刑法典对不救助危难……逃避与犯罪作斗争之责任等行为,作了相应规定,对国民的冷漠、怠责怯懦进行法律治疗。”[3]例如,我国《消防法》中也规定了公民的报警义务。

---

〔1〕[美]博登海默:《法理学法律哲学与法律方法》,邓正来译,中国政法大学出版社1999年版,375页。

〔2〕同上书,第376页。

〔3〕温晓莉:《法治与德治》,载中国人民大学书报资料中心《复印报刊资料》(法理学、法史学)1997年第11期。

将非基本道德规范转化为法律规范必须注意以下三点:第一,必须规定严格的条件,如规定在他人处于严重危难,予以帮助无须付出生命、健康、财产代价的情况下,当事人有救助的法律义务。第二,必须由法律特别列举。无法律特别列举不能任意采用。第三,选择合适的生效时机。在犯罪率较高、公民守法水平较低、社会道德水平不尽如人意的条件下,将非基本道德法律化将不利于集中力量制裁社会危害性更大的违法犯罪行为。

(三)法律应对高尚行为给予奖励、帮助

对于基于非基本道德的高尚行为,法律并不是无所作为的,法律虽然一般不强制人们做善事,但却可以对高尚行为给予奖励、帮助。例如,应制定《捐助法》,设立见义勇为基金,规范善款管理和使用行为。对因见义勇为而遭受财产损失、人身伤害、死亡的人员及家属,给予精神鼓励和物质帮助,不让英雄流血又流泪的现象再度发生。又如,新《刑法》中规定无限防卫权有利于鼓励同违法犯罪做斗争的高尚行为。完善上述制度都将有利于弘扬奉献美德,促进非基本道德的发展。非基本道德法律化的立法模式主要是"权利保护模式"。

可见,基本道德与非基本道德的特点不同,它们与法律的关系也不同,不能混为一谈。只有实现基本道德和非基本道德的共同进步,处理好它们与法律之间的关系,才能推动道德建设、法治建设,乃至整体精神文明建设的健康发展。

(四)见义勇为立法的指导思想

当前,见义不为、见危不救的现象相当普遍,而见义勇为者流血又流泪的悲剧又时有发生。这种情况对精神文明建设极为不利。制定并完善见义勇为的立法显得非常必要。

见义勇为,是指公民在无法定义务和约定义务的情况下,在同违法犯罪做斗争、抢险、救灾的过程中,对他人的人身和财产安全实施的保护、救助的行为。要确定见义勇为立法的指导思想必须首先确定见义勇为行为在道德体系中的位置。

在道德层次体系中,见义勇为行为则属于非基本道德的范畴。人们在道德体系中的位置就像爬山一样。人们遵守风俗习惯,就像处于山脚下,轻易能够达到。人们遵守基本道德,就像爬向山腰,只需适当努力就可以达到。而人们遵守非基本道德,就需要更大的努力,并不是人人都能做得很好。如果以法律手段强制推行一切非基本道德,就会使人们随时面临受到法律制裁的境地。因此,见义勇为立法的指导思想应是以规定见义勇为者的权利为主,在规定见义勇为者的义务和对见义不为者的制裁的问题上,应当慎重。

1. 法律保护见义勇为者的权利

见义勇为者的物质利益和精神利益要通过法律上的权利体现出来。在同违法犯罪做斗争的过程中,见义勇为者享有扭送权、防卫权;遭受损害的见义勇为者对犯罪行为人享有索赔权;对受益人享有求偿权;在社会上享有获得物质帮助权、荣誉权;对拒不履行赔偿义务的侵权人、拒不履行补偿义务的受益人、拒不提供保护和奖励的政府机关享有诉权。这些权利应以一般性的法律形式给予见义勇为者,除非他(她)们声明放弃权利。见义勇为者的上述权利在现行民法、刑法、诉讼法等法律文件中能够找到法律依据。那么见义勇为的立法,特别是中央一级的见义勇为立法,可以作补充规定,使这些权利更加明确。

在见义勇为者享有权利的问题上,特别应指出的是刑法中对见义勇为者实施正当防卫的防卫限度不宜提出过于苛刻的要求。中国古代的立法实践走向了见义勇为者权利不恰当扩张的极端。例如,《唐律疏议》卷二八规定:“持杖拒捍,其捕者得格杀之。”意思是,当犯罪行为人拒捕或逃跑时可以将其杀死。我国过去的立法实践又走向了对见义勇为者保护不够的另一个极端。法律偏袒了不法侵害人,对见义勇为者的防卫限度提出了过于苛刻的要求,致使很多见义勇为者束手束脚,不能积极大胆地行使防卫权,甚至受到了刑事追究。1997 年《刑法》扩大了防卫权,使这一情况得到了一定改观。正确的做法是,对见义勇为既要有法律约束,但又不苛求。

2. 法律规定侵害人、受益人的义务和政府的职责

见义勇为者的利益和权利要通过侵害人、受益人的义务的履行,通过政府职责的履行来实现。法律应明确规定,要求见义勇为的受益者负有指

认违法者和犯罪嫌疑人并作证的义务。靠个人捐助对见义勇为者的支持是有限的，也是不稳定的。政府应肩负起保护、鼓励见义勇为行为的责任。政府对见义勇为行为的保护和奖励也是政府代表整个社会对见义勇为者的补偿。

3. 公安机关应对见义勇为行为予以确认

因为公安机关的工作与见义勇为的行为都发生在与违法犯罪做斗争、抢险救灾的过程之中，对有关情况较为熟悉。公安机关确认后应将相关材料报送民政机关，民政机关对公安机关的确认行为有监督权、否决权。这样，可以确保确认行为的公正性。

必须使因见义勇为而负伤者得到救治，牺牲者得到抚恤，财产损失得到补偿，物质和精神奖励得到落实。为实现这一目的，保护和奖励工作应由民政机关统一组织协调，社会保障机关、残疾人联合会、医院、见义勇为者所在单位密切配合。其中，民政机关负有主要责任，医院、见义勇为者所在单位等一般主体负有辅助责任。

法律可以规定医院对见义勇为者负有垫付医疗费并及时抢救的义务，但必须同时鼓励非营利性公益机构、企业、个人补偿医疗费，规定民政机关负有补偿医疗费的义务。因为，医院不是慈善机构，如果让医院负有更多的垫付医疗费的义务，是强人所难。若无配套措施，强制医院救治的法律法规难以得到有效实施。例如，法律不可以规定所在单位必须供养丧失劳动能力的见义勇为者。这样，会给其正常经营带来困难。见义勇为者应享受民政部门提供的更为稳定的生活保障。

法律应鼓励民间设立各种各样的非营利性公益机构，以提高救助的水平，并减轻政府的负担。法律应规定政府必须在民政机关设立见义勇为基金。民政部门有权力代表捐款者和公众对各种基金的使用情况进行监督。

4. 对见义不为、见危不救者实施行政制裁的谨慎性

可以将不危及自身和第三人的救助行为规定为法律义务。对这类见危不救的行为实施行政制裁，但不宜适用刑事制裁这种较为严厉的制裁形式。

5. 在刑法中设置“见危不救罪”的时机尚不成熟

首先,设置该罪必然打击面太大,造成社会不稳定,消极后果很严重。其次,设置该罪会使司法机关感到司法资源匮乏,陷入了“丢了西瓜,捡了芝麻”的境地。

第三节 法律与道德的相互影响

一、道德对法律的影响

传统的分析法学家一直坚持道德与法律的绝对分离,具有理论上的片面性。以哈特为代表的新分析法学家则看到了二者之间的联系。哈特认为:“每一个现代国家的法律工作者处处表明公认的社会道德和广泛的道德理想二者的影响。这些影响或者通过立法突然地和公开地进入法律,或者通过司法程序悄悄地进入法律。”[1]

道德影响司法的途径包括:第一,道德通过法官者的正义观念影响司法活动,而法官的道德意识本身就受到了一定社会道德现状的影响。因此,必须加强法官的道德修养。第二,道德影响社会舆论,并通过社会舆论影响司法活动。法官并不是生活在真空中,总是在一定程度上接受社会舆论的影响。

由于法律与道德具有相对独立性,道德不能直接成为法律。对于哪些道德可以转化为法律,必须作出理性的选择和加工。对合理的道德规范,法律可以有选择地加以吸收。道德规范只有经过立法机关或司法机关的理性加工并正式发布才能成为法律规范。例如,道德上的邻里之间相互提供便利的要求转化为法律上相邻关系的法律规范,道德上的信义要求转化为民法上的公平诚信原则和合同法上的合同必须遵守的原则。

疑难案件的判决体现相互冲突的道德的权衡。哈特说:“司法判决,尤其是对具有重大宪法意义的判决,往往涉及道德价值之间的选择,而不仅仅是某个单一的、突出的道德原则的运用。”[2]德沃金也认为:法院“必须是一个

---

〔1〕[英]哈特:《法律的概念》,张文显等译,中国大百科全书出版社1996年版,第199页。

〔2〕同上书,第200页。

能动主义的法院”,必须准备“回答政治道德问题”。[1]

法律的实施需要借助于道义力量的支持。推动法律实施不能单靠统治者的武力,而且也依赖人们对法律的大致认同,并进而将遵守法律作为道德义务。正如哈特所指出:“由于一个法律制度并不而且也不能仅仅依赖统治者的权力,所以它必须依赖道德义务感或对制度的道德价值信念。”[2]法律的合道德性是法律稳定性的重要原因。法律越符合善良道德,法律越稳定。反之,与善良道德相悖、单纯依靠暴力威胁强制推行的法律不可能实现长治久安。

二、法律对道德的影响

法律对大众的道德意识的合理引导。公众的道德意识中的消极因素包括重小义轻大义(重局部利益轻公共利益)、重人情轻人权(重熟人的利益轻陌生人的利益)、重强者利益轻弱者利益、重服从权威而轻视个人自由,等等。因此,在立法、司法过程中对公众的道德意识进行理性甄别是必要的。在立法和司法过程中,对公众的一般道德共识加以甄别应由专家(立法者和法官、法学家)来进行。哈特指出:“立法者应当问一问普遍的道德是否建立在愚昧、迷信或误解之上……问一问是否充分理解了对当事人实施刑罚的有害后果。”[3]德沃金认为:专家不应受到公众的一般道德共识的支配。原因有二:一是公众会认可当前社会的道德,而不问其善与恶。二是公众的一般道德共识容易受到激情、偏见的驱使,作出错误的道德判断,因而具有不同程度的非理性特征。例如,一般道德意识认为,一个父亲或母亲未尽到抚养义务,子女有权拒绝赡养。而理性的法律则认为,子女仍负有赡养义务。

法律应当适度尊重大众的道德意识。人们常常先入为主地接受风俗习惯,并将风俗习惯作为评价事物(包括法律)的标准,而不对其合理性作出审

---

[1] [美]德沃金:《认真对待权利》,信春鹰、吴玉章译,中国大百科全书出版社1998年版,第198页。

[2] [英]哈特:《法律的概念》,张文显等译,中国大百科全书出版社1996年版,第198页。

[3] 转引自张文显:《二十世纪西方法哲学思潮研究》,法律出版社1996年版,第431页。

查。但是,在现实法意义上,立法者和法官又不得不在一定程度上照顾到公众的道德判断。德沃金说:"任何立法者都不能无视公众的狂热。这是一个他必须认真对付的事实。它将确定政治上可行性的界限,并决定着他在这一界限中所能采取的说服和强制的策略。"[1]在实践中对公众的道德判断的迁就只是一个政治上的策略问题。在立法者和法官职业安全能够保障的前提下,应当尽可能将公正的道德意识朝向理性和正义的方向引导。

法律与道德是两种相对独立的规范系统,同时二者又存在密切的联系。全面而科学地认识法律与道德的关系,有利于法律与道德两种治理手段的合理配置,促进社会治理的完善,推动整体精神文明建设的健康发展。

〔1〕［美］德沃金:《认真对待权利》,信春鹰、吴玉章译,中国大百科全书出版社1998年版,第335页。

第七章　文化多样性与民生法治的完善

笔者以人文主义的视角对民生问题做了一些考察，但囿于自己的民生观点较为零散，通过归纳形成理论体系较为困难。如果能够找到与自己的民生观点相近的理论范式，就可以借助于该范式整理自己的民生观点。通过在理论园地内部搜寻，发现文化多样性范式与人文主义者关于民生的历史的和现实的经验较接近，通过文化多样性与民生法治的对接，可以总结以往的民生经验，提出促进民生的一系列方案。

第一节　文化多样性范式的提出

一、文化与文化多样性的概念

"文化"(culture)与"文明"(civilization)是近义词，都是指人类创造的物质成果、制度成果、精神成果的总和。受西方的多元文化主义、联合国教科文组织的《保护和促进文化表现形式多样性公约》和我国学术界普遍接受的"文化多样性"提法的影响，本书也使用"文化"一词。本书着重探讨与民生密切相关的文化。

在民生意义上，"文化"包括如下具体类型：物质文化(如产品、建筑)、制度文化(如产权制度、交易制度、公共政策)、精神文化(如传统技艺)、行为习惯(如饮食习惯、服饰习惯、消费方式、风俗习惯)等。

文化多样性是指异质文化的共存、互动、交融的状态。"文化多样性"与

“文明多样性”“多元文化”“多元文明”词汇的含义大致相当。文化多样性要求尊重多元文化存在的合理性(依照正当法律程序认定为非法的文化类型的除外),主张多元文化的交流与融合。文化多样性也可以称为“文化宽容”。

文化多样性具有如下特点:第一,存在不同类型的异质文化。文化类型过于单一不是文化多样性。第二,不同类型的文化存在资源、信息、人员上的交流。一定地域存在多个彼此隔绝、对抗的文化属于文化单一性的范畴,不属于文化多样性的范畴。例如,传统住房与现代住房、私有住房与公有住房如果不存在交流,则属于多个单一文化;如果存在交流,则属于多元文化。国家收购传统住房作为保障房,不仅可以提高财政资金的使用效率,而且可以减轻生态压力。

二、文化多样性范式的形成与发展

西方的多元文化主义(Multiculturalism)是20世纪西方的一种兴起于人类学、民族学领域,并具有广泛影响的社会思潮。该思潮主张多元文化和谐共存,反对文化对抗、反对强势文化对弱势文化的同化。在该思潮产生之前,西方国家对少数民族文化普遍采用同化政策。同化政策“就是利用国家的一些公共机构或制度——比如学校、法律体系、公民资格审查——来抑制或说服其他文化走向消亡,并最终使主导文化成为唯一的一种文化。”[1]多元文化主义促进了西方各国国内的文化政策开始由强势文化同化弱势文化向强势文化包容弱势文化转变。多元文化主义蕴含少数民族与主体民族、弱势文化与强势文化之间形成的折中妥协方案。该方案既避免了少数民族与主体民族、弱势文化与强势文化的分裂,又避免了主体民族、强势文化的大一统一。移植西方多元文化主义的概念、原理、方法,可以用于解决中国发展过程中出现的现代文化与传统文化的关系问题。

2001年联合国教科文组织发布的《文化多样性宣言》指出:“文化多样性对人类来讲就像生物多样性对维持生物平衡那样必不可少”“文化多样性是

〔1〕[英]C. W. 沃特森:《多元文化主义》,叶兴艺译,吉林人民出版社2005年版,第4页。

人类的共同遗产,应该从当代人和子孙后代的利用考虑予以承认和肯定”。如果说生态多样性、生物多样性是保持生态系统内部和谐的条件,那么文化多样性是保持社会文化系统内部和谐的条件。生态多样性、生物多样性、文化多样性都是保持可持续发展的条件。

2005年联合国教科文组织通过了《保护和促进文化表现形式多样性公约》《世界遗产公约》《保护非物质文化遗产公约》。这些国际公约对我国保护文化多样性的工作具有启示作用。《联合国经济、社会及文化权利国际公约》中规定的各项文化权利,特别是弱势群体的文化权利是保持文化多样性的重要法律条件。文化多样性范式的基本观点是既认同现代文化又尊重传统文化,既认同本土文化又尊重外来文化。除少数依照法定程序认定为非法以外,绝大多数文化都是人类文化宝库中的精神财富。多元文化共存共生、相得益彰,共同促进人类文化的繁荣,使世界更加丰富多彩,更具有生机和活力。文化多样性是人类社会的基本特征,也是人类文明进步的重要动力。

2005年9月15日时任国家主席胡锦涛在联合国成立60周年首脑会议上的讲话指出:“应该以平等开放的精神,维护文化的多样性,促进国际关系民主化,协力构建各种文化兼收并蓄的和谐世界。”一方面,社会主义文化具有更大的合理性,应当在多元文化中发挥主导作用。社会主义只有不断吸收多元文化的营养,才能实现自身的完善与发展;只有借助于多元文化的补充,才能发挥好调整社会生活的作用。如果社会主义文化排斥多元文化,就会造成自身的僵化,就不能与时俱进,就无法胜任主导文化的作用。另一方面,社会主义文化以外的其他文化也具有一定的合理性,也是多元文化不可缺少的组成部分。社会主义文化的兴起为人类多元文化宝库增添了瑰宝,但也应当注意保护其他文化瑰宝。社会主义主导的多元文化是有利于增进人的幸福感的文化体系。坚持文化多样性是高度的文化自觉和文化自信的表现。

文化多样性是一个跨越法哲学、政治哲学、社会哲学的研究领域,具有理论层次高、视角多元、体系开放、内容包容、目标协调、策略可行、道路渐进等特点。文化多样性已经成为法学的一种新范式。该范式不仅是推进法治研究的一个新的生长点，也是推进民生法治研究的一个新的生长点。

"文化多样性"可以作为一个新的法价值，可以作为人文主义法学的一个新范畴。文化多样性法学范式是人文主义法学范式的子范式。（笔者将另文阐述。）

第二节　文化多样性对民生法治的意义

一、文化多样性是民生选择权实现的条件

（一）民生选择权的概念

民生选择权，是指公民享有的选择合法谋生方式的自由权利。民生选择权隶属于文化选择权的范畴。公民作为理性的求利者，对自己的选择及后果具有一定的识别能力。公民是自己利益的决断者和支配者，公民有权利按照自己的最大利益选择谋生方式。如果没有主体的授权，选择不可由他人代替。由于人们的经济地位、政治地位、文化水平、经历的不同，个人的文化选择都具有倾向性，造成不同的人的文化选择的差异性。在宽容的社会，公民可以在社会中寻找更为适合自己的合法的谋生方式（各得其所），当发现选择错误的时候，可以作出重新选择。

尊重民生选择权，使民众对自己选择的后果负责，可以减轻对政府的抱怨，增强民众对政府的满意度。尊重谋生方式选择权，有利于最大限度地发挥个体的潜能和创造性，有利于保护民众的自主谋生能力，有利于躲避不利和危险。幸福是主体的主观体验，尊重谋生方式选择权有利于增加大众的幸福感。

（二）文化多样性扩大了可供选择的谋生方式的范围

每一种文化类型都对应着一定的谋生方式，包括生产方式、消费方式、合作方式等。文化类型与民生选择权的类型密切相关。文化多样性是文化选择权、民生选择权实现的条件。每一种文化都是一种社会发展的尝试，法律承认多种文化的尝试，可以为民生选择权的实现提供条件。只有在文化多样性条件下，民生选择权才有可能得到实现。有学者认为："我们都很乐意生活在文化多样性的社会，因为它使我们的生活方式变得多姿多彩，增加了我们

作为消费者的选择的范围。”[1]在文化多样性下，人们更容易找到适合自己的文化类型。

例如，经济多样性是择业权实现的条件。经济多样性包括行业多样性、经济类型多样性、所有制多样性、经济组织形式多样性等。例如，大量传统行业的保留扩大了人们选择行业的范围；多种经济类型(谋生方式)使人们可以在不同经济类型之间作出选择，人们可以选择生活在市场主导的环境下，也可以选择生活在自然经济主导的环境下；多种所有制并存可以是人们在不同所有制之间作出选择；多种经济组织形式并存可以使人们在不同所有制形式之间作出选择。

又如，居住文化多样性是居住选择权实现的条件。街区类型的多样性是居住选择权实现的条件。人们可以选择居住在现代街区，也可以选择居住在传统街区。住房多样性是住房选择权实现的条件。人们可以选择居住现代住房，也可以选择居住传统住房。

文化单一性社会在事实上剥夺了公民的民生选择权。在文化单一性之下，人们无法比较不同文化的优劣，更不可能作出选择，人们的生活更多的是被决定的。文化单一性的社会通过对文化多样性的限制取消了民生选择权实现的条件。例如，只重视发展现代文化，忽视保护传统文化，就会造成现代文化的单一性，就会在事实上限制甚至是剥夺了人们选择传统文化和传统谋生方式的权利。又如，摧毁传统街区、传统建筑就会在事实上剥夺人们选择传统居住方式的权利。

(三)法律与政府对民生选择权的尊重

国家有尊重民众的自然生存状态的义务，这种义务属于不作为义务。国家应当尊重历史形成而又无害于社会的谋生方式、居住方式，尊重经济主体的经营自由权。国家可以从公共利益出发对民众的选择加以合理引导、依法管理，但不宜非法干涉，不宜滥用强制力量，更不能采取禁止了事的简单化的做法，否则将会破坏民众自我谋生条件。

国家(政府是国家的代表)的民生服务对于政府而言是法定职责，对于

[1] [英]C. W. 沃特森：《多元文化主义》，叶兴艺译，吉林人民出版社2005年版，第114页。

公民而言则是自由权利。公民可以选择接受公共服务,也可以选择不接受公共服务。政府提供的社会保障应当具有备用性。一方面,法律与政府应当允许公民选择低于公共服务标准的生活。国家应当尊重公民选择成本低廉、低碳环保的传统生活方式。国家在民生服务中应当尊重文化的多样性,尊重公民的选择权,不宜强制推行法定的民生保障标准,不宜用整齐划一的民生服务标准约束民众的生活,不宜强迫人们过现代化的生活。国家强制提供公共服务将会扼杀文化的多样性,造成文化的单一化,消灭公民选择权赖以实现条件。另一方面,法律与政府也应当允许公民争取超过公共服务标准的生活,这样有利于增强社会的活力和灵活性。社会保障应当是实现民生权利的途径之一,而不是唯一途径。如果将社会保障作为满足基本权利的唯一途径,将会伤害文化的多样性,将会剥夺公民自由选择的权利。忽视民生选择自由的思想根源在于为民做主的人治思想。

哈耶克说:"强制是一种恶,它阻止了一个人充分运用他的思考能力,从而也阻止了他为社会做出他所可能做出的最大的贡献。"[1]法律应当最大限度地尊重公民的自由选择,强制措施的使用必须有法律依据,并且应限制在必要的限度内。

国家在民生服务过程中应当保留多种文化空间供大众选择。如果政府的民生服务只提供一种文化空间,没有其他文化空间可供选择,这将与提供强制服务无异。

文化多样性与文化选择权是互为因果的。一方面,文化多样性是文化选择权的实现条件。另一方面,文化选择权也是文化多样性得以保持的条件。在尊重文化选择权的社会,文化一定具有多样性。

二、文化多样性可以增加民众参与社会生活的途径

(一)文化多样性有利于保障民众的话语权

每一种文化既是一个观察问题的角度,也是一条表达利益和价值的渠

---

〔1〕[英]哈耶克:《自由秩序原理》(上册),邓正来译,三联书店1997年版,第165页。

道。在文化多样性之下,生活在各种文化类型下的人都有表达权。文化多样性为民众表达意见(利益和价值)提供多条渠道。文化多样性意味着表达利益和价值渠道的多样性。文化类型越丰富,民众表达意见的渠道越畅通。

在文化单一性条件下,强势文化主体垄断了话语权,造成弱势文化主体的话语权不充分,甚至被剥夺,因而处于社会的边缘地带。文化类型越单一,民众表达意见的渠道越拥堵。

(二)文化多样性有利于减少边缘化现象

弱势文化是多元文化不可缺少的组成部分,发挥着不可缺少的作用。弱势文化是弱势群体生存和发展的环境,也是他们心灵的寄托。尊重弱势文化有利于保障弱势群体的生存权、发展权、参与权。尊重弱势文化有利于弱势群体融入多元社会,防止其被边缘化。哈贝马斯认为:包容就意味着这样一种政治秩序,它对一切受到歧视的人都敞开大门,并且容纳一切边缘人,而不把他们纳入一种单调而同质的人民共同体当中。[1] 如果强行毁灭弱势文化,强迫弱势群体加入强势文化支配的单一社会,将会使弱势群体处于边缘化的处境,造成不适应。生活在受到尊重的弱势文化下比生活在受到歧视的边缘文化下更有尊严。保持文化多样性,有利于弱势群体寻找躲避市场大潮冲击的港湾,有利于增强弱势群体的幸福感。

在文化单一性之下,处于文化中心地带的人享有充分的话语权,成为强势主体,而处于文化边缘地带的人的参与权受到抑制,甚至被剥夺,成为边缘人,他们有可能永远地被剥夺了改变命运的机会。因为单一文化的利益涵盖性和价值包容性有限,所以,单一文化不可能为全社会所有的人提供充分展示潜能的公平发展的机会,单一文化之下的边缘化现象更为严重,反主流、反社会的现象更为严重,社会冲突更为剧烈。

(三)文化多样性有利于抵御国家权力的滥用

每一种文化都是制衡国家权力的力量。实行文化宽容有利于发挥文化多样性遏制国家权力膨胀的积极作用。国家与法律的力量既可以用来增进

---

[1] 参见[德]尤尔根·哈贝马斯:《包容他者》,曹卫东译,上海人民出版社2002年版,第161页。

不宽容,也可以用来增进宽容。来自国家与法律的不宽容是最大的不宽容,来自国家与法律的宽容是最大的宽容。多元社会具有高效率的纠错机制,能够及时纠正国家的不当决策和决定,防止损失的扩大。多元社会是民主与法治赖以存在的社会基础。

民主法治制度为多元文化主体的对话提供了制度平台。多元文化主体可以在民主法治的框架下,通过协商妥协达成社会契约,为法律提供参考。文化多样性为契约型法律的生长提供土壤。文化多样性使法律具有更大的包容性,防止法律走向只考虑一元文化目标造成的片面性,有利于提高民生法治的质量,保持民生法治的稳定性,防止法律价值取向的更迭造成的社会震荡和民生资源的损失。文化多样性既是社会可持续发展的条件,也是一个国家软实力的重要组成部分。

三、多元文化的合理配置是保持经济与社会稳定的重要条件

(一)多元文化的合理配置有利于提供稳定的民生资源

每一种文化都有其独特的民生资源(包括天然物产、传统技艺、传统产业、居住方式、风俗习惯、蕴含在礼仪仪式中的互助方式等)。文化的差异性越强,互补性越强,不同文化的依赖性也就越强。文化多样性是人类生存所不可缺少的条件。哈耶克说:"在安排我们的事务时,应该尽可能多地运用自发的社会力量,而尽可能少地借助于强制。"[1]传统文化构成自发的社会力量的重要内容,多元文化的合理配置必须尊重传统文化,借助于传统文化中蕴含的民生资源。

例如,传统文化与现代文化就具有互补性。传统文化可以提供廉价的商品和服务、保持良好的自然环境,可以弥补现代文化的不足;现代文化可以提供先进技术、充足的资金,可以弥补传统文化的不足。

(二)文化多样性有利于降低竞争的激烈程度

第一,多元社会的文化选择空间较大,竞争目标多元,评价标准多元,竞

---

〔1〕［英］哈耶克:《通往奴役之路》,王明毅等译,中国社会科学出版社1997年版,第24页。

争目标重合的可能性较低。例如,印度的社会分层也很明显,但是,印度有多元文化的传统,在一定程度上尊重低种姓居住的传统街区、生存空间和发展目标,所以并没有出现较大的社会冲突,为其经济社会发展提供了相对稳定的社会条件。尊重多元文化与人才培养带动科技研发同是现代印度成功的经验。随着全球化进程的发展,不同文化的依存度不断增强,获得商业利益已经取代争夺权力、土地和人口,成为主要的竞争目标。经济目标重要性的提高增强了竞争目标的多元性,这有利于降低竞争的激烈程度,从而有利于促进和平。而单一社会可供选择的竞争目标较为单一,竞争目标的重合性较高,从而加剧了竞争的激烈程度。

第二,在文化多样性条件下,资源可以在不同文化之间流动,可以使人们分享资源带来的利益,对资源的竞争较为缓和。而在文化单一性条件下,资源独占现象严重,资源难以在不同文化之间流动,人们难以分享资源带来的利益,对资源的争夺较为剧烈。例如,在自然经济占主导地位的东周时期,秦人和巴人关于自贡井盐展开过殊死争夺。再如,在物本主义盛行的社会中,追求财富是最高目标,争夺财富的斗争是不择手段的。

第三,保持文化多样性有利于借助于文化纽带,加强不同群体、不同阶层的沟通,有利于形成协议。在宽容的社会,多种利益得到更多的尊重,多种价值得到更多的吸收,人们对现有的社会秩序更为认同,心态更为平和。文化多样性社会更有可能选择渐进道路。例如,在中国传统社会,中原农耕文化与北方草原文化的经济互补性就很强,不同文化的"互市"(属于多元文化)有利于促进和平,而禁止互市(属于两个单一文化)则加剧了不同文化的冲突。

(三)多元文化的合理配置有利于保持经济运行的稳定

自然经济的弱点需要市场弥补。自然经济具有抵御自然灾害的能力弱、技术落后、资源整合能力弱的弱点。市场因其自发配置资源的功能可以弥补自然经济的这些弱点。

市场的弱点也需要其他经济类型弥补。市场的一个弱点在于经济低迷期出现经济危机。当经济危机出现的时候,民生水平将会降低。越是市场化程度高的国家和地区,民生水平越受市场波动的影响。自然经济和合作经济抵御市场波动的能力强，可以弥补市场的这一弱点。市场的另一个弱点在于就业成本的高昂。市场经济下主要依靠经济增长和扩大出口增加就业机会，容易受到市场波动的影响。自然经济的就业成本低，容纳劳动力的能力强，可以弥补市场的这一弱点。

有学者指出："在一个如此错综复杂的世界上，不可能只有一种经济逻辑。多维状态和多元性质的文化之存在恰恰可以发挥减震器的功能。"〔1〕因此，在进行一段时期市场经济模式探索并积累经验后，应当探索包括市场经济在内的多元经济模式，发挥包括市场经济在内的多种经济类型在保障民生方面的积极作用。建立在生态多样性、生物多样性、文化多样性基础上的多元经济模式有利于促进经济稳定，避免经济危机，实现经济的可持续发展，有利于为促进民生提供良好的经济环境。

文化多样性的秩序类似于哈耶克所说的自生自发秩序，这一秩序是无数主体参与的、无特殊目的的、渐进形成的秩序。他认为，自生自发的秩序提供的服务比政府提供的服务更为重要。他说："自生自发的社会秩序为我们所提供的东西，要比政府组织所能够提供的大多数特定服务更为重要，只有政府组织经由实施正当行为规则而为我们提供的安全是个例外。"〔2〕国家履行保护文化多样性的责任有利于涵养其中的民生资源。发挥多元文化的互补性可以减轻国家保障民生的负担。

（四）多元文化的合理配置是维护秩序的根本途径之一

从压制型法向回应型法的发展是法律进化的方向。回应型法能过回应社会的需要，能过吸收公民参与社会管理，在管理者与公民的互动中作出自我调整。〔3〕 压制型法和回应型法包含两种截然不同的实现秩序的方案。

压制型法将强制（包括强制措施和制裁措施）作为维护秩序的首要途

---

〔1〕［美］彼得·卡赞斯坦：《多元多维文化构成的世界》，刘伟华译，载《世界经济与政治》2010年第11期。

〔2〕［英］哈耶克：《法律、立法与自由》（第1卷），邓正来等译，中国大百科全书出版社2000年版，第209页。

〔3〕参见［美］诺内特、塞尔兹尼克：《转变中的法律与社会：迈向回应型法》，张志铭译，中国政法大学出版社2004年版，第103页。

径。压制型法忽视反思制度的合理性。因为制度的不合理是冲突产生的根源,所以,压制型法的实现秩序的方案是一种治标的方案。

回应性法主张建立合理的利益调整机制,消除冲突产生的根源。利益调整机制应当在民主法治的框架下,通过多元利益主体的互动而设计与建立。利益调整机制的重要内容包括冲突权利的合理配置、多元文化的合理配置等。建立合理的利益调整机制可以从源头上预防冲突的发生,即使发生冲突,概率与强度也会较小。将多元文化的合理配置作为管理社会的根本办法,可以减少不必要的强制。回应型法主张采用非强制(特别是非刑事)的调整手段,替代强制的调控手段。回应性法的实现秩序方案给社会带来的幸福最多、痛苦最少,因而是更为优越的方案。

例如,多种街区类型的合理配置是改善城市管理的根本途径。2011 年秋天,荷兰阿姆斯特丹大学的刘本教授在武汉大学法学院作讲座时,笔者提出的问题是"荷兰是否有城管这样一个政府部门"。刘本教授回答说,荷兰没有一个叫"城管"的部门,城管是警察的一个不很重要的工作,警察通常的工作是提醒市民遵守交通规则(如机动车、自行车不许进入步行街之类),几乎不需要实施强制。荷兰的城市管理经验引发我们对中国城市规划和管理模式的反思。

文化多样性要求城市规划与城市管理尊重自然生态、传统街区、传统谋生方式,为弱势群体保留更多的生存空间。

现代城市建设与城市管理中主张拆除传统街区、取缔街头小商贩的做法也属于文化单一主义、激进主义,将会导致传统文化的消亡,从而损害文化的多样性,造成了民生资源的损失,导致民众自主谋生能力的降低。在现代文化(以工业化、城市化为代表)的盲目扩张的背景下,城市规划与管理的整齐划一、过度拆迁造成了依托于传统文化生存的弱势群体生存状态的恶化。传统文化与现代文化的冲突具体表现为不同谋生方式的冲突、不同居住方式的冲突。现代文化盲目扩张引发的冲突不仅属于利益冲突,而且属于文化冲突。文化冲突是造成城管与弱势群体冲突的重要原因(王斌余案)。对传统的谋生方式和居住方式的宽容有利于消除此类冲突。现代文化的盲目扩张不仅不会提高幸福指数,反而会降低幸福指数。现代文化的盲目扩张是文化霸权主义的一个具体类型。

再如,多元交通要素的合理配置是改善交通管理的根本途径。现代工业文化下的交通思想认为,解决交通问题需要更多的车辆、更多的道路、更多的停车位。现代交通在给人带来出行便利的同时,也消耗了更多的资源,造成更严重的污染,占用了更多的土地,制造了更多的交通事故。文化多样性理论认为,法律应当站在公共利益的立场上,应当根据人口、经济总量确定机动车保有量、道路总量、停车位总量,并通过税费政策保持这些限额不被突破。法律不应被与现代交通有关的利益集团左右。解决交通问题的治本之策在于:发展公共交通,提倡绿色出行,通过税费政策控制机动车保有量。发挥传统交通的作用可以将现代交通的消极作用控制在最低限度。

第三节　保持文化多样性的重要内容——保护传统文化

本书的文化着重指传统民生文化,即与民生有关的文化类型。传统文化的类型包括:传统街区、传统建筑与居住方式、传统职业(包括传统农业、手工业、服务业、小商贩)、传统交通方式、非物质文化遗产等。传统文化的重要特点是资本与技术的非密集性。

一、尊重与保护传统文化的理由

(一)传统文化对于保障民生具有积极作用

第一,传统文化下的生活成本较低。传统文化可以以较低的生活成本为弱势群体提供最基本的生存条件。传统文化的经营成本较低,可以为弱势群体就业和创业提供最基本的条件,传统文化的消亡将会导致弱势群体失去参与经济生活的条件。传统文化可以为全社会提供廉价的商品和服务。传统文化的消亡将会导致物价上升、生活成本的提高。

第二,传统文化在保障就业方面效率较高。传统文化可以保存传统产业,可以以较低的物质成本提供几乎无限多的就业机会,为民众就业权和择业权的实现提供条件。传统文化是传统产业(家庭种植、手工业、小商业、小服务业)的经营场所,是普通阶层的创业基地。传统文化消亡将会导致失业率激增。

传统文化具有维护经济社会稳定的积极作用。传统谋生方式受价格波动、国际政治等外在因素影响较小,是稳定经济的重要力量。传统文化能够以较低成本安置大量人口,是稳定社会的重要力量。有学者指出:"在一国内部,暴力冲突和极端主义的中心集中于处在现代化之中的地区,而非那些仍保持传统方式的地区。"[1]

第三,传统文化的生态损耗较小。传统文化下的传统产业和传统的生活方式能够以最小的生态损耗提供民生所需要的基本条件。传统文化可以为全社会提供利用可再生资源生产的产品。应当保护无害于生态的民间传统产业。传统文化抵御地质灾害的能力强,恢复重建容易。应当改变将民间传统产业视为落后的过时观念。如果因为认识上的原因导致民间传统产业的消亡,那将会非常可惜。传统文化的存在有利于保持良好的生态环境。传统文化的经济效率虽然不高,但生态效率却是最高的。现代文化主要靠科技进步降低生态损耗,而科技进步的总体结果是加剧生态损耗。保护生态必须借助于传统文化的参与,借助于传统文化与现代文化的协作。没有传统文化的参与,单靠挖掘现代文化内部潜力,不可能实现生态的根本好转。

第四,传统文化是精神遗产的载体。首先,传统文化群体是民俗、民间法等文化现象的载体。而民俗提供了民间协作、互助的方式,民间法提供了民间纠纷解决方式。其次,作为熟人社会的传统文化群体的存在有利于保持商业信用(道德信息传播速度快、监督机制效率高)。熟人社会与陌生人社会不同监督体系的合理配置有利于为民生提供良好的商业信誉环境。传统文化的消亡所造成的精神遗产的损失是无法用货币与物质财富估量的。

传统文化包含丰富的民生资源(生存条件、交往方式等),是民众生存权、发展权、民生选择权实现的重要条件,民生法治应当重视传统文化的传承

---

〔1〕[美]塞缪尔·P.亨廷顿:《变化社会中的政治秩序》,王冠华译,三联书店1989年版,第42页。

与保护。如果弱势文化不断走向消亡，弱势群体的生存空间将会不断受到挤压，其生计就会变得更为艰难。有学者指出："要求遗忘过去以及一个人赖以形成自我感和认同感的文化渊源，是强迫性的和不公正的，一个国家提出这样的要求是不恰当的。"[1]

（二）保护传统文化有助于弥补现代文化的局限性

现代文化的局限性表现在物质崇拜、资本的泛滥、科学技术的不当应用、消费主义、城市的无序扩张、市场的无序扩张等。现代文化过度扩张的危害表现为：将会导致资源的枯竭和环境的破坏；将会侵蚀传统文化，破坏传统文化中蕴含的民生资源；将会损害文化多样性，限制甚至剥夺人们选择传统文化的自由权利；将会加剧两极分化和社会冲突。

现代文化的局限性不可能在自身范围内得到完全克服，克服现代文化的局限性必须借助于传统文化的力量。

（三）保护传统文化、克制现代文化是文化发展规律（多向性、继承性、连续性）的要求

文化发展的多向性、继承性、渐进性观点的形成受到了文化保守主义的启示。保守主义并不反对变革，只是强调尊重多元文化（包括既有的规则、秩序与权威）前提下的变革。英国保守主义思想家柏克认识到了人造物（属于文化的范畴）的不完备性。他认为："一切人类构造之物都有缺点，过分追求完美会带来邪恶。"[2]在社会变革过程中应当注意宽容文化的不完备性，并根据时代的需要对文化加以改造，以充分发挥其积极作用。过于追求完美就会导致因文化的不完美而随意加以废弃，这样不仅会造成文化资源的损失，而且会加剧文化冲突与社会冲突。如果能够宽容文化的不完备性，文化发展的多向性、继承性和渐进性就会充分地显现出来。

文化发展多向性、继承性、渐进性观点的形成受到了一些国家和地区（如欧洲、印度、韩国、日本）保护传统文化、保持文化多样性政策的启示。

---

〔1〕［英］C. W. 沃特森：《多元文化主义》，叶兴艺译，吉林人民出版社 2005 年版，第 30 页。

〔2〕［英］埃德蒙·柏克：《自由与传统——柏克政治论文选》，蒋庆等译，商务印书馆 2001 年版，第 65 页。转引自谷春德主编：《西方法律思想史》，中国人民大学出版社 2004 年版，第 203 页。

1. 文化发展(进化)的多向性

认识到生物进化的多向性对理解文化进化的多向性具有启示作用。生物进化是多向的,而不是单向的。在生物进化中,既存在从低等生物向高等生物进化的过程,也存在每一种生物自身的进化过程。生物进化与生物多样性是两种相反相成的自然现象。单向进化论在理论上未能把握生物进化的全貌,在实践上则不利于生物多样性的保护,因此,也可以称为"庸俗进化论"。同理,文化进化也是多向的,而不是单向的。历史学界有学者通过文化史研究提出了"多线历史发展观""世界的发展是多线、多模式的……不是单向度的、静态的,而是多向度的和动态的"。[1] 一方面,从传统文化向现代文化的进化仅是文化进化的方向之一。按照产生的时间顺序,人类历史上先后出现的文化类型包括采集渔猎文化、畜牧文化、农耕文化、工业文化。其中,采集狩猎文化、畜牧文化、农耕文化属于传统文化,工业文化属于现代文化。现代文化具有科学技术进步、物质繁荣、民主法治健全等特征。从传统文化向现代文化的进化应当予以肯定。不宜一概否定现代文化,只是应当反对无视自然生态和传统文化的畸形现代化、超过大众承受能力的过度超前的现代化,反对强迫人们走向现代化。另一方面,各种包括传统文化在内的多元文化各自的进化(精进)也是文化进化的重要方向。包括传统文化在内的多元文化都有存在合理性,都在文化多样性体系中占有一席之地。文化政策在处理现代文化与传统文化的关系问题上应当吸收文化进化论和文化多元论的合理因素。

文化单向进化论是对文化史的片面解释。从传统文化向现代文化的进化只是文化进化的方向之一,而不是唯一方向。文化单向进化论未能把握文化进化的全貌。

文化单向进化论是对文化史的机械解释。文化单向进化论还认为,文化竞争的结果是现代文化将会成为优胜者,传统文化将会被淘汰。该观点未能认识到,文化是人创造的,理性的人为了自身的幸福,不仅能够认识到发展现

---

[1] 罗荣渠:《现代化新论续篇》,北京大学出版社1997年版,第55页。

代文化的必要性,而且能够认识到保护弱势文化的重要性。自由主义、现代主义的单向进化观将进化论推向了错误的极端,属于社会达尔文主义在文化发展观上的体现。

文化单向进化论在实践上的危害在于,将会助长过度超前的现代化,将会导致自然生态的破坏和传统文化的消亡,造成民生资源的损失。

2. 文化发展的继承性

文化发展的继承性,是指新生文化接受既有文化合理因素,而不是全盘否定既有文化。文化多样性的这一思想吸收了保守主义的合理因素。

文化单一性的文化发展观具有建构主义倾向、否认既有文化的合理因素和文化发展的继承性、连续性,具有历史虚无主义倾向。

3. 文化发展的渐进性

在生物进化过程中,基因突变对推动进化过程具有重要作用,但从进化的总体过程上看,生物进化是一个渐进过程。文化进化的规律与生物进化的规律具有相似性。

在文化发展道路上,文化的渐进道路居于主流地位,文化的剧进道路居于辅助地位。在文化进化过程中,虽然在文化的局部和文化发展的个别时段,剧进变革具有推动文化发展的积极作用,但在文化的整体和文化发展的全过程上看,文化发展总体上是一个渐进过程。理由在于:第一,人类克服文化异化是一个不断发展的渐进过程。文化异化现象可以弱化,但永远不可能立即消除。第二,多元文化的融合需要时间,强势文化(如现代文化)的过度扩张将会妨碍不同文化的有机融合。第三,与文化发展相伴随的利益调整是一个渐进过程。有学者指出:"任何激进的变革将不仅仅无法充分处理可能存在的社会不公,事实上它只会加剧这种情形。"[1]第四,渐进道路的社会成本较低,即造成的人员财产损失较小、文化资源的损失较小。文化的渐进性要求文化发展速度应当符合社会的实际需要,不宜急躁冒进。

文化发展的途径主要有两种:第一种途径是文化培育。文化培育,是指

---

〔1〕［英］C. W. 沃特森:《多元文化主义》,叶兴艺译,吉林人民出版社2005年版,第41页。

尊重文化系统内部的自生自发秩序，尊重文化发展的规律，借助于文化系统的内部力量实现文化发展，国家的文化政策尊重文化主体的自由，营造宽松的政策条件。自组织系统是具有自我调整、自我发展（进化）能力的系统。自组织系统的结构和功能随着系统适应环境的过程而不断进化，因此，自组织系统能够进化出比非自组织系统更为复杂的结构和更为完善的功能。教育领域有句格言“十年树木，百年树人”。文化与树木、人都属于自组织系统，其内部秩序属于自生自发秩序，其发展规律也具有类似性。第二种途径是文化建设（文化建构）。文化建设，是指主要依靠国家的力量实现文化发展。如果说文化培育（即）是文化发展的主要途径，那么文化建设则是文化发展的辅助途径。过于强调文化建设（建构）将会导致文化的破坏。

文化发展的动力主要有两种：第一种动力是社会（民间社会）的推动；第二种动力是国家的推动。在市民社会与国家的关系上，马克思主义认为市民社会决定国家，“绝不是国家制约和决定市民社会，而是市民社会制约和决定国家，因而应该从经济关系及其发展中来解释政治及其历史，而不是相反”。[1] 文化发展的主要动力来自社会，辅助动力来自国家。国家应当尊重社会作为文化发展主要动力的作用。夸大国家在文化发展中的作用的弊端在于，将会导致社会中文化发展内在动力机制的破坏。

文化发展的剧进道路过于追求文化的纯正性和追求过快的发展速度，将会造成文化资源的损失、民生资源的破坏。因此，在文化发展道路上，应当实现从剧进道路向渐进道路的转变。

文化发展的多向性、连续性、渐进性规律要求文化政策尊重自然生态和传统文化。自然生态与传统文化是现代文化发展的条件。现代文化应当在自然生态和传统文化的背景下自然生长。现代文化应当建立在自然生态与传统文化的基础上，而不应建立在摧毁自然生态与传统文化的废墟上。

（四）保护传统文化、克制现代文化是正义原则的要求

首先，保护传统文化是实质正义的要求。在生态领域，要保持生物多样

---

〔1〕［德］恩格斯：《关于共产主义者同盟的历史》，载［德］马克思、恩格斯：《马克思恩格斯选集》（第4卷），人民出版社1995年版，第196页。

性，就必须对濒危物种制定特别保护措施。同理，在文化领域，要保持文化多样性，就必须对弱势文化制定特别的保护措施。

形式正义要求强势文化与弱势文化遵循同一竞争规则，形式正义对于建立法治是必要的。但是，形式正义也具有局限性，由于现代文化为强势文化，传统文化为弱势文化，严格依据同一竞争规则展开竞争，弱势文化就会处于不断削弱、被边缘化，甚至走向消亡的境地。为矫正形式正义的局限性，就必须引入实质正义，采取法律措施克制强势文化，保护弱势文化。

其次，克制现代文化的过度扩张是利益与负担一致原则的要求。从正义原则可以引申出利益与负担一致原则，该原则和权利与义务一致原则的含义大致相当。现代文化掌握更多社会资源（物质资源、权力资源、信息资源等），获得更多的利益，根据正义原则，现代文化应当承担更多的社会责任，如自我克制的责任、尊重弱势文化的责任等。强势文化应当保持自我克制，为弱势文化保留生存空间，而不应对弱势文化采取同化政策，更不应试图消灭弱势文化。

二、保护传统文化的途径

（一）克制现代文化的盲目扩张是保护传统文化的根本途径

在现代文化为强势文化、传统文化为弱势文化的条件下，现代文化的盲目扩张已经成为侵蚀传统文化的重要根源。只有克制现代文化的盲目扩张，才能为传统文化保留存在与进化空间。克制现代文化盲目扩张的具体内容包括如下方面：经济发展速度的克制，资本的克制，城市化目标的克制，现代街区的克制，现代建筑的克制等。其中，克制（节制）资本的泛滥是克制现代文化盲目扩张的重要内容。节制资本的主要途径包括实行垄断性资源的国有化、发挥国有企业在配置资源方面的积极作用、通过财政税收节制资本扩张、保护劳动者权益等。节制现代文化的扩张虽然使现代文化主体的暂时利益受到抑制，但却有利于实现包括现代文化主体在内的全社会的整体利益、长远利益。以往的世俗社会过于追求现代文化带来的物质享受和视觉刺激，而忽视现代文化的种种弊端。体现理性精神与正义精神的良法应当引导人类过高尚生活，远离低级趣味。法律应从全社会的整体利益出发，促进传统文化与现代文化的协调发展，而不应成为现代文化的奴仆。文化多样性意味着人类生活方式的深刻调整。

（二）保持传统街区结构和功能的完整性

城市与农村的传统街区内部相对完整的结构（包括街区结构、建筑结构、职业结构、人际关系结构等）和相对完善的功能（包括居住功能、生产功能、协作功能、交往功能等）是历史形成的。传统街区能够满足其内部成员的基本民生需要，不宜任意破坏。

韩国重视保持传统街区结构与功能的完整性。在传统街区中，传统的社会组织发挥着管理社会的作用，人们穿着传统服装，从事传统产业，居住传统建筑，参加传统礼仪仪式，生产和生活都按照传统的要求进行。传统街区自己生产的产品和旅游收入可以保证其良性运转。韩国和日本保留东方传统文化的生存空间、保持文化多样性的经验值得作为东方文化源头的中国学习。

印度重视保护传统街区，政府在交通、供水、排水、公共卫生、社会保障等方面对居民提供帮助，实现传统街区与现代街区的并存（如老德里与新德里的并存）。中国的苏州、平遥城市并没有拆除老城区，而是在老城区的旁边建设新城区，实现老城区与新城区并存，这种做法也值得借鉴。

城市传统街区对民生的积极作用表现如下方面：第一，传统街区的存在有利于降低商品和服务价格。传统街区也是物流集散地，传统街区的消亡导致产销衔接障碍是导致物价（商品和服务价格）上涨的重要原因。第二，传统街区的存在有利于保持不同阶层、不同群体人民之间的沟通与合作。传统街区是弱势群体的生存和发展保留空间，传统街区的存在可以为不同阶层人民的合作交往提供便利。传统街区不仅是沟通农民与市民的桥梁和纽带，也是沟通城市富有阶层与普通阶层的桥梁和纽带。拆除传统街区将会导致大量普通阶层民众向郊区迁移，离开他们原来熟悉的生活环境。传统街区的消亡将会弱化不同群体的联系，造成感情上的疏离。街区的单一性不利于发挥不同街区的互补作用，不利于不同街区的人民的交往、互助。

例如,尊重社区的教育功能是降低校车事故的根本途径。校车事故频发的首要原因是并校造成的传统街区教育功能的缺失,校车质量、司机技术水平、道路质量仅是次要原因。在城镇规划和社区建设中应当保持中小学教学网点的密度和合理分布,方便学生就近入学,方便家长管护,降低校车使用率,可以避免绝大部分校车事故的发生。

(三)尊重传统文化组织的完整性

社群,是指具有共同利益和价值的群体,包括传统社群与现代社群。传统社群与传统文化、文化多样性具有更为密切的相关关系,本书予以着重关注。传统社群(自然村、传统街区)的形成方式是自生自发的,传统社群内部的人际关系纽带主要是亲缘关系与地缘关系。传统社群具有熟人社会的特点。传统社群内部的价值倾向是团体本位和义务本位的,过多地强调个人利益与个人权利将会被孤立。

社群主义是在关注社群的形成方式、结构、功能的过程中产生的一种理论体系。美国社群主义者桑德尔认为:"个人依附于共同体(社团)""个人后存于共同体""个人被决定于共同体"。[1] 社群主义更强调个人对团体的义务,即个人有服从文化群体的利益、接受文化群体的价值、遵守文化群体的规范、服从文化群体的权威的义务。社群主义强调法律尊重文化群体的自治权利,即在法律范围内享有不受国家干预、自主决定内部事务的权利。例如,团体组织也有接受和拒绝成员的权利;团体在尊重成员加入与退出自由的前提下,有对成员实施纪律处罚的权利。为保护社群组织的存在,发挥其调控社会的功能,对于传统社群轻度违背国家法的行为,国家法应当予以适度宽容。而自由主义更强调个人的利益与权利,对社群侵犯个体权利的行为不予宽容。自由主义的比重过大将会造成个体自由过度膨胀、将会出现群体组织趋向衰弱甚至解体的危险。社群主义的存在可以矫正自由主义的这一局限,有助于形成个体与团体的合理均势。

尊重传统文化群体的组织机构,有利于发挥其整合利益、表达利益、协调

---

〔1〕 夏基松:《简明西方现代哲学》,上海人民出版社 2006 年版,第 508 页。

利益、监督政府等功能。

（四）对文化多样性的普遍保护

首先，应当重视保护未列入各种目录的文化类型。过去的文化保护工作中存在的一个问题是，重视列入世界文化遗产目录和各级政府的文物保护目录的文化类型，轻视未列入目录的文化类型。文化多样性的保护应当采取概括与列举相结合的表达方式，不仅要保护列入目录的文化类型，而且要保护未列入目录的文化类型。不得以未列入目录为由拆除合法的建筑物。

其次，既要保护物质文化遗产，也要保护非物质文化遗产。物质文化遗产是指人类创造的有形的文化遗产，如街区、建筑、产业、工具、服饰等。非物质文化遗产是指人类创造的无形的文化遗产，包括民间技艺、民间艺术、风俗习惯、礼仪等。物质文化遗产与非物质文化遗产具有相互依存的关系，其中一种文化遗产受到损害，另一种文化遗产也将会受到损害。

（五）保护生态多样性是保护传统文化、保持文化多样性的前提条件

自然生态（包括土壤、水体、地形、气候、动植物、矿藏等要素）是人类生存和发展的条件，也是孕育文化的条件。保护生态多样性（包括保护生物多样性）是保护文化多样性的重要前提条件。每一种自然生态都有其独特的物产，生态多样性本身就包含丰富的民生资源。因此，文化应当在自然生态的背景下自然生长，不宜任意破坏自然生态，经济发展对自然生态的改变应当严格限制在必要的限度内。

传统文化比现代文化更接近自然生态，尊重传统文化有利于保护自然生态。例如，自然经济就比市场经济更贴近自然生态。在民生评价体系和幸福评价体系中，不仅应当体现对传统文化的尊重，而且应当体现对自然生态的尊重。这一点也吸收了生态主义的合理因素。

尊重天然自然和传统文化可以使民众以较低成本获得民生资源，减少对政府的依赖。《联合国经济、社会及文化权利国际公约》第1条第2款规定："所有人民得为他们自己的目的自由处置他们的天然财富和资源……在任何情况下不得剥夺一个人民自己的生存手段。"破坏天然自然和传统文化将会造成民生资源的损失和生存手段的损失。

（六）尊重人们选择传统谋生方式的自由权利

美国的阿米绪人属于基督教的“再洗礼派”，他们仍然恪守着传统的生活方式。他们认为，孩子读书读到14岁就可以了，这与美国各州规定的强制教育至16岁的法律相抵触。美国联邦最高法院在“阿米绪人的权利”一案的判决中对阿米绪人的风俗习惯表示尊重。[1] 如果有宗教信仰和风俗习惯的理由，可以允许与法律的强制性规范有轻微抵触的行为。本案判决可以看成法律的特例、法律的变通。本案判决造成多元文化目标体系的调整，法律的统一性目标降低了，而文化多样性、法律的灵活性目标提高了，总体社会效果是利大于弊的。为实现保持文化多样性目标，应当给予弱势文化一定的特权，给予一定的特别保护。帮助选择传统谋生方式的人的最好办法是将他们纳入社会保障系统，并为他们提供各种公共服务。而强迫他们过现代生活不仅可能违背他们的意志，而且贴上纳税人的钱还可能违背纳税人的意志。强迫他们过现代生活的社会效果并不好。

选择谋生方式的权利的实现必须借助于所有权、契约权、居住权的保护。德国的磨坊主诉皇帝案树立了一个公权力尊重公民的所有权、契约权的范例。在房地产开发过程中，应当尊重居民（拆迁户）的所有权、契约权、居住权。除征收这一特殊情况外，在一般情况下，开发商和拆迁户应当逐一达成协议。只有在保护每一户居民的所有权、契约权、居住权的前提下，才能使人们选择谋生方式的权利得到切实实现。只有实行有节制的、渐进的开发，才能实现传统街区与现代街区的融合。

我国《宪法》第33条第3款规定：“国家尊重和保障人权。”从这一条款可以推导出“国家尊重和保障原地居民的权利”命题。原地居民的权利包括环境权、文化遗产管理权、谋生方式选择权、参与权等内容。原地居民的地方性知识和对地方的依恋情感高于移民，这就决定了，保护原地居民的权利是保护地方环境的前提条件，是保护文化遗产的前提条件，是财富得以积累的前提条件，是民间法得以存在并发挥作用的前提条件。

---

〔1〕 参见周思远：《少数人的权利，要保护吗?》，载《大科技》（百科探索）2006年第1期。

(七)发挥政府在保护传统文化、保持文化多样性上的作用

权力的滥用也是侵蚀文化多样性的一个重要力量。受集权传统的影响,中国社会是一个权力主导的社会,权力是侵蚀文化多样性的主要力量。在当今中国,掌权者追求政绩的冲动和为民做主的人治思想,加剧了政府权力的扩张,加剧了权力对文化多样性的侵蚀。当前的城市建设忽视对传统街区的保护,现代街区又过于追求整齐划一,导致单一功能区过大、不同功能区的互补作用难以发挥。这些现象背后都有政府权力扩张的影响。

防止国家权力扩张侵蚀文化多样性的途径至少包括如下方面:第一,保护公民财产权并实现财产权分散化,让尽可能多的公民拥有财产,使公民可以通过财产权抵御公权力的滥用。第二,允许公民自主创业,使公民可以在自主创业、受雇于一般雇主、受雇于国家之间做出选择,从而减少对国家的依附。

《世界文化多样性宣言》第 11 条指出:"单靠市场的作用是做不到保护和促进文化多样性这一可持续发展之保证的。为此,必须重申政府在私营部门和民间社会的合作下推行有关政策所具有的首要作用。"政府应当在保护文化多样性的事业中发挥领导作用。

过去,政府制定的民生幸福评价标准主要是站在现代文化的立场上制定的,未能体现传统文化的声音。应当实现体现文化单一性的民生幸福评价标准向体现文化多样性的民生幸福评价标准转化。应当删除或弱化助推现代化过度扩张的评价指标,增加保护传统文化的评价指标。例如,可以将古树、传统街区、传统产业的保留情况作为重要的民生评价指标。

第四节 文化多样性下法律的文化目标体系的特点

一、文化目标的多样性

以往的法律(包括公共政策)着重强调单一目标,如经济增长目标、现代化目标。因为现代文化对经济增长的贡献较大,所以,现代文化(具体包括"工业化""城市化""市场化""国际化"等分目标)受到的极大的重视,传统

文化目标受到了冷落。于是形成了法律的文化目标的单一性。有学者指出："由于公共政策呈现出单一的特性，复合的目标和利益就被抛弃了。人们成了工业增长竞赛的手段。"[1]单纯从现代文化目标上来看，过度现代化可能是有所得。而从传统文化目标上来看，过度现代化可能是有所失。从文化单一性视角来看，单一文化的扩张也能带来民生资源的增量。但是，从多元文化整体上来看，单一文化的扩张造成文化多样性的损害也会带来民生资源的减量。在保持文化多样性的前提下，确定多元文化的合适比例，才真正有利于保护和增加民生资源。

应当历史地看待传统文化目标在法律目标体系中的地位。在传统社会，现代化是社会的主要任务，法律突出现代文化目标，轻视传统文化目标的倾向是可以容忍的。而在现代社会，现代文化已处于强势地位，传统文化处于岌岌可危的状态，保护传统文化已经成为社会的重要任务。法律仅体现现代文化目标、忽视传统文化目标，就会造成传统文化的消亡、文化多样性的损失、产业结构的失衡、利益结构的失衡，造成弱势群体生存空间被挤压。例如，过度的现代化就体现了现代文化对传统文化的同化，过度追求城市化就体现了城市文化对乡土文化的同化，过度追求全球化将会导致西方文化对本土文化的同化。文化同化现象的存在将会造成文化资源和民生资源的严重损失。

文化多样性要求法律的文化目标必须具备全面性。促进经济增长和保护文化多样性都是法律与政府的目标，都是增进人的幸福的手段和次级目标。在多元社会，保护文化多样性也是衡量社会进步的重要目标。政府的职能应是多方面的，政府不仅应当为经济发展创造良好的法律条件，而且要为保护文化多样性创造良好的法律条件。如果政府只重视促进经济增长目标（招商引资），忽视保护文化多样性目标，甚至为了经济增长而不惜伤害文化多样性，就会背离公众的幸福。唯经济增长论的错误在于，忽视了法律的文

---

〔1〕 参见［美］诺内特、塞尔兹尼克：《转变中的法律与社会：迈向回应型法》，张志铭译，中国政法大学出版社 2004 年版，第 42 页。

化目标的多样性、全面性甚至将两个目标对立起来。

在多元社会,存在许多对偶目标,如现代化与传统性、城市化与乡土性、全球化与本土性等。这些对偶目标具有相反相成的关系,其间虽有冲突,但不是绝对对立,实现对偶目标的协调不仅有利于多元文化的协同进化,而且有利于增进社会和谐与公众幸福。

一种文化就是一个观察问题的角度,一种思考问题的方法。站在不同的角度就会看到不同的景象,得出不同的观点。正如通常所说的"兼听则明,偏信则暗"。文化多样性要求法律从多元文化的视角看问题,兼顾多元文化的目标,吸收多元文化的营养,将多元文化的合理因素整合到社会行动方案中去。

法律应当从体现单一文化目标向体现多元文化转变。文化多样性要求法律不仅应当重视现代文化目标,也应当重视传统文化目标,法律的文化目标开始呈现多样性。法律的文化目标体系应当随着时代需要而有所调整。"现代化"应调整为"传统文化与现代文化的和谐","工业化"应调整为"农业文化与工业文化的和谐","城市化"应调整为"乡土文化与城市文化的和谐","市场化"应调整为"市场经济与其他经济类型的和谐","国际化"应调整为"本土文化与世界文化的和谐"。法律体现多元文化目标比体现单一文化目标具有更大的合理性。

文化多样性要求思想方法作出相应的转变:从单向思维模式(单一视角)向多向思维模式(多元视角)转变;从非此即彼向对立统一转变;从各项事业为单一目标服务向每一项事业考虑多个目标转变。

法律的文化目标从单一性向多样性转变意味着其利益涵盖性与价值包容性的增强,科学性与公正性的增强,意味着给社会带来的幸福总量将会增大。

二、文化目标的开放性

文化多样性下的法律能够吸收多元文化的合理因素。多元文化主体可以在民主法治的框架下,在宽容精神的指引下制定多元文化的配置方案。法律的文化目标体系是多元文化主体协商的结果,而文化单一性下的法律的文化目标体系则具有封闭性。法律只能体现强势文化目标,难以吸收其他文化目标的合理因素。强势文化目标的无序膨胀,造成其他文化目标受到了压抑,甚至是损害。

三、文化目标的灵活性

多元文化主体可以通过协商调整多元文化配置方案,使法律的文化目标体系能够与时俱进。例如,可以对传统街区与现代街区的配置方案作出调整。再如,可以对多种经济类型的配置方案作出调整。在多元文化下,社会可以在不断试错的过程中探索发展道路,社会发展道路的调整的代价可以降到最低限度。

以往的人性学说着重关注自然人、关注个体,因而其对人性的认识具有孤立、静止的局限。以往的许多民生方案都是在文化单一性背景下形成的,因而不可避免地具有表面性、局部性、暂时性。在现实社会中,人不仅以自然人的身份参与社会,而且以文化人的身份参与社会;人不仅以个体的身份参与社会,而且以群体成员的身份参与社会。现实的人具有多重属性。文化多样性范式不仅关注自然人,而且更关注文化人;不仅关注个体,而且更关注群体。文化多样性范式可以弥补传统人性学说的局限,获得对人性更为全面的认识。根据对人性全面认识,可以提出一系列根本的、整体的、长远的民生法治方案,进而推动民生法治,乃至全部法治迈出稳健的一步。

第八章 克服法律异化的途径

法律的异化,是指法律成为压迫人的力量。人的幸福是目的,法律是实现幸福的手段。为了实现人的幸福,法律可以作为次级目标加以追求。如果将法律这一次级目标作为终极目标加以追求,就会造成法律的异化。

法家代表人物韩非主张“以法为本”就隐含将法律作为终极目标的思想。[1] 法律的异化在立法环节表现为,法律不能随着社会的变化及时修改,不能与时俱进。法律的异化在执法和司法方面表现为,法律不能变通,不能体现个案正义,法律机械主义盛行。

克服法律异化的指导思想是法律多元。多种法律的竞争和主体的选择是克服法律异化(特别是国家法异化)的根本途径。例如,国家法与民间习惯的竞争有利于克服各自的异化。当国家法压迫人时,人们可以借助民间法的力量。当民间法压迫人时,人们可以借助国家法的力量。国家法与民间法的竞争与制衡既有利于克服国家法的异化,也有利于克服民间法的异化。再如,成文法与判例的竞争、法律原则与法律规则的竞争、立法与法律解释的平衡也具有克服成文法异化的积极作用。

在法律多元的格局下,法官在审判案件过程中运用了多种逻辑思维方法。从成文法推导出判决的思维过程运用了演绎推理的思维方法。找到与

---

〔1〕《韩非子·饰邪》。

本案相似的先例,参照先例审判案件的思维过程运用了类比推理的思维方法。归纳出先例与本案共同遵循的原则的思维过程运用了归纳推理的思维方法。将归纳得出的原则适用于本案审判的思维过程又一次运用了演绎推理的思维方法。在法律多元化的格局下,法官审判案件时所进行的逻辑推理是复杂的。多元法律思维方法的并用有利于消除单一思维方法加剧法律异化的倾向。

第一节　判例的地位与作用

人类社会法律的发展同时具有两种趋势:第一,趋同的趋势。经济的全球化必然引发法律的全球化。法律全球化的表现之一是法律的趋同性。第二,多样化的趋势。在当今世界,各个国家、各个地区法律的个性得到了有意识的尊重。与此相应,判例制度的发展趋势表现为如下两个方面:一方面,各个法系、各个国家在判例的地位和作用上的共同性将会不断加强。另一方面,各个法系、各个国家在判例的地位和作用上的差别将会长期存在。借鉴各国判例制度的成功经验构建我国的判例制度是当前法治建设的一项重要任务。

一、判例的地位

判例的地位包括判例的效力、判例与成文法的效力比较等方面的内容。尽管各个法系、各个国家判例的法律地位有很大的差异,但总能找到共同的原则来。

(一)英美法系的遵循先例原则

遵循先例原则具有如下两个方面的含义:第一,法院的判例对本法院管辖范围内的一切人具有约束力,而不仅对本案当事人具有约束力。第二,上级法院的判例对下级法院审理类似案件的活动具有约束力,即同类案件同类处理。同类案件同类处理是英美法系和大陆法系审判活动中共同遵循的一项法治原则。不管在哪一个法系、哪一个国家,法官审判案件不考虑先例,出尔反尔,都将伤害法院和法律的权威。

遵循先例原则是一个在英美法系国家首先确立的法律原则。在英美法系国家,先例的约束力较强,法官和当事人严格按照遵循先例原则行事。在英美法系国家,法院审判案件形成的判例具有一般的法律约束力,是法的正式渊源,属于法的范畴,可以称为判例法。在英美法系国家,法官也是立法者。有学者指出:判例法并不是指对某个案件的整个判决,而是指某一判决所包含的某种法律原则或规则。[1] 遵循先例就是遵循先例判决中的法律原则或规则。

(二)大陆法系判例的地位在逐步增强

传统观点认为,大陆法系不存在遵循先例原则。大陆法系的判例只能称为法的非正式渊源,判例不作为本法院和下级法院审理类似案件必须遵守的依据,判例仅对本案当事人具有约束力,对本案当事人以外的其他人不具有约束力。

在大陆法系,先例的影响力虽然较弱,但也不可忽视。在大陆法系,判例已经具有了事实上的约束力,并且其约束力还在不断加强。美国法学家梅利曼指出:"在事实上大陆法系法院在审判实践中对于判例的态度同美国的法院没有多大区别。"[2] 在英美法系与大陆法系,先例的约束力的强弱虽然不同,但是先例的影响力都是存在的。

20 世纪以来,在英美法系的影响下,大陆法系判例的地位得到了提高,传统的非正式渊源说受到了挑战,正在发生动摇。具体表现在如下方面:

1. 大陆法系国家的部分判例已被宣布为正式渊源

有学者指出:"作为大陆法系保持法典化传统的代表性国家,法国行政法的主要渊源并不是成文法典,而是源于行政法院的判例。"[3] 在我国,最高人民法院公布的判例已经产生了事实上的法律约束力,成为正式渊源。在现代大陆法系国家,已经产生了真正的约束性判例。

2. 大陆法系国家的下级法院普遍遵守上级法院和本法院的判例

原因在于:第一,在审级制度下,如果下级法院不遵守上级法院的判例,

---

[1] 参见沈宗灵:《比较法研究》,北京大学出版社 1998 年版,第 284 页。

[2] [美]梅利曼:《大陆法系》,顾培东、禄正平译,知识出版社 1984 年版,第 52 页。

[3] 赵正群:《行政判例研究》,载《法学研究》2003 年第 1 期。

其判决将会在上诉程序中被驳回。这将对下级法院法官的升迁造成不利影响。第二,如果不遵守上级法院和本法院在前的判例,违背同类案件同类处理的法治原则,法院和法官将会面临巨大的舆论压力,其威信就会降低。可见,在大陆法系国家,法官也在一定程度上遵循上级法院和本法院的先例审理案件。上级法院的判例对下级法院的审判活动事实上已经具有约束力,本法院的先例对本法院的待决案件具有事实上的约束力。

3. 公民普遍遵守法院的判例

随着我国判例公开制度的逐步建立,地方各级法院判例的影响力也在逐步增强,地方法院的判例事实上也产生了一定程度的约束力。

(三)先例被推翻是谨慎的

遵循先例原则不是绝对的,先例是有可能被推翻的。过于强调维护成文法的权威、过于强调遵循先例的危害如下:将会妨碍判决的灵活性、公正性、合理性,导致法律的僵化,不利于增进人的幸福;将会削弱公民对法律的信仰,降低法律在公民心目中的权威;将会妨碍法律的进化。

推翻先例的理由表现在如下方面:第一,新兴社会思潮的兴起。第二,新兴社会力量的崛起导致利益格局的变化。

例如,普莱塞诉弗格森案(1896 年)。美国南北战争后,黑人的法律地位得到了较大的提高,但种族歧视依然存在,特别是在南部各州更为显著。路易斯安那州的法律要求铁路为白人乘客和黑人乘客提供“平等但隔离的车厢”,禁止混坐。1896 年在普莱塞诉弗格森案中,美国联邦最高法院认为路易斯安那州的法律与宪法第 13 条修正案关于“法律上的平等保护”的规定并不冲突。美国联邦最高法院在只有一票反对的情况下作出该判决。

再如,布朗诉教育管理委员会案(1954 年)。美国黑人学生布朗在黑人团体、有色人种团体、民权团体的支持下,通过诉讼的渠道要求法院确认教育管理委员会的“隔离而平等”的做法违背了美国宪法的平等保护条款。联邦最高法院 9 位法官一致支持布朗的诉讼请求,宣布曾得到多数白人支持的种族隔离制度违宪,从而推翻了该院半个世纪之前作出的判例。美国的种族隔离制度最终被废除。[1] 案件背后则反映了少数黑人利益与多数白人利益的冲突。该案涉及了少数人权利的司法保护问题。民主制度的表决规则是少数服从多数，多数人代表全体作出决议。传统法治中的"最大多数人的最大利益"原则在维护民主法治制度、推进公平正义过程中曾经发挥过积极作用，应该予以肯定。但是，"最大多数人的最大利益"原则也常常导致"多数人的暴虐"，即多数人利用民主制度的表决规则歧视少数人的利益。因此，在立法环节中，要求多数人尊重少数人、保护少数人利益颇有道德规范的意味，缺乏制度上的保障。司法审查制度为少数人权利的法律保护提供了制度上的保障。建立司法审查制度，使法院有权宣布歧视少数人的法律法规无效，有利于发挥法院对立法过程的监督作用，也有利于促进少数人利益的法律保护。于是，少数人在立法环节所处的不利地位便可在司法环节得到一定程度的矫正。

（四）成文法的优先适用

在成文法与先例发生冲突的情况下，应当优先适用成文法。在本书中，成文法优于判例是指成文法在效力上具有优先性。理由在于：

第一，成文法的效力优于同级法院的判例。根据分权原则，在规则制定上，立法机关居于优先地位，司法机关则居于辅助地位。法官的主要职责是适用法律，创造法律只是法官的辅助职责。在成文法基本完备的情况下，法官无须创造法律。只有在成文法不完备的情况下，法官才在说明理由的前提下，创造法律。

第二，坚持成文法优先适用原则有利于维护法律秩序。与判例中的规则相比，成文法中的规则具有鲜明的明确性、一致性、稳定性。优先使用成文法有利于维护法律权威和法律秩序。罗尔斯认为，公民有遵守轻度的非正义的法律的义务。规则虽有不完善之处，但要彻底否定它们，社会秩序将不复存在。秩序价值和正义价值都是应当追求的价值，为了实现秩序价值，正义价值的追求应当保持适度的克制。为实现法律的秩序价值，不宜轻易拒绝适用

---

〔1〕 参见李昌道编著：《美国宪法史稿》，法律出版社1986年版，第304页。

成文法规则。

在大陆法系国家,成文法优先适用是一个被普遍接受的法律原则。在英美法系,成文法优先适用原则也成立。法官在审理案件过程中,也不会将成文法抛到一边。卡多佐主张成文法优于法官制定的法。卡多佐认为:“宪法高于制定法,而一个制定法——如果与宪法一致——则高于法官的法。在这个意义上,法官制定的只是第二等的法律,并且它从属于立法者制定的法律。”[1]美国法理学家博登海默认为:“同法规相比,先例必须被认为是一种效力较弱、权威性较低的法律渊源。”[2]

当然,成文法优先适用原则不是绝对的。在适用成文法将导致显失公正、显失合理的结果的情况下,就不应该机械地适用成文法。法官可以考虑变通成文法,甚至拒绝适用成文法,转而适用判例、民间法、法律原则、宪法。纽约州上诉法院在里格斯诉帕尔默案中反对机械地适用纽约州继承法的做法体现了人类对不合理规则的厌弃。

人的最大幸福是法律的最高目标。首先,为了人的最大幸福,人类社会需要有规则而且守规则。既然成文法和判例都具有形成规则的作用,就应当坚持成文法和先例的优先性。其次,同样是为了人的最大幸福,应当坚持成文法和先例的非绝对性。在人的最大幸福面前,任何规则和权威都不是绝对的。总之,坚持成文法的优先性和非绝对性、坚持先例的优先性和非绝对性。这种做法符合“以人为本”的目标,体现人本主义法学的最大幸福原则。

二、判例的作用

(一)创立新的规则

现代分权理论则认为,分权是相对的,而不是绝对的。立法机关在立法事项上占据主导地位,享有主要立法权,而司法机关则享有补充立法权。

判例的创立新规则的作用至少表现在如下方面。

---

〔1〕［美］本杰明·卡多佐:《司法过程的性质》,苏力译,商务印书馆 2003 年版,第 4 页。

〔2〕［美］博登海默:《法理学——法律哲学与法律方法》,邓正来译,中国政法大学出版社 1998 年版,第 539 页。

1. 发现新的权利

例如,在1965年的沃尔德诉康涅狄格州案中,美国联邦最高法院认为:各州禁止使用避孕药物和避孕工具的法律违反了宪法的正当法律程序条款,侵犯了公民的隐私权。在该案的判决理由中,提出了“隐私权”的概念。[1]美国联邦最高法院在罗伊诉韦德案的判决理由认为得克萨斯州禁止堕胎的法律过于宽泛地限制了妇女的生育选择权,从而引申出了生育选择权的概念。随着人权思想的发展,人们已经认识到,人们不仅应当享有法律列举的权利(法定权利),而且也应当享有法律未列举,但作为人应当享有的权利(应然权利)。应然权利的实质就是人的正当需要。权利隐含在社会生活之中,等待人们去发现。法官的一项重要职责就在于发现新权利、表述新权利、保护新权利。

2. 填补成文法漏洞的过程

成文法的漏洞,通常称为法律漏洞、法律空白、法律的不周延性。法律漏洞产生的原因包括如下方面:(1)立法者在成文法的制定过程中不可能考虑到社会生活的全部情况。(2)在成文法制定以后出现了立法者未预料到的新情况。立法者理性是有限的。任何成文法规范都是对现有社会情况和将来可能发生的社会情况的不完全概括。法律漏洞产生的根本原因在于立法者理性的有限性和社会生活的复杂多变。判决理由中所包含的法律原则、法律规则为成文法的制定准备了思想材料。在制定成文法的过程中吸收判例的成果,可以减少立法成本,提高立法效率。

在民事案件中,法官创制新规则的权力较大。1804年《法国民法典》第4条规定:“裁判官如以法律无规定或规定不明确、不完备为理由,不进行审判的,以拒绝审判论罪。”该条款是司法能动主义的重要例证。

在刑事案件中,法官创制新规则的权力较小。刑事判例的创制作用具有特殊性。根据罪刑法定原则,对行为人定罪量刑必须严格依照成文刑法进行。法院不应以判例的形式创设新的罪名,不能按照刑事判例对行为人入罪

---

〔1〕 参见汪进元:《论宪法的正当程序原则》,载《法学研究》2001年第2期。

加刑,但可以按照刑事判例对行为人出罪减刑。

(二)增强个案正义

审批过程中应当考虑个案中的当事人和环境的具体情况。

1. 审判过程中应考虑个案中当事人的具体情况

例如,在盗窃案件的处理中应考虑行为人的目的作出不同的处理。如果犯罪嫌疑人为维持自己和家人的基本生存需要而盗窃,是以非正当的手段满足正当的需要,犯罪嫌疑人的动机和目的有可怜悯之处。并且,社会本身未能满足其成员的生存需要,也有责任。可以对犯罪嫌疑人从轻处罚或判处缓刑。如果犯罪嫌疑人为满足贪欲而盗窃,就应当按照法律规定作出处罚。

2. 审判过程中应考虑个案所处的特殊社会条件

例如,民法上赔偿数额的认定、行政法上罚款数额的认定、刑法上经济犯罪数额的认定都应当考虑当地的经济发展水平。如果严格执行统一的标准,就会导致落后地区的责任人承担的责任较重,而发达地区的责任人承担的责任较轻。

又如,口头道歉作为一种民事法律责任类型在熟人社会是有意义的。而在陌生人社会则是无意义的,陌生人社会的道歉形式应当是在新闻媒体上道歉。

再如,抢婚风俗不符合成文刑法的要求,但却被民众认可,该类行为的社会危害性并不大,不宜简单地按犯罪处理。如果按犯罪处理,将会导致当地民众的强烈反感,对维护社会秩序不利。如果抢婚行为未造成严重后果,且得到了当事人的承认,就应当承认婚姻的有效性。可见,定罪与量刑一定要考虑案件发生地风俗习惯、行为人的主观恶性、行为的社会危害性等与案件相关的具体情况,不一定机械地依照成文法行事。

在参照先例处理案件的过程中应当考虑如下两个方面:一方面,考虑到两个案件的共性,应当遵循同类案件同类处理原则。另一方面,考虑到不同案件的个性,也要遵循具体案件具体处理原则(不同案件不同处理原则)。每一个案件中当事人的具体情况不同,每一个案件所处的社会条件不同,世界上没有两个完全相同的案件,因此,也就不应当存在两个完全相同的判决。

两个不完全相同的案件作出完全相同的处理是不公正的。案件的共性和个性是相对的。每一个案件的判决都应当做到共性和个性的统一。只有这样，才能进一步在司法中贯彻以人为本。

立法机关和司法机关在正义的追求上存在分工。立法机关及其制定的成文法着重追求一般正义，而在追求个案正义上有所缺失。立法者应认识到自己制定的成文法的局限性，在成文法中为司法自由裁量权的行使留下空间。首先，立法者在成文法中可以使用一些模糊术语，为司法机关的法律解释留下空间。"显失公正"就是一个模糊术语，需要法官结合具体情况进行判断。其次，立法者可以在成文法中规定法律制裁的幅度，既限定了自由裁量权的范围，也为自由裁量权的行使留下了空间。

而司法机关及形成的判例着重追求个案正义。发挥判例的作用有利于实现个案正义。成文法、判例法、民间法相互竞争形成了法律多元格局。判例是形成法律多元格局的重要因子。法律多元格局为法官适用何种法源提供了更大的选择空间，为发挥法官自由裁量权积极作用留下了宽广的空间。有学者指出："在以成文法为主、判例法为补充的法律模式下，用成文法去实现针对绝大多数个案的整体正义，以判例法去完成成文法所疏漏的个案的正义，从而实现形式正义、实质正义，法律之内的正义和法律之外的正义最大限度的吻合。"[1]应当以判例所体现的个案正义弥补成文法在体现个案正义上的不足。特别是在出现恶的成文法的情况下，发挥判例的作用有利于减轻恶法给当事人和社会造成的危害。

在有充分理由（社会情势发生重大变更，按照成文法和先例作出的判决达到明显不合理、明显不公正的程度）的情况下，法院就不应当机械地按照成文法和先例审理案件。在法律多元格局下，法官应当考虑判例以外的成文法、民间法等法源，通过行使自由裁量权决定变通先例、不适用先例、推翻先例，作出合理的判决。对于什么样的判决达到显失合理、显失公正的程度，法官可以通过行使自由裁量权加以认定。

---

〔1〕 李拥军：《判例法在中国的"可行"与"缓行"》，载《政治与法律》2006年第6期。

（三）弥补成文法的滞后性

萨维尼认为："法律自制定公布之时起，即逐渐与时代脱节。"[1]为了维护成文法的稳定性，不宜过于频繁地修改成文法，因此，成为法具有一定的滞后性是不可避免的。发挥判例的作用可以在暂不修改成文法的情况下弥补成文法的滞后性。发挥判例的作用有利于及时地解决不断出现的社会矛盾，促进法律不断适应社会的发展。判例是针对具体个案作出的，因而具有灵活性、及时性的优点。发挥判例的作用可以提高案件审理的灵活性、及时性、适应性。判例法的存在是英国法律发展史保持稳定性、连续性、快捷性的原因之一。

（四）提高诉讼效率

先例在认定事实、适用法律、定性、确定法律责任和法律制裁等方面做了大量工作。参照先例审理案件可以节约诉讼成本，提高诉讼效率。此外，参照先例审理案件有利于提高办案水平。法院参照上级法院的先例、本法院的先例、其他法院的先例审理案件，有利于在以前工作的基础上提出更好的解决纠纷方案。

三、建立我国判例制度的构想

在中华法系传统中，成文法是主要法源，但判例也具有辅助法源的地位。汉代董仲舒审理案件形成的《春秋决事比》和明代朱元璋亲自编纂的《明大诰》是中国古代判例法的代表。

西法东渐以来，我国主要移植了大陆法系的法律传统，在法律渊源上与大陆法系的法律传统存在更多的相似性。长期以来，我国强调成文法的作用，判例的法律地位较低。中国的法律传统与大陆法系的法律传统接近并不是我们固守大陆法系法律传统的理由，应当吸收西方的和我国古代的判例法的合理因素，建立我国当代的判例制度。

---

〔1〕徐国栋：《民法基本原则解释——成文法局限性之克服》，中国政法大学出版社1996年版，第150页。

近年来,我国建立判例制度的实践已经开始了。从1985年起,最高人民法院开始刊登经审判委员会审核的案例,作为各级法院审判活动的参考。这种做法收到了良好的社会效果。2002年郑州市中原区法院开始实行先例判决制度。先例对法院审理同类案件产生一定程度的约束力。该院将先例汇编成册,供当事人和公众查询。该制度是建立我国判例制度的有益尝试。

我的判例制度主要应包括如下内容:

(一)判例解释制度

在当前的法律解释体制中,最高人民法院通常以发布抽象司法解释文件的形式解释法律。这种解释法律的方式可以称为文件解释或抽象司法解释。文件解释的做法具有如下弊端。

第一,导致法律解释的模糊性。最高人民法院制定的抽象司法解释文件是对大量事实的概括,而不是针对个案作出的,因此仍然具有成文法的性质,仍然具有成文法的不周延性、滞后性、模糊性。法官在适用抽象司法解释文件处理具体问题上仍然会感到迷茫。

第二,构成了对立法权的侵蚀。最高人民法院出台了大量的抽象司法解释文件,充当了第二立法机关的角色,侵蚀了立法机关的立法权力,不利于最高人民法院集中法律资源做好审判工作。即使认为抽象司法解释文件属于授权立法,也应当有立法机关的明确授权。目前,我国最高人民法院通过制定抽象司法解释文件而解释法律的做法受到了越来越多的质疑。

而判例解释相对于抽象司法解释具有针对性、具体性、可操作性、及时性等优点。有学者指出:"司法解释越具体、越富有针对性,则越能发挥司法解释应有的作用。我们认为在司法解释的完善方面,应当借鉴两大法系的经验,尽可能针对具体的判例而就法律的适用问题作出解释,从而使司法解释向判例化方向发展。"[1]变文件解释为判例解释可以消除上述弊端。我国法律解释体制改革的方向之一是变文件解释为判例解释。判例中的判决理由就是针对具体案件对具体法律条文作出的解释。

---

〔1〕 王利明:《司法改革研究》,法律出版社2000年版,第248页。

判例解释就是判决书的判决理由。法律不仅是规则之治，而且是理由之治。判决理由是判例中不可缺少的组成部分。判例中的判决理由就是法庭的主流判决意见。司法审判独立既包括法院审判独立，也包括法官审判独立。实行法官独立的一项重要措施就是承认并尊重每一个法官有独立表达审判意见的权利。每个法官应当有平等的表决权。由于每一个法官的人生经历、知识结构、利益取向、价值观念等方面的差异，法官具有不同的判决意见是正常的。应鼓励法官个人出版解释判例的文章、著作。某一案件的主流判决意见应当通过合议庭民主表决的方式形成，它是各种利益相互协调的结果，是各种价值观念相互碰撞的结果，是各种判决意见相互沟通的结果。不宜用行政命令的方式向合议庭强加先入为主的判决意见。持主流判决意见的多数法官应推举代表书写书面的判决意见。在判决书中说明理由有利于说服当事人服从判决，提高判决的执行效果，减少不必要的强制执行。

因为非主流意见也可能是正确的，可能是未来的主流意见，所以，对于非主流意见，应当允许保留。持非主流意见的法官应推举代表书写异议意见。例如，在美国联邦最高法院关于洛克纳诉纽约州案的判决中，法官霍姆斯（被称为"法官中的持不同政见者"）投了反对票。霍姆斯反对绝对的放任主义，支持国家对经济和社会的宏观调控。后来的实践支持了霍姆斯观点。[1]

如果某一法律规则存在明显的不合理，应当允许法官按照在说明理由的前提下，按照判决理由中提出的规则审理案件。在判决理由作为判决书的一部分公之于众的情况下，判决理由必须接受同行专家和公正的检验，这样，判决理由中的规则就起到了约束司法权力、防止司法权力滥用的积极作用。法不溯及既往原则的精神实质是排除对行为人有害的既往追溯，此处的做法虽然在表面上不符合法不溯及既往原则，但并没有违背法不溯及往原则的精神实质。

法官职业共同体内部民主制度是价值宽容原则得以实行的制度保障。

---

〔1〕 参见［美］伯纳德·施瓦茨：《美国法律史》，王军等译，中国政法大学出版社 1989 年版，第 114～115 页。

在理想法意义上,法官应当是价值无涉的,法官不宜支持任何一方的价值观念。但在现实法意义上,法官不可能不受一定价值观念的影响。一个笃信正统道德和价值观念的法官更有可能对违背正统道德和价值观念的当事人作出不利的判决;而一个主张道德多元和价值多元的法官更有可能对违背正统道德和价值观念的当事人持宽容态度。一个性格刚烈的法官更有可能在道德和价值选择上持强硬立场。而一个性格温和的法官更有可能在道德和价值选择上持折中立场。法官职业共同体内部的不同道德和价值观念的持有者之间应当相互宽容,在价值冲突的情况下应当通过民主表决的程序作出判决。法官职业共同体只有首先在内部贯彻价值宽容原则,才能在司法中真正体现价值宽容原则。法官进行价值权衡的过程就是行使自由裁量权的过程。

考虑到体制的连续性、稳定性,应尊重我国最高人民法院已经发布、近期将继续发布的抽象法律解释文件。新的法律解释体制的建立应走一条渐进的道路。法院应当逐步减少以抽象司法解释文件的形式解释法律,代之以判例的形式解释法律。以判例解释取代抽象司法解释是法律解释的发展趋势。

考虑到我国最高人民法院审理的一审案件数量不多,在两审终审制下,上诉到最高人民法院的二审案件也不多的情况,最高人民法院对于地方法院受理的典型案件可以实行提审。这样,可以增加最高人民法院审理案件并以判例的形式解释法律的机会,有利于加强最高人民法院对地方司法工作的指导。

同理,地方各级法院也应逐步改变发布抽象司法解释文件的做法,也应当以判例的形式解释法律。

(二)判例公布制度

笔者主张公布所有法院的全部判例,而不应有选择地公布部分判例。应当实行彻底的判例公布制度。在这种意义上,判例公布制度也可以称为判例公开制度。为避免最高人民法院干预地方法院审判活动、上级法院干预地方法院的审判活动,判例公布制度应实行谁审判、谁公布的原则。首先,最高人民法院只应公布自己审理案件形成的判例,不应在其官方文件中公布地方法院审理案件形成的判例,不应垄断判例发布权。其次,地方各级法院和各专门法院公布自己审理案件形成的判例。每个法院都有权力也有义务公布自己所有的判例。随着判例公开制度的完善,地方法院公布的判例的影响力也将逐步扩大。

在判例公开制度下,公众对同类案件同类处理的期待对法院和法官构成了心理压力。实行判例公开制度有利于加强公众对司法活动的监督,有利于督促法官公正司法,提高办案质量,防止自由裁量权的滥用,遏制司法腐败的泛滥。判例公开制度可以为法官拒绝权力、人情等因素的干扰提供了充分的理由,有利于维护司法独立、保障司法的权威。

判例公布制度是审判公开制度的重要组成部分,是推进司法公正的重要举措。实行判例公开制度有利于增强法律的可预测性。判例公开制度使人们参照同类案件的判例就可以预见到政府和他人将如何行为,从而对自己的行为作出安排。这样既可以提高行为的效率,也可以减少纠纷的发生。实行判例公布制度以后,我国判例的地位(特别是地方法院的判例的地位)将会得到进一步提高。

公布判例应当同时采用以下两种形式:第一,纸面形式。各法院应将本法院审理案件形成的判例按门类、时间顺序编辑出版,由本法院和下级法院保存。这样,可以为本法院和下级法院的审判活动提供参考,也可以为公众的监督活动提供便利。第二,电子形式。各法院应将本法院审理案件形成的判例在互联网上公布。应建立全国联网的判例查询系统。

(三)判例参照制度

判例参照制度是指法院在审判案件过程中参照判例,并在判决理由中加以说明。判例参照制度在大陆法系国家已有先例。例如,属于大陆法系的德国法院就经常在判决书引用先例。“在 1990 年至 1995 年,联邦宪法法院的判决中引用判例的比例是 97.02%,1992 年至 1995 年联邦财税法院公布的判决中有 99.29% 引用先例。”[1]

判例参照制度就是我国法院系统正在推行的案例指导制度。2005 年 10

〔1〕 朱文雁:《从司法现状看判例在我国司法过程中的价值》,载《法学论坛》2006 年第 6 期。

月26日最高人民法院发布的《人民法院第二个五年改革纲要（2004～2008）》第13项指出："建立和完善案例指导制度，重视指导性案例在统一法律适用标准、指导下级法院审判工作、丰富和发展法学理论等方面的作用。"法院在审判案件的过程中应当参照先例（包括上级法院的先例和本法院的先例），并在判决书中援引判例。地方各级法院的先例也可以在判决书中援引。

（四）判例统一制度

建立我国的判例制度应注意维护司法的统一。司法统一的主要标准是同类案件同类处理。司法统一是法律统一的重要组成部分。司法的不统一主要表现为同类案件不同处理，不同的法院对同类案件可能作出不同的判决，同一法院对同类案件可能作出前后不一致的判决。

成文法的模糊性是导致司法不统一的重要原因。例如，为打假而买假的王海是否为《消费者权益保护法》所规定的消费者？成文法并没有明确的规定。同情消费者的法院会认定王海们是消费者，判决由售假的商家给付王海们双倍赔偿。受经营者压力较大的法院会认定王海们不是消费者，驳回王海们的诉讼请求。不同的判决是在不同的利益导向和不同的价值导向的作用下形成的。不同的判决都没有明显违反法律条文字面上的要求。由成文法的模糊性导致的司法不统一对司法权威和法律权威构成了严重的威胁。

在未实行判例公开制度的情况下，司法不统一的情况更严重，只不过是处于隐蔽的状态，难以被发现，没有引起有关部门和公众的高度关注。实行判例公开制度不会加剧司法的不统一，而是会使司法的不统一的问题浮出水面，及时引起改正的注意，加快问题解决的步伐。

依靠现有的审级制度可以解决司法的不统一问题。当两个法院就同类案件作出两个不同判决（同类案件不同处理的情况）的时候，可以通过上诉程序，由两个法院的共同上级法院通过审理类似案件形成一个判例。这样，司法不统一问题自然就得到了解决。例如，在为打假而买假之类的案件中，一个终局的判例就可以最终确定王海们是否是消费者。因此，判例具有矫正成文法的模糊性的作用。

在追求判例统一性的过程中也应当容忍判例的多样性。各个地方的情况不同,各个案件的情况不同,当事人的情况不同,没有两个完全相同的案件。每个法官的个性也不同,世界上没有两个完全相同的法官,对法官的个性也应当予以适当的容忍。因此,不可能有完全相同的判例。判例的统一性与多样性是一对永恒的矛盾,二者是相反相成的。

建立中国特色的判例制度具有重大的实践意义。

第一,有利于防范成文法的异化。判例是法律多元格局的重要组成部分。法律多元格局为人们选择体现最大利益的规则与纠纷解决方案提供了可能性。在适用成文法导致显失公正结果的情况下,参照判例审理案件就是一种可供选择的方案。

第二,有利于提高公众的法律素质。因为判例具有具体性、形象性的特点,所以,判例比成文法更能引起公众的关注。每一个判例就是传播法律知识的生动教材。建立判例制度有利于激发公众学习法律的兴趣,提高普法的效果。

第三,有利于提高法官的素质。传统观点将法官素质不高作为反对在我国建立判例制度的理由。笔者认为,这种观点颠倒了事物的因果关系。实际的因果判断应当是,不建立判例制度只能助长法官坐等上级指示的惰性,不利于法官素质的提高。判例制度是一种彻底的司法公开制度。实行判例制度,有利于促进法官努力学习研究、提高自身素质,努力提高案件的审判质量;有利于发挥每一个法官的积极性、主动性、创造性,增强司法制度的创新能力。判例制度将法官真正推向司法实践的海洋,逼迫他们苦练游泳的本领,只有这样,才能从根本上提高法官的素质。

第二节　法律解释的作用

一、引入法律的目的解释

引入法律的目的解释的用意之一在于追寻立法者的原意。当法律条文的字面含义与立法者的原意发生冲突的情况下,应当通过法律解释追寻立法者的原意,即按照立法者的真实意图解释法律。丹宁勋爵认为:“法官不要按照语言的字面意思或句子语法结构去理解和执行法律,他们应该本着法律语言词句背后立法者的构思和意图去行事。"[1]

在里格斯诉帕尔默案中,出现了两种法律解释理论的冲突。帕尔默的律师主张适用纽约州的继承法,承认其继承权,对法律采用了文义解释的立场。厄尔法官则主张不能机械地适用纽约州的继承法,而应当探寻立法者的原意。如果严格适用纽约州的继承法,使帕尔默顺利地继承了其祖父的遗产,将会使为继承遗产而杀害被继承人的做法得到鼓励。这显然不符合立法者的原意。厄尔法官提出了"任何人不得从他的不当行为中得利"的法律原则。法庭依据该原则剥夺了帕尔默的继承权。法庭对法律采用了目的解释的立场。[2] 由于立法者的局限性和成文法的局限性是客观存在的,立法者在制定该条例的时候没有预见到本案的新情况,于是造成了法律的漏洞,这是难以避免的,人们无法苛求立法者。如果立法者预见到本案出现的新情况,一定不会承认杀害被继承人的继承人享有继承权。

引入目的解释的用意之二在于追寻全社会的最大利益。立法者是由有局限的人组成的,也具有个体利益追求、认识的局限性和价值观念的局限性。立法者的局限性是形成成文法的局限性的重要原因。法律的目的解释是弥补与矫正立法者的局限性,弥补成文法的局限性的重要环节。科克勋爵认为:"法官作出的解释应当致力于消除弊端,弥补缺陷,推进救济,解决问题。法官的一切活动都应当遵循立法者的真实意图,并为促进公众之利益而适用法律。"[3]追寻全社会的最大幸福是法律解释的最高的、终极的目标,立法者的意图也必须符合全社会的最大幸福。

二、文义解释与目的解释的关系

文义解释,是指严格按照法律条文的字面含义对法律作出的解释。与文义解释相近的概念是严格解释、字面解释。目的解释,是指根据法律的目的

[1] [英]丹宁:《法律的训诫》,杨百揆等译,法律出版社 2011 年版,第 13 页。
[2] 参见桑本谦:《法律解释的困境》,载《法学研究》2004 年第 5 期。
[3] 蒋惠岭:《目的解释法的理论及适用》(上),载《法律适用》2002 年第 5 期。

对法律作出的解释。与目的解释相接近的概念是自由解释。自由解释,是指不拘泥于法律条文的字面含义,自由地解释法律。目的解释是与文义解释是一对相反相成的概念。

文义解释的优先性。有学者指出:“目的解释是法律解释的辅助方法,也即它是文义解释的补充,我们不赞成那种撇开文义解释,径直进行目的解释的做法。”[1]强调文义解释的优先性的理由在于,文义解释不损害法律一般性、确定性、稳定性,有利于维护法律的权威、维护法治秩序。法律的文义解释与法律解释的合法性原则相对应,体现了法律解释的克制主义倾向,是司法克制主义的具体体现。

目的解释的过度运用将会损害法律的普遍性、明确性、稳定性、统一性,将会导致司法权的滥用,将会损害法律的权威性和法治秩序。因此,进行目的解释应当保持适度克制。目的解释的任意扩张将会导致规则被废弃。

文义解释与目的解释的平衡。法律解释应当在文义解释与目的解释之间寻求平衡。法律的文义解释和目的解释各有千秋。法律的文义解释着重追求法律的形式合理性。法律的目的解释着重追求法律的实质合理性。有学者指出:“司法必须在形式合理性和实质合理性之间谋求最大的交换值,必须在稳定与变动、保守与创新、原则与具体、整体与部分这些彼此矛盾的因素之间寻找一个恰当的均衡点。这是司法的终极智慧。”[2]法律解释的机械主义和擅断主义代表了法律解释理论的两个极端,都是不可取的。在法律解释的克制主义和能动主义之间寻求平衡是一种司法的智慧。确定这一平衡点需要考虑到经济、政治、历史、文化、人性等多种因素。笔者认为,应当将人的最大幸福作为在形式合理性和实质合理性之间寻找平衡点的判断标准。

第三节　自由裁量权的作用与约束

自由裁量权是权力的一种特殊类型。行使自由裁量权意味着根据社会

---

〔1〕 陈金钊:《法律解释(学)的基本问题》,载《政法论丛》2004 年第 3 期。
〔2〕 桑本谦:《法律解释的困境》,载《法学研究》2004 年第 5 期。

生活中出现的新情况对法律规则作出变通。

一、自由裁量权释义

(一)自由裁量权的概念

有学者将自由裁量权定义为“酌情作出决定的权力,并且这种决定在当时情况下应是正义、公正、正确、公平和合理的……法律授予法官以自由裁量权,是使法律具体情况具体适用的最普通方式之一,从而使法律更具灵活性和适应性。”[1]该定义包含如下含义:第一,自由裁量权是一种根据具体情况灵活作出决定的权力(可称为“酌定权力”);第二,发挥自由裁量权的作用有利于实现个案正义;第三,发挥自由裁量权的作用有利于增强法律的适应性。

自由裁量权,是指执法者和法官在处理具体案件的过程中享有的灵活处置的权力。“自由裁量权”,是针对法律规则而言的,是一个与法律规则相对的概念。本书将着重探讨自由裁量权与法律规则的关系。

自由裁量权(乃至一切权力)是人类社会客观存在的现象,人类无法消除它,只能认识它,并合理地利用它为自己服务。只有建立完备的自由裁量权约束激励机制,才能发挥其积极作用,抑制其消极作用,才能在我国产生出大量名垂青史的法官和判例。否认自由裁量权的结果只能是放弃对其进行制度约束的机会,使其消极作用进一步加剧。

(二)自由裁量权的分类

按照对规则的尊重程度,可将自由裁量权分为弱自由裁量权和强自由裁量权。

1. 弱自由裁量权

弱自由裁量权是在法律规定的选择空间内作出决定的自由裁量权。因为弱自由裁量权强调对规则的尊重,所以,弱自由裁量权又称为规则内的自由裁量权。弱自由裁量权包括以下三种情况:(1)在法定的项目之中作出选

---

〔1〕[英]戴维·M. 沃克:《牛津法律大辞典》,北京社会与科技发展研究所译,光明日报出版社1988年版,第261页。

择的自由裁量权。法官享有在多种法定处罚措施之间作出选择的自由裁量权。(2)在法定的幅度范围内作出选择的自由裁量权。例如,刑法就规定了许多法定刑的幅度。法官拥有在一定的幅度范围内作出处理决定的自由裁量权。(3)对模糊性法律术语作出解释的自由裁量权。模糊性法律术语的存在有利于发挥自由裁量权的积极作用。成文法规定的可供选择的项目、处理问题的幅度范围、模糊性的法律术语可以称为成文法的弹性条款。立法者应当认识到成文法的局限性,有意识地保留一定数量的弹性条款,为自由裁量权的运行留下空间。

成文法为自由裁量权留下的选择空间大小应当适宜。成文法规则过于细密、琐碎,刚性过强,导致自由裁量权的选择空间过于狭小,不利于发挥自由裁量权的积极作用。成文法规则过于粗略、柔性过强,导致自由裁量权的选择空间过大,将会导致自由裁量权的滥用。

2. 强自由裁量权

强自由裁量权是在法律规定的选择空间外作出决定的自由裁量权。因为强自由裁量权强调不拘泥于法律规则的字面含义,所以,强自由裁量权又称为规则外的自由裁量权。在完善的约束机制下,行使强自由裁量权不仅不会损害法律的权威,而且有利于加强法律的权威;不仅不会危害整体社会秩序,而且会增强整体法律秩序。在实行三权分立的西方国家中,法官行使强自由裁量权的结果甚至会导致规则被推翻。

大陆法系国家重视法典的权威,法官的自由裁量权相对较小。英美法系国家更强调法典的局限性,法官的自由裁量权相对较大。在司法能动主义的影响下,自由裁量权(特别是强自由裁量权)的研究已经成为法理学的一个重点课题。

二、自由裁量权的作用

(一)弥补与矫正成文法的局限性

有局限性的立法者制定的成文法规则也不可避免地具有局限性。成文法规则的局限性包括理性的局限性和正义的局限性等。法律规则无法概括社会生活的一切情况，无法预见到未来的一切新情况。不宜将法律权威绝对化。在适用原有的成文法规则将会给人带来痛苦的情况下，法官应当援引合理原则、正义原则对成文法规则作出变通。当法官发现适用个别成文法规则明显不合理、明显非正义时，法官应当有权拒绝适用该成文法规则。法官拒绝适用的只是个别规则，对其他规则的权威还是充分尊重的。法官拒绝适用个别规则不但不会损害整体法律的权威，反而通过赢得民众对法律的认同而增强了整体法律的权威。纽约州上诉法院审理的里格斯诉帕尔默案通常被看作是一个援引正义原则而拒绝适用继承法规则的范例。

在司法实践中经常会遇到法律未概括的情况和法律未预见的新情况，严格按照成文法规则审理案件将会加剧人的痛苦。在这种情况下，法官就应当行使自由裁量权，对法律予以变通。

一切犯罪都存在诱惑因素，许霆犯罪的诱惑因素是自动提款机的故障。但是，许霆案的诱惑因素具有不同于一般犯罪的特点。因为自动提款机的故障是偶然发生的，所以，本案中的诱惑因素具有偶然发生的特点。人们对偶然发生的诱惑没有心理上的防备，犯错误的可能性增大，一般人都具有难以抵御偶发诱惑的弱点。人本主义法学主张宽容人的弱点，诱惑因素的偶发性是减轻刑罚的充分理由。在对许霆案难以作出明确定性的情况下，应当选择适用责任较轻的成文法规则。笔者认为，在刑法对盗窃金融机构的犯罪只规定了无期徒刑和死刑两个档次的情况下，认定许霆犯盗窃罪判处较轻刑罚存在着技术上的困难。而我国《刑法》规定的侵占罪的法定刑较轻。认定侵占罪可以使许霆免受过重的刑罚。

（二）作出体现最大利益的判决

因为规则具有明确性，所以，维护规则的权威对实现法的秩序价值至关重要。在一般情况下，为了实现法的秩序价值，执法和司法活动应当尊重规则的权威，按照规则处理案件。

但是，任何成文法规则都是对成文法制定以前的社会生活的不完全概括。在司法实践中，当发现了成文法未能概括的情况或出现了成文法未能预见到的新情况、严格适用成文法严重背离当事人和全社会的最大利益的时候,就不应当适用成文法,而应当按照最大利益原则审理案件。

波斯纳提到的建围栏的义务归属例是一个法官在民事案件中进行利益衡量的过程。[1] 进行利益权衡的过程就是行使自由裁量权的过程。又如,在船只即将沉没的情况下,一人为争夺仅有的一件救生衣而将另一人推下水,导致该人被淹死。处理这类案件不应当机械地适用有关故意杀人罪的刑法规则。根据最大利益原则,可以不追究故意杀人者的刑事责任(但杀人者应当承担高额民事赔偿责任)。可见,在刑事司法领域也存在利益衡量问题,最大利益原则在刑事司法领域也起作用。

(三)创设新的规则

随着社会的发展,新的法律关系不断涌现,急需法律调整。由于立法的成本较高,周期较长,而纠纷必须及时解决,这就为法院解决新类型问题提供了舞台。法院在审理新类型案件的过程中形成了新的规则。这些规则对同类案件产生了约束或影响。在这种意义上,法官也成了立法者或政策制定者。

在重庆高空坠物砸人案中,法院判决 2 楼以上的 22 户居民承担连带赔偿责任。[2] 法院的判决具有一定的合理性,但也有有不足之处。第一,22 户居民所承担的责任属于补偿责任,而不属于较重的赔偿责任。认定赔偿责任对责任人以外的 21 户居民构成了严重的不公正。要求 22 户居民承担过高责任的判决将会因居民的强烈抵制而无法执行。判决 22 户居民承担一定的连带补偿责任,有利于防止损害的发生。第二,社会应当继续对受害人承担补偿责任。理由在于,社会是不完善的,对郝某的损害也应当承担责任。社会对受害人承担补偿责任的方式是对受害人给予救济。这一判决方案有利于保护弱者的利益。相对于 22 户居民,无辜被砸的受害人是弱者。让受害人自行承担损害更是不公正的。罗尔斯认为:“使我们忍受一种不正义只能

---

〔1〕 参见[美]波斯纳:《法律的经济分析》(上),蒋兆康译,中国大百科全书出版社 1997 年版,第 66 页。

〔2〕 参见王成、鲁智勇:《高空抛物侵权行为探究》,载《法学评论》2007 年第 2 期。

是在需要用它来避免另一种更大的不正义的情况下才有可能。"[1]意思是说,为了避免较大的不正义,可以容忍较小的不正义。这一观点同我国流行的"两害相衡取其轻"的说法是一致的。在无法找到更为合理的判决方案的情况下,采用这一相对合理的判决方案是可以被各方和公众接受的。

英明的立法者认识到了自己制定的成文法的局限,并肯定了法官发现法律和创造法律的作用。《瑞士民法典》第1条规定,本法无相应规定时法官应依据习惯;无习惯时,依据自己作为立法者所提出的规则裁判。在遇到新类型的案件、没有规则可以适用的情况下,法官可以行使自由裁量权,按照自己创设的规则处理案件。卡多佐认为:"司法过程的最高境界并不是发现法律,而是创造法律。"[2]法官创设的新规则就包含在判决书的判决理由之中。法官行使强自由裁量权的结果是改变规则或者创立新规则。

此外,还应当赋予法官改变不合理规则的权力。罗尔斯认为:"在某些特殊的情形中,通过违反既定规范来减轻那些受到不公正待遇的人在困苦可能不失为上策。"[3]从罗尔斯的观点中可以引申出"良性违法"的思想。良性违法是指为了形成一个正义的审判结果,减轻法律的严峻性,减少遭受不公正待遇的人的痛苦,而在特殊情况下违背现行法律的做法。

在不同的法律领域,自由裁量权对法律规则的影响是不同。在民事司法领域,法官的自由裁量权相对较大。原因在于,在民事司法领域,存在不得拒绝裁判原则。《法国民法典》第4条规定:法官借口没有法律或法律不明确不完备而拒绝受理者,得依拒绝裁判罪追诉之。弥补法律的漏洞,既是法官的权力,也是法官的义务(职责)。在没有法律规则的情况下,法官可以适用法律原则、宪法,可以参考民间习惯、法学理论,通过行使自由裁量权制订新的权利义务配置方案。

在刑事司法领域,法官的自由裁量权相对较小。原因在于,在刑事司法领域,受罪刑法定原则的影响,成文法典的权威较高,法官只能在法定刑幅度

---

〔1〕[美]罗尔斯:《正义论》,何怀宏译,中国社会科学出版社1988年版,第2页。
〔2〕[美]本杰明·卡多佐:《司法过程的性质》,苏力译,商务印书馆1998年版,第105页。
〔3〕[美]罗尔斯:《正义论》,何怀宏译,中国社会科学出版社1988年版,第55页。

范围以内确定刑罚(属于弱自由裁量权)或在法定刑幅度范围以下确定刑罚(属于强自由裁量权,如许霆案),而不能在法定刑幅度范围以上确定刑罚。法官不能设定新的罪名。

法官创制新规则的活动为立法机关的立法活动做了思想上的准备工作。人类的法律文明正是在法律规则与自由裁量权的互动中进步的。发挥自由裁量权的作用有利于发挥法官的能动性(积极性、主动性、创造性)。司法活动应当为法官个性的发挥留下空间。法律彻底驯服权力、法律规则彻底驯服自由裁量权将意味着法律的僵化和文明的停滞。自由裁量权是推动法律进化的动力。

三、自由裁量权的约束因素

有学者指出,法官行使自由裁量权应当考虑的因素包括:法律条文的含义、立法目的、法律原则、法理、政策、公平的价值观、司法权的界限等。这些因素也构成了法官行使自由裁量权的制约因素。[1]

(一)法律规则具有约束自由裁量权的作用

实体法中的规则和判决理由中的规则都具有约束自由裁量权的作用。法律的权威首先是法律规则的权威。法律规则具有明确性、普遍性、稳定性,遵守规则有利于维护法治秩序。重视一般性的法律规则体现人类对秩序的需要。如果没有规则,人们将不得不服从任意意志的统治。

法律规则相对于自由裁量权具有优先性。罗尔斯认为,公民有遵守轻度的非正义的法律的义务。这一观点包含着法律规则优先性的思想。同理,法官也有遵守轻度非正义的法律规则的义务。坚持规则的优先性,使法的正义价值有所克制,有利于实现法的秩序价值。有学者指出:"在刑法中,罪刑法定主义并不排斥在一定限度内的自由裁量,以此增加刑法的适应性,但严格规则对于刑法来说,永远居于更为重要的地位。"[2]法官在行使自由裁量权

---

〔1〕 参见梁迎修:《法官自由裁量权》,中国法制出版社2005年版,第89页。

〔2〕 陈兴良:《走向哲学的刑法学》,法律出版社1999年版,第229页。

的过程中必须尊重其他法律规则和整体法律秩序的权威。行使强自由裁量权的结果仅是使部分规则得到调整,其他规则的权威是被尊重的。规则的优先性是法律的确定性、稳定性的保证,也是法律秩序得以维护的前提条件。

(二)法律程序具有约束自由裁量权的作用

法律规则只是约束自由裁量权的一种力量。法律规则不是万能的。试图通过不断膨胀的规则使自由裁量权受到彻底驯服的想法是人类法治童年时期的天真幻想。法律程序既包括程序规则,也包括程序规则规定的制约监督机制,还包括法律运行过程本身。程序法规定的回避制度、合议制度、上诉制度、控审分离制度、辩护制度、公开审判制度、说明判决理由制度等在约束自由裁量权滥用方面的作用不亚于法律规则。有学者指出:"用程序控权取代实体控权……以正当程序模式的行政法来弥补严格规则模式之不足,已成为当代行政法发展的主流。"[1]用程序控权取代实体控权,有利于遏制规则的泛滥,减轻规则对人的压迫。在大陆法系,法典的作用较大,法律规则在约束自由裁量权方面发挥着重要作用。在英美法系,法典的作用较小,法律程序在约束自由裁量权方面发挥着更重要的作用。

在西方,司法中立是理想,而司法倾向性则是现实。由于法官的家庭出身、经济地位、个人经历、文化背景的差异,不同法官对司法职能的认识有所不同。有的法官倾向于司法克制主义(司法机械主义为其极端),并认为,崇尚规则的权威是法治的基础,应当尊重,司法的职能在于适用法律处理案件。有的法官倾向于司法能动主义(司法擅断主义为另一个极端),并认为,有局限性的立法者制定的规则难免具有局限性,法官应当考虑案件所处的特殊情况,考虑规则以外的其他法源对审判的影响,实现个案正义。合议庭的表决程序使这两种倾向的法官互相平衡,有利于促进规则与自由裁量权的互动与结合,避免出现规则的僵化和自由裁量权的滥用两个极端现象。

(三)法律原则具有约束自由裁量权的作用

法律原则是法律规则的出发点,是法的价值的规范化的表述,是连接法

---

[1] 周佑勇:《行政法的正当程序原则》,中国社会科学 2004 年版,第 118 页。

的价值与法律规则的桥梁。法官在行使自由裁量权的过程中总是自觉或不自觉地受到法的价值和法律原则的影响。

传统分析法学认为:“自由裁量权”是改变法律规则的原因。德沃金认为:这种观点只看到了事物的表面现象;改变规则的真正理由不是自由裁量权,而是法律原则。他说:“什么时候允许法官改变一项既有的法律规则呢? ……原则自身就是改变的正当理由。”[1]德沃金的法律原则是一个包含价值、道德、正义观念等内容的、具有法律包装的概念。强自由裁量权虽然使规则被推翻,但仍要受到原则的约束。在德沃金看来,从更深层次上来看,法律原则是行使“自由裁量权”的依据,是改变法律规则的最终原因。

四、规则与自由裁量权的关系

关于自由裁量权与法律规则的关系,存在两种对立的观点:一种观点认为,我国的法律发展不可能跨越严格规则阶段,应加强规则的权威,以严格控制自由裁量权。另一种观点认为,我国的立法不能适应不断发展的社会需要,应加强法官的自由裁量权,以弥补规则的不完善。笔者主张吸收以上观点的合理性提出一个包容性的方案。

首先,法律规则相对于自由裁量权具有优先性。罗尔斯认为,公民有遵守轻度的非正义的法律的义务。这一观点包含法律规则优先性的思想。同理,法官也有遵守轻度非正义的法律规则的义务。坚持规则的优先性,使法的正义价值有所克制,有利于实现法的秩序价值。有学者指出:“在刑法中,罪刑法定主义并不排斥在一定限度内的自由裁量,以此增加刑法的适应性,但严格规则对于刑法来说,永远居于更为重要的地位。”[2]法官在行使自由裁量权的过程中必须尊重其他法律规则和整体法律秩序的权威。行使强自由裁量权的结果仅是使部分规则得到调整,其他规则的权威是被尊重的。规则的优先性是法律的确定性、稳定性的保证,也是法律秩序得以维护的前提

---

〔1〕 [美]德沃金:《认真对待权利》,信春鹰、吴玉章译,中国大百科全书出版社 1998 年版,第 59 页。

〔2〕 陈兴良:《走向哲学的刑法学》,法律出版社 1999 年版,第 229 页。

条件。

其次,加强规则的权威性和加强法官的自由裁量权都为法治所必需。自由裁量权与法律规则都应是为人服务的手段。要构建和谐社会,增进人的最大幸福,既要防范自由裁量权的异化,也要防范规则的异化。

规则与自由裁量权具有互补关系。规则是人类生存经验和治理智慧的结晶,规则的存在有利于使自由裁量权沿着合理合法的轨道运行;自由裁量权的存在有利于使规则在保持稳定性的同时能够适时变化,保持稳定性与适应性的平衡。

参考文献

一、中文著作

1.《邓小平文选》(第2卷),人民出版社1994年版。

2.《习近平谈治国理政》,外文出版社2014年版。

3. 李龙:《人文法律观研究》,中国社会科学出版社2006年版。

4. 杜宴林:《法律的人文主义解释》,人民法院出版社2005年版。

5. 周辅成编:《西方伦理学名著选辑》(上卷),商务印书馆1996年版。

6. 侯健、林燕梅:《人文主义法学思潮》,法律出版社2007年版。

7. 文正邦:《当代法哲学研究与探索》,法律出版社1999年版。

8. 李蕾:《幸福法哲学研究》,华中科技大学出版社2010年版。

9. 杨奕华:《法律人本主义——法理学研究论》,台北,汉兴书局有限公司1997年版。

10. 高鸿钧等:《商谈法哲学与民主法治国》,清华大学出版社2007年版。

11. 李步云:《法理探索》,湖南人民出版社2003年版。

12. 张文显:《二十世纪西方法哲学思潮研究》,法律出版社1996年版。

13. 郑杭生:《人权史话》,北京出版社1994年版。

14. 张文显:《法哲学范畴研究》,中国政法大学出版社2001年版。

15. 郭道晖:《法理学精义》,湖南人民出版社2005年版

16. 费孝通:《乡土中国》,上海人民出版社2006年版。

17. 欧阳谦:《20 世纪西方人学思想导论》,中国人民大学出版社 2002 年版。

18. 张文显:《二十世纪西方法哲学思潮研究》,法律出版社 1996 年版。

19. 沈宗灵:《现代西方法理学》,北京大学出版社 1992 年版。

20. 张明楷:《刑法格言的展开》,法律出版社 1999 年版。

21. 刘军宁:《保守主义》,中国社会科学出版社 1998 年版。

22. 李昌道编著:《美国宪法史稿》,法律出版社 1986 年版。

23. 朱景文主编:《当代西方后现代法学》,法律出版社 2002 年版。

24. 杨立新主编:《中国人格权法立法报告》,知识产权出版社 2005 年版。

25. 苏力:《法治及其本土资源》,中国政法大学出版社 2004 年版。

26. 苏力:《送法下乡》,中国政法大学出版社 2000 年版。

27. 侯健、林燕梅:《人文主义法学思潮》,法律出版社 2007 年版。

28. 夏基松:《现代西方哲学》,上海人民出版社 2006 年版。

29. 郑少华:《生态主义法哲学》,法律出版社 2002 年版。

30. 梁治平:《清代习惯法:社会与国家》,中国政法大学出版社 1996 年版。

31. 何勤华主编:《多元的法律文化》,法律出版社 2007 年版。

32. 王铭铭、王斯福主编:《乡土社会的秩序、公正与权威》,中国政法大学出版社 1997 年版。

33. 常士訚:《异中求和——当代西方多元文化主义政治思想研究》,人民出版社 2009 年版。

34. 田成有:《乡土社会中的民间法》,法律出版社 2005 年版

35. 王学辉:《从禁忌习惯到法起源运动》,法律出版社 1998 年版。

36. 张宏生、谷春德:《西方法律思想史》,北京大学出版社 1990 年版。

37. 冯友兰:《中国哲学简史》,北京大学出版社 1985 年版。

38. 张国华:《中国法律思想史新编》,北京大学出版社 1991 年版。

39. 罗荣渠:《现代化新论续篇》,北京大学出版社 1997 年版。

40. 李昌道编著:《美国宪法史稿》,法律出版社 1986 年版。

41. 徐国栋:《民法基本原则解释——成文法局限性之克服》,中国政法大学出版社 1996 年版。

42. 梁迎修:《法官自由裁量权》,中国法制出版社 2005 年版。

43. 陈兴良:《走向哲学的刑法学》,法律出版社 1999 年版。

二、中文译著

1. [德]马克思、恩格斯:《马克思恩格斯选集》(第 3 卷),人民出版社 1972 年版。

2. [德]马克思、恩格斯:《马克思恩格斯全集》(第 1 卷),人民出版社 1956 年版。

3. [法]马里旦:《人与国家》,霍宗彦译,商务印书馆 1964 年版。

4. [英]戴维·沃克主编:《牛津法律大词典》,李双元译,光明日报出版社 1988 年版。

5. [古希腊]亚里士多德:《政治学》,吴寿彭译,商务印书馆 1996 年版。

6. [美]博登海默:《法理学法律哲学与法律方法》,邓正来译,中国政法大学出版社 1999 年版。

7. [英]边沁:《政府片论》,时殷弘译,商务印书馆 1995 年版。

8. [英]边沁:《道德与立法原理导论》,商务印书馆 2000 年版。

9. [英]穆勒:《功利主义》,叶建新译,中国社会科学出版社 2009 年版。

10. [美]马斯洛:《动机与人格》,许金声译,华夏出版社 1987 年版。

11. [美]马斯洛:《马斯洛的人本哲学》,成明编译,九州出版社 2003 年版。

12. [法]卢梭:《论人类不平等的起源和基础》,高煜译,广西师范大学出版社 2009 年版。

13. [法]卢梭:《社会契约论》,何兆武译,商务印书馆 1996 年版。

14. [古希腊]柏拉图:《理想国》,郭斌和、张竹明译,商务印书馆 1996 年版。

15. [古罗马]西塞罗:《国家篇法律篇》,商务印书馆 1999 年版。

16.《阿奎那政治著作选》，马清槐译，商务印书馆 1997 年版。

17. [美]杰斐逊：《杰斐逊选集》，朱曾汶译，商务印书馆 2009 年版。

18. [英]洛克：《政府论》（下篇），叶启芳译，商务印书馆 1995 年版。

19. [英]休谟：《人性论》（上册），关文运译，商务印书馆 1996 年版。

20. [英]哈特：《法律的概念》，张文显译，中国大百科全书出版社 1996 年版。

21. [美]庞德：《通过法律的社会控制法律的任务》，沈宗灵译，商务印书馆 1984 年版。

22. 北京大学哲学系外国哲学史教研室编译：《西方哲学原著选读》（上卷），商务印书馆 1981 年版。

23. 北京大学哲学系外国哲学史教研室编译：《西方哲学原著选读》，商务印书馆 1982 年版。

24. [古罗马]查士丁尼：《法学总论——法学阶梯》，张企泰译，商务印书馆 1997 年版。

25. [法]皮埃尔 · 勒鲁：《论平等》，王允道译，商务印书馆 1988 年版。

26. [英]霍布斯：《利维坦》，黎思复译，商务印书馆 1996 版。

27. [英]阿伦 · 布洛克：《西方人文主义传统》，董乐山译，三联书店 1997 年版。

28. [英]米尔恩：《人的权利与人的多样性》，张志铭译，中国大百科全书出版社 1995 年版。

29. [英]达尔文：《人类的由来》（上册），潘光旦译，商务印书馆 2003 年版。

30. [美]塞尔兹尼克：《社群主义的服力》，马洪、李清伟译，上海人民出版社 2009 年版。

31. [美]布莱克：《法律的运作行为》，唐越、苏力译，中国政法大学出版社 1994 年版。

32. [英]哈耶克：《自由秩序原理》（上册），邓正来译，三联书店 1997 年版。

33. [英]哈耶克:《通往奴役之路》,王明毅译,中国社会科学出版社 1997 年版。

34. [英]哈耶克:《法律、立法与自由》(第 1 卷),邓正来译,中国大百科全书出版社 2000 年版。

35. [美]波斯纳:《法律的经济分析》,蒋兆康译,中国大百科全书出版社 1997 年版。

36. [意]贝卡利亚:《论犯罪与刑罚》,黄风译,中国大百科全书出版社 1993 年版。

37. [法]孟德斯鸠:《论法的精神》,张雁深译,商务印书馆 1994 年版。

38. [美]汉密尔顿等:《联邦党人文集》,程逢如译,商务印书馆 1995 年版。

39. [法]罗伯斯庇尔:《革命法制与审判》,赵涵舆译,商务印书馆 1986 年版。

40. [美]房龙:《宽容》,姚伟译,武汉出版社 2009 年版。

41. [奥]洛伦兹:《攻击与人性》,王守珍译,作家出版社 1987 年版。

42. [美]罗尔斯:《正义论》,何怀宏译,中国社会科学出版社 1988 年版。

43. [美]庞德:《法理学》(第 1 卷),邓正来译,中国政法大学出版社 2004 年版。

44. [印度]阿玛蒂亚 · 森:《贫困与饥荒——论权利与剥夺》,王宇、王文玉译,商务印书馆 2012 年版。

45. [美]里夫金:《熵:一种新的世界观》,吕明译,上海译文出版社 1987 年版。

46. [英]潘恩:《潘恩选集》,马清槐译,商务印书馆 1981 年版。

47. [日]千叶正士:《法律多元——从日本法律文化迈向一般理论》,强世功译,中国政法大学出版社 1997 年版。

48. [美]霍贝尔:《原始人的法》,严存生译,法律出版社 2006 年版。

49. [英]奥斯丁:《法理学的范围》,刘星译,中国法制出版社 2002 年版。

50. [美]富勒:《论法律的道德性》,郑戈译,商务印书馆 2005 年版。

51. [英]哈特:《法律的概念》,张文显译,中国大百科全书出版社 1996 年版。

52. [英]哈特著:《法律的概念》,张文显译,中国大百科全书出版社 1996 年版。

53. [美]德沃金:《认真对待权利》,信春鹰、吴玉章译,中国大百科全书出版社 1998 年版。

54. [英]沃特森:《多元文化主义》,叶兴艺译,吉林人民出版社 2005 年版。

55. [英]哈耶克:《自由秩序原理》(上册),邓正来译,三联书店 1997 年版。

56. [德]哈贝马斯:《包容他者》,曹卫东译,上海人民出版社 2002 年版。

57. [美]诺内特、塞尔兹尼克:《转变中的法律与社会:迈向回应型法》,张志铭译,中国政法大学出版社 2004 年版。

58. [美]亨廷顿:《变化社会中的政治秩序》,王冠华译,三联书店 1989 年版。

59. [英]柏克:《自由与传统——柏克政治论文选》,蒋庆等译,商务印书馆 2001 年版。

60. [美]卡多佐:《司法过程的性质》,苏力译,商务印书馆 2003 年版。

61. [美]伯纳德·施瓦茨:《美国法律史》,王军译,中国政法大学出版社 1989 年版。

三、中文论文

1. 李龙:《人本法律观简论》,载中国人民大学书报资料中心《复印报刊资料》(法理学、法史学)2005 年第 3 期。

2. 李步云:《法的人本主义》,载《法学家》2010 年第 1 期。

3. 韩庆祥:《人学是时代的声音》,载《中国社会科学》1998 年第 1 期。

4. 潘云华:《论初民社会人性观念的复杂结构——法律制度设计的标杆定位》,载公丕祥主编:《法制现代化研究》(第 11 卷),南京师范大学出版社

2007 年版。

5. 何柏生:《法律与作为西方理性精神核心的数学理性》,载中国人民大学书报资料中心《复印报刊资料》(法理学、法史学)2003 年第 11 期。

6. 李蕾、占红沣:《幸福指数:评价权利与法律制度的新标准》,载《法学家》2009 年第 3 期。

7. 苗元江:《影响幸福的诸因素》,载《社会》2004 年第 4 期。

8. 何士青:《论法治与公民幸福》,载《政法论丛》2012 年第 1 期。

9. 陈弘毅:《从福柯的规训与惩罚看后现代思潮》,载朱景文主编:《当代西方后现代法学》,法律出版社 2002 年版。

10. 高放:《马克思主义是人的解放学》,载《宁夏党校学报》2005 年第 2 期。

11. 杨奕华:《人本法律观的几点澄清》,载《北方法学》2015 年第 6 期。

12. 张薇薇:《作为日本宪法概括性权利的"幸福追求权"》,载《河北法学》2010 年第 10 期。

13. 鲜开林:《论公民的幸福权》,载《社会科学论坛》2011 年第 8 期。

14. 徐显明:《以人为本与中国法治问题研究》,载《学习与探索》2006 年第 6 期。

15. 陈蓉霞:《人性,何以如此?——一种社会生物学的考察》,载《中国政法大学学报》2008 年第 6 期。

16. 焦洪昌:《"国家尊重和保障人权"的宪法分析》,载《中国法学》2004 年第 3 期。

17. 霍存福:《中国传统法文化的文化性状与文化追寻——情理法的发生、发展及其命运》,载《法制与社会发展》2001 年第 3 期。

18. 李拥军:《权利与权力的分野与暗合》,载《甘肃社会科学》2009 年第 5 期。

19. 刘道纪:《法律内的天理人情》,载《政法论坛》2011 年第 5 期。

20. 田宏杰:《宽容与平衡:中国刑法现代化的伦理思考》,载《政法论坛》2006 年第 2 期。

21. 吴卫军:《"以人为本"法律观的理论传承与现实解读》,载《河北大学学报》2010 年第 2 期。

22. 胡玉鸿:《质疑与回应:围绕法律以人为本的法理论辩》,载《政法论坛》2014 年第 5 期。

23. 陈兴良:《期待可能性问题研究》,载《法律科学》2006 年第 3 期。

24. 严存生:《法律的人性基础论纲》,载《中国高校社会科学》2014 年第 5 期。

25. 谢邦宇:《关于行为法学研究的若干问题》,载黎国智、马宝善主编:《行为法学在中国的崛起》,法律出版社 1993 年版。

26. 庞凌:《以人为本与立法的民众参与》,载《求是学刊》2009 年第 6 期。

27. 严存生:《法治社会的"法律上的人"的哲理思考》,载中国人民大学书报资料中心《复印报刊资料》(法理学、法史学)2005 年第 2 期。

28. 任智勇、赵树堂:《试论先立法后行动》,载《社会科学论坛》1997 年第 4 期。

29. 周叶中、陈志英:《宪政的人性分析》,载《中南民族大学学报》2005 年第 1 期。

30. 付智勇、刘晋元:《公民的权利位阶初探》,载《青海师专学报》2003 年第 3 期。

31. 林来梵、张卓明:《论权利冲突中的权利位阶》,载《浙江大学学报》2005 年第 6 期。

32. 刘作翔:《权利冲突的几个理论问题》,载《中国法学》2002 年第 2 期。

33. 关今华:《权利中的制约、均衡和言论自由优先配置质疑》,载《法学研究》2000 年第 3 期。

34. 王利明:《试论我国民法典体系》,载《政法论坛》2003 年第 1 期。

35. 关今华:《权利的制约、均衡和言论自由优先配置质疑》,载《法学研究》2000 年第 3 期。

36. 林来梵、张卓明:《论权利冲突中的权利位阶》,载《浙江大学学报》2003 年第 6 期。

37. 冯晓青、杨利华:《知识产权权利冲突及其解决原则》,载《法学论坛》2001 年第 3 期。

38. 杨立新:《隐性采访和人格权保护》,载《河南政法管理干部学院学报》2001 年第 5 期。

39. 刘红:《我国知识产权权利冲突解决途径探析》,载《知识产权》2004 年第 6 期。

40. 李先波:《论言论自由与隐私权之协调》,载《中国法学》2003 年第 5 期。

41. 李声炜:《法官行使自由裁量权的实证分析》,载《河南政法管理干部学院学报》2006 年第 4 期。

42. 王克金:《权利冲突论》,载《法制与社会发展》2004 年第 2 期。

43. 胡玉鸿:《关于"利益衡量"的几个法理问题》,载《现代法学》2001 年第 4 期。

44. 李同民:《法律解释与漏洞解决》,载《河北学刊》2007 年第 1 期。

45. 公丕祥:《法律体系形成背景下能动司法的新作为》,载《人民司法》2012 年第 1 期。

46. 姜言秀:《人与自然和谐相处的道德原则——美国哲学家利奥波德的大地伦理思想论析》,载《理论学刊》2006 年第 2 期。

47. 陈庆超、陈建平:《效用与崇高:从动物权利理论看人与自然正义》,载《中州学刊》2007 年第 3 期。

48. 李拥军、郑智航:《从斗争到合作:权利实现的理念更新与方式转换》,载《社会科学》2008 年第 10 期。

49. 陈食霖:《人与自然的矛盾及其化解——评福斯特的生态危机论》,载《国外社会科学》2007 年第 2 期。

50. 唐宏:《人与自然和谐发展:从资本主义到生态社会主义》,载《兰州大学学报》(社会科学版)2007 年第 3 期。

51. 蔡守秋:《论追求人与自然和谐相处的法学理论》,载《现代法学》2005 年第 6 期。

52. 杨方全:《民族习惯法回潮的困境与出路》,载中国人民大学书报资料中心《复印报刊资料》(法理学、法史学)2004 年第 10 期。

53. 衣家奇:《"赔命价"——一种规则的民族表达方式》,载中国人民大学书报资料中心《复印报刊资料》(法理学、法史学)2006 年第 9 期。

54. 马得华:《民间法与国家法冲突与融合的经济分析》,载谢晖、陈金钊主编:《民间法》(第 4 卷),山东人民出版社 2005 年版。

55. 春杨:《徽州田野调查的个案分析》,载中国人民大学书报资料中心《复印报刊资料》(法理学、法史学)2006 年第 6 期。

56. 梁华仁等:《论刑法在少数民族地区的变通》,载《政法论坛》2001 年第 2 期。

57. 苏力:《当代中国法律中的习惯》,载中国人民大学书报资料中心《复印报刊资料》(法理学、法史学)2001 年第 8 期。

58. 王肃元、冯玉军:《国家制定法与民间法的供求分析》,载《甘肃社会科学》1999 年第 2 期。

59. 张步峰、蒋卫君:《现代私塾"孟母堂"能否见容于法治》,载《法学》2006 年第 9 期。

60. 宋一欣:《我国商法实践中的民间法、习惯法问题》,载《山东大学学报》2006 年第 2 期。

61. 杜宇:《作为间接法源的习惯法——刑法视域下习惯法的立法机能之开辟》,载《现代法学》2004 年第 6 期。

62. 王勇:《国家法和民间法的现实互动与历史变迁》,载中国人民大学书报资料中心《复印报刊资料》(法理学、法史学)2002 年第 12 期。

63. 梁华仁、石玉春:《论刑法在少数民族地区的变通》,载《政法论坛》2001 年第 2 期。

64. 温晓莉:《法治与德治》,载中国人民大学书报资料中心《复印报刊资料》(法理学、法史学)1997 年第 11 期。

65. 汪进元:《论宪法的正当程序原则》,载《法学研究》2001 年第 2 期。

66. 李拥军:《判例法在中国的可行与缓行》,载《政治与法律》2006 年第

6 期。

67. 朱文雁:《从司法现状看判例在我国司法过程中的价值》,载《法学论坛》2006 年第 6 期。

68. 桑本谦:《法律解释的困境》,载《法学研究》2004 年第 5 期。

69. 蒋惠岭:《目的解释法的理论及适用》(上),载《法律适用》2002 年第 5 期。

70. 陈金钊:《法律解释学的基本问题》,载中国人民大学书报资料中心《复印报刊资料》(法理学、法史学)2004 年第 9 期。

71. [美]彼得·卡赞斯坦:《多元多维文化构成的世界》,刘伟华译,载《世界经济与政治》2010 年第 11 期。

72. [美]吉尔兹:《地方性知识:事实与法律的比较透视》,载梁治平编:《法律的文化解释》,三联书店 1994 年版。

后　记

在党的十六届三中全会提出的“以人为本的科学发展观”的影响下，笔者从2003年10月开始研究“人文主义对法律的影响”这一问题，写成《人文主义法学引论》的初稿，向《中国法学》编辑部投稿。编辑老师认为，初稿存在的缺陷是，人文主义与法学两大理论体系结合得不好。笔者苦思冥想，夜不能寐。突然想起，沈宗灵主编的《法理学》(北京大学出版社2001年版)的《法的制定》一章中有《法的制定的指导思想与基本原则》一节。受此启发，《人文主义法学引论》一文的体系可以表达为一个指导思想(“将人作为目的”，或“以人为本”，或“人的幸福”)和四个基本原则。于是，文章体系问题豁然开朗。修改后的文章发表在《中国法学》2004年第6期，并被4家书刊转载。截至本书刊印之前，此文在中国知网已有38次转引。《人文主义法学引论》一文成为《人文主义法学研究》一书的早期蓝图。

2006年，笔者开始将人文主义法学的思路用于研究“权利冲突和权利位阶”这一问题，写成《人文主义法学视野下的解决权利冲突的原则》初稿。该文在中国法理学年会2006年年会上被列为小组发言文章。2006年10月19日下午，笔者在小组会上的发言受到了参会专家的热情关注。专家围绕着是否存在权利位阶展开了热烈讨论。中国人民大学孙国华教授对权利位阶论持赞成态度，他说：“权利位阶是存在的，比如，生命权在各种权利中就处于最高的地位。”笔者在对专家意见的回应时强调，权利位阶是有条件存在的，不是任何权利冲突都适用权利位阶原则。随后,又有许多专家转而支持权利位阶论。此文刊登在《法律科学》2007 年第 4 期。截至本书刊印之前,在中国知网已有 61 次转引。该文的社会影响增强了笔者对人文主义法学体系化、实践化的信心。

笔者在武汉大学法学院攻读法学理论专业博士学位的博士论文题目是"文化多样一体的法哲学研究"。文化多样一体法哲学是人文主义法学的补充和发展。在本书刊印之前,笔者已经通过了博士论文答辩。

感谢吉林大学李拥军教授、西北政法大学冯卫国教授、武汉大学徐亚文教授、河北政法职业学院孙振东教授、华北理工大学吴镝飞博士对笔者研究的支持。

感谢河北大学国家治理法治化研究中心对本书出版提供的资助,感谢孟庆瑜院长的关心。感谢法律出版社陈妮编辑及其他编辑对本书问世付出的辛劳。

还有许多老师和学友对笔者提供了帮助,在此一并感谢。

刘国利

图书在版编目(CIP)数据

人文主义法学研究 / 刘国利著. —北京:法律出版社,2016.12
(法学与法治建设研究文丛)
ISBN 978-7-5197-0433-9

Ⅰ.①人… Ⅱ.①刘… Ⅲ.①法理学—研究 Ⅳ.①D90

中国版本图书馆CIP数据核字(2016)第325167号

人文主义法学研究
RENWEN ZHUYI FAXUE YANJIU

刘国利 著

策划编辑 陈 妮
责任编辑 陈 妮
装帧设计 马 帅

出版 法律出版社
总发行 中国法律图书有限公司
经销 新华书店
印刷 固安华明印业有限公司
责任校对 晁明慧
责任印制 吕亚莉

编辑统筹 财经出版分社
开本 720毫米×960毫米 1/16
印张 20.25
字数 280千
版本 2016年12月第1版
印次 2016年12月第1次印刷

法律出版社/北京市丰台区莲花池西里7号(100073)
网址/www.lawpress.com.cn
投稿邮箱/info@lawpress.com.cn
举报维权邮箱/jbwq@lawpress.com.cn
销售热线/010-63939792
咨询电话/010-63939796

中国法律图书有限公司/北京市丰台区莲花池西里7号(100073)
全国各地中法图分、子公司销售电话:
统一销售客服/400-660-6393
第一法律书店/010-63939781/9782 西安分公司/029-85330678 重庆分公司/023-67453036
上海分公司/021-62071639/1636 深圳分公司/0755-83072995

书号:ISBN 978-7-5197-0433-9 **定价**:56.00元

图书在版编目（CIP）数据